山东高速养护管理系列丛书

Shandong Gaosu Liqing Lumian Guanli yu Yanghu Jishu

山东高速沥青路面管理与养护技术

主　　编　王化冰
执行主编　刘甲荣

人民交通出版社

内 容 提 要

济青高速公路(现更名为青银高速公路)作为山东省通车时间最长和精细管养、运营效益最好的第一条高速公路,创造了运营十年未中修、十七年未大修的记录,取得了显著的社会效益和经济效益,同时在养护管理模式创新上具有良好的推广价值和借鉴意义。本书分九章全面总结分析了济青高速公路整个养护管理历程中的宝贵经验和创新成果,凝聚了济青高速公路养护管理人员近二十年的心血与智慧,是对济青高速公路养护管理工作的科学总结,也是对高速公路养护管理工作的丰富和创新。

本书不仅可以用来指导高速公路沥青路面的养护管理工作,为国内类似工程问题提供参考,亦可以作为从事高速公路养护管理工作的相关人员的技能培训教材,以及高速公路设计人员的工作参考书。

图书在版编目(CIP)数据

山东高速沥青路面管理与养护技术/王化冰主编.
—北京:人民交通出版社,2011.4
ISBN 978-7-114-08999-2

Ⅰ.①山… Ⅱ.①王… Ⅲ.①高速公路—沥青路面—管理②高速公路—沥青路面—公路养护 Ⅳ.①U418.6

中国版本图书馆 CIP 数据核字(2011)第 057603 号

山东高速养护管理系列丛书
书　　名:山东高速沥青路面管理与养护技术
著 作 者:王化冰
责任编辑:曲　乐　周　宇
出版发行:人民交通出版社
地　　址:(100011) 北京市朝阳区安定门外外馆斜街 3 号
网　　址:http://www.ccpress.com.cn
销售电话:(010) 59757969, 59757973
总 经 销:人民交通出版社发行部
经　　销:各地新华书店
印　　刷:北京市密东印刷有限公司
开　　本:880×1230　1/16
印　　张:10.25
字　　数:289 千
版　　次:2011 年 4 月　第 1 版
印　　次:2011 年 4 月　第 1 次印刷
书　　号:ISBN 978-7-114-08999-2
定　　价:35.00 元

山东高速养护管理系列丛书编写委员会

主 任 委 员： 孙　亮

副主任委员： 王化冰

编　　　委： 刘甲荣　郭建民　韩同福　张洪新　邹　波　孙正甫　许尚江　王　浩　陈兰波　谭延昌　周竹华　赵祥武　边兆军　陈吉峰　秦道旺　苏建明　袁英杰

《山东高速沥青路面管理与养护技术》编写委员会

编写顾问： 商庆森　姚占勇

主　　编： 王化冰

执行主编： 刘甲荣

副 主 编： 郭建民　韩同福　王　娜

编写人员： 周竹华　杨伟刚　刘　航　张军华　王　琳　王坤林　李长义　李　斌　李　彬　李兴峰　王兴国　马　利　宋晓辉　张忠田　张　捷　徐飞萍　马秀美　刘　鹏　陈凤鸣　闫庆亮　杨　杰　宋泽文　王　伟　初可山　李萍萍　刘　丽　陈仁山　孙承吉　王人杰

序

随着我国高速公路建设的快速发展，全国各地积极探索合理、高效的高速公路养护管理模式，其中山东省高速公路的养护管理工作水平一直位居全国前列。济青高速公路（现更名为青银高速公路）作为山东省通车时间最长和管养精细、运营效益最好的第一条高速公路，创造了运营十年未中修、十七年未大修的记录，取得了显著的社会效益和经济效益，同时其创新的养护管理模式具有良好的推广价值和借鉴意义。

高效的养护管理模式、科学的养护维修决策以及新型维修技术和材料的研发是延长道路使用寿命、保持高速公路良好服务状态的关键。为顺应科学发展观的要求，济青高速公路养护管理部门率先进行了养护体制改革，创新了养护管理理念，将精细化、科学化、人性化的养护管理理念贯穿于路面养护管理的全过程。路是驾乘人员的生命线，也是养管人员的生命线，正是坚持了这种“以人为本，以车为本”的养管宗旨，才使济青高速公路的养护管理水平得到全面、持续的提升。

在重载大交通量条件下，济青高速公路一直保持着良好的路面服务功能，创造了高效运营十几年而未进行过大修的奇迹。这一奇迹的诞生得益于精细的养护管理，这一奇迹凝聚了广大养护管理人员的智慧和经验。为了让这些智慧和经验发挥其应有的作用，山东高速公路股份有限公司着力开展了《山东高速沥青路面管理与养护技术》的整理编写工作，总结、提炼出济青高速公路养护维修历程中的宝贵经验和做法，以期进一步提高高速公路沥青路面的养护管理水平。为做好这项工作，山东高速公路股份有限公司在山东大学商庆森教授和姚占勇教授的协助下，经过近两年的现场调研、资料搜集与分析工作，全面总结和分析了济青高速公路整个养护管理历程中的经验、启示，最终完成了《山东高速沥青路面管理与养护技术》的编写。

《山东高速沥青路面管理与养护技术》语言简练易懂、重点突出，可以用来指导高速公路沥青路面的养护管理工作，为国内类似工程问题提供参考；亦可以作为从事高速公路养护管理工作的相关人员的技能培训、学习及工作参考书。《山东高速沥青路面管理与养护技术》是济青高速公路运营管理过程中的阶段性成就，不仅对山东高速公路养护管理水平的提升具有促进作用，而且对发展我国高速公路建设和养护管理事业具有十分重要的意义。

山东高速集团有限公司
山东高速公路股份有限公司 **董事长**

2011年3月

序

前　言

改革开放以来,我国高速公路事业经过20多年的快速发展,已由大规模建设向大规模养护转型。然而,随着高速公路里程的增长以及交通量的迅猛增加,高速公路的养护管理与安全舒畅的驾乘需求之间的矛盾日渐突出。高速公路养护与管理正成为我国公路发展的新主题。

面对路面工作状况与道路服务需求之间矛盾的日益加深,如何使高速公路在重载大交通量条件下保证良好的路面服务功能,为驾乘人员提供“畅、安、舒、美”的行车环境是高速公路养护与管理工作的重心、难点,也是使高速公路产生更大效益的关键。科学合理且针对性强的路面养护维修技术不仅能有效地处置路面病害,节省大量的工程成本,而且能够保证高速公路的安全畅通,充分体现高速公路巨大的社会与经济效益。

面对路面的各种病害,管养工作面临着如何认识半刚性沥青路面功能与结构特性的演变,如何确切诊断病害原因与发展态势以判断路面功能变化与结构使用状况及寿命的关系,如何把握与决策养护维修策略及技术等一系列问题。

济青高速公路于1993年建成通车。作为济青高速的运营管理单位,山东高速公路股份有限公司经过多年的积累和探索,建立了科学、有效的养护组织与管理模式,创造了济青高速公路运营十几年从未进行过大修的奇迹。因此,把这些经验进行汇总、提炼,以期提高高速公路管理与养护水平成为本书的编写宗旨。

2009年山东高速公路股份有限公司成立“山东高速沥青路面管理与养护技术”课题组,特别邀请了山东大学商庆森、姚占勇两位教授为顾问,由相关技术人员执笔,进行了书稿的编写。

课题组在编写前,就确定了以总结济青高速的管理与养护经验、方便高速公路管理人员的日常学习和查阅为宗旨,制订了“内容通俗、语言简练、方法实用、重点突出,指导性和可操作性强”的编写原则,并希望本书最终能成为养护管理工作的指导用书。

课题组首先确定了该书的编写大纲和主要内容。在进行对济青高速公路全线调查、资料搜集以及整理等工作过程中,课题组多次召开管养历程、管养决策、施工关键技术及管养效果研讨会,确认书稿内容、观点认知的正确性,集众人的智慧完成了本书的编写工作。

《山东高速沥青路面管理与养护技术》共分九章,第一章为我国高速公路沥青路面管理与养护概况,第二章为济青高速公路管理与养护经验,第三章为济青高速公路的养护组织与管理,第四章为高速公路沥青路面病害调查与分析方法,第五章为济青高速公路沥青路面预防性养护,第六章为济青高速公路沥青路面小修保养,第七章为济青高速公路沥青路面专项维修工程,第八章为济青高速公路的安全运营管理,第九章为济青高速公路的养护创新成果。

济青高速公路运营中的路况状态变化与病害现象反映与代表着我国高速公路半刚性基层沥青路面的工作特性,病害发生、发展特点;其养护管理决策、方法与技术也为认识该类路面的工作性能与破损机理、科学管养等不断累积着工程经验，因此，该书的编写具有十分重要的工程指导意义。它凝聚了济青高速公路养护管理人员近20年的心血与智慧，是对济青高速公路养护管理工作科学的总结，是对高速公路养护管理工作的丰富和创新，是我省由高速公路管理单位自主编写完成的养护管理工作指导用书，标志着济青高速公路养护管理工作实现了由经验型、分散型向科学型、系统型的转变。

在今后的工作中，山东高速公路股份有限公司将继续关注高速公路养护管理工作的发展变化，根据实际情况及时调整与完善，使本书能够在高速公路的建设与养护发展历程中发挥出更大的作用。

在本书编写过程中，山东大学的商庆森、姚占勇教授给予了大力支持和精心指导，在此表示衷心感谢。

编　者

2011 年 3 月

目　　录

第一章　我国高速公路沥青路面管理与养护概况

第一节　我国高速公路建设历程

我国的高速公路建设起步于20世纪80年代。1988年上海至嘉定高速公路建成通车结束了我国大陆没有高速公路的历史。1990年被誉为"神州第一路"的沈大高速公路全线建成通车,标志着我国高速公路步入规模发展的新时代。1993年京津塘高速公路的建成,使我国拥有了第一条利用世界银行贷款建设的跨省市的高速公路。到1997年年底,我国相继建成了沈大、京津塘、成渝、济青等高速公路,突破了高速公路建设的多项重大技术"瓶颈",积累了设计、施工、监理和运营等建设和管理全过程的经验,为1998年后高速公路快速发展奠定了基础。1998年以来,国家实施积极财政政策,加大了包括公路在内的基础设施建设投资力度,高速公路建设进入了快速发展期,年均通车里程超过4 000km。到2010年年底,我国高速公路总里程达7.4万km,位居世界第二位,创造了世界瞩目的发展速度。

第二节　我国高速公路养护管理现状

随着我国高速公路建设快速发展,全国各地积极探索合理、高效的高速公路养护管理方式。近年来开始的养护体制的改革,重点在精简机构,事企分开,管养分离,改革人事、用工、分配制度,改革养护生产方式,培育养护市场。而由于投资主体多元化、建设方式不同以及受不同时期国家行政与经济体制等因素的影响,高速公路养护管理体制和运行机制形成了多种模式,呈现多元化的格局。

高速公路养护管理具有紧迫性、必要性和高标准的特点。为此,各地的高速公路养护管理人员,在没有统一规范的情况下,根据自身的实际情况创造了各具特色的管理措施和手段,制订出了比较完整的管理制度和规范及检查、考核办法。"快速、高效、及时、优质"成为高速公路养护工作的基本组织原则。部分地区为了延长道路的使用寿命、减少养护成本、提高养护效益,积极探索预防性养护技术。但是许多高速公路的养护在很大程度上仍处于被动养护的状态,缺乏道路使用过程中科学的路况调查、准确的病害诊断与预测,以及适时的养护决策和养护规划制订。

随着部分高速公路交通压力的日益增大,养护管理与道路保畅通的矛盾愈加突现。高速公路的养护施工大多是在不封闭交通的情况下进行,不可避免地会给驾乘人员带来影响。虽然在道路交通布控方面有相关的规范可以执行,但是道路畅通保障工作所面临的环境影响较大,如驾驶员违章、车辆事故、雾雨(雪)等恶劣天气等,仅靠养护管理部门很难掌控,这就需要多方联动保障道路畅通。在这方面全国各地的做法不尽相同,经常因为道路施工保畅通工作协调不到位而出现道路堵塞和安全事故。

面对当前高速公路管理与养护的现状,我国高速公路养护管理者正探索新的方向,高速公路养护管理发展趋势包括以下几点:

(1)开放高速公路养护市场。在逐步实现养护工程施工资质管理的前提下,推行高速公路养护工程的招投标管理,允许有资质的所有养护队伍(或公司)参与高速公路养护竞争;鼓励多种形式并存,通过合并重组、承包经营等形式,不断培养功能齐备、规模适度、技术先进的高速公路养护实体;将管理机构从行政管理转变为合同管理。

(2)鼓励建立专业养护设备租赁公司,体现大中型设备集中的优势,向不同所有制形式的养护公司提供有偿服务,进一步提高养护设备的利用率和养护作业的机械化程度,同时可有效保障养护工作质量。

(3)改革用工制度、分配制度,变隶属关系为合同关系,增强风险意识和危机意识,激发养护生产的积极性和创造性,增强公路养护管理工作的活力。

(4)完善政府对高速公路养护管理和行业监督的机制。在发展高速公路养护市场的同时,建立有效的监督机制,加大政府对国有基础设施和投资效益的监管力度,科学评价养护投资的效益,确保高速公路养护市场朝着规范、有序、良性循环的方向发展。

(5)尽快编制高速公路养护技术规范,统一标准,科学评估高速公路养护工程质量;加大科技投入,推广应用新材料、新工艺、新技术。加快建设计算机信息网络,推广路面、桥梁管理系统,提高养护决策的科学性和预见性;提倡预防性养护,变“事后修补”为“提前处理”。

高速公路的养护管理与维修的理念、决策、技术是保障高速公路经济、高效运营的关键。探索与深化改革现行高速公路养护体制与运行机制,围绕路面服务功能与道路使用者之间的矛盾,积极开展养护管理与养护技术、新材料的研究,实现高速公路养护的高效益、高质量、高效率,是我国高速公路养护管理研究的方向。

第三节　我国高速公路沥青路面病害与管理养护问题

近几年我国经济快速发展,高速公路网初步形成。伴随着交通量的迅猛增长,特别是大量超载车的行驶,国内部分高速公路沥青路面相继出现了开裂唧浆、沉陷、车辙、水损害等早期损坏,甚至出现挖补维修后病害很快复发的现象,致使路面服务性能降低较快,路面服务年限缩短。许多道路的设计使用寿命为15~20年而实际服务年限仅为5~8年,甚至出现了通车一两年内即进行大修的现象。

沥青路面各种病害的发生是多种因素综合作用的结果,包括材料、结构设计、施工、交通环境、管理与养护等诸多方面,最主要有三方面因素:一方面在我国通车的高速公路中,80%以上的路面结构形式为半刚性基层沥青路面(图1-1),路面结构较为单一。面层采用三层式,即上面层(抗滑磨耗层)、中面层、下面层,总厚度在12~18cm之间。基层一般采用无机结合料稳定粒料,厚度在20~32cm之间。底基层一般采用无机结合料稳定土或稳定粒料,厚度在30~40cm。另一方面设计交通荷载与实际重载交通不符。设计轴重100kN,一般超载为标准轴载的3~4倍。轴重的增加,导致轮胎胎压的相应提高,且超载越大,轮胎边缘产生的压力值也就越大。第三方面是半刚性基层沥青路面结构层的力学响应与柔性路面不同,取决于层间刚度比和层间接触条件,刚度差距越大其对超载越敏感。

抗滑磨耗层
沥青中面层
沥青下面层
基层
底基层
土基

图1-1　我国当前主要的路面结构形式

上述因素都会导致该类路面容易发生早期开裂与水损害,路面结构性的损伤与功能损坏日益突出,为道路的养护带来了新的课题。管理与养护面临着如何依据原有建设条件和现有交通水平与环境,进行道路管理与养护决策,确定养护技术及施工问题。

目前,我国正在积极探索新的路面结构形式。山东省在半刚性基层之上增设了沥青大碎石结构层,用于排水、防反射开裂及吸收衰减应力,使半刚性基层下卧,提高上路床的刚度,改变了半刚性基层作主要承重层使结构层应力分布不合理的状态。济青高速公路在路面补强维修中使用柔性结构,京福高速山东济德段大修,上基层也采用LSPM(Large Stone Porous-asphalt Mixture,大粒径透水性沥青混合料)排水层,都取得了良好使用效果。

科学、合理的养护工作能够有效地延缓道路病害的发生、发展,但目前我国高速公路沥青路面养护还存在以下一些问题:

(1)由于我国设计与养护管理单位各自独立,设计方对道路病害的发生、发展及病根缺乏深入认识,对病害产生原因诊断不准确,所设计的病害处置方案时常难以“对症下药”,缺乏针对性,处置效果不佳;

(2)不能科学地认识路面检测指标所反映的问题；

(3)病害处置材料、技术及工艺不能与病害的针对性相符合，且与道路环境、重载大交通量条件不相匹配；

(4)在路面补强设计中，缺乏对结构层材料寿命的研究与预测，致使其所采用的设计参数与结构工作状态不匹配；

(5)在预防性养护方法、预防性养护的评价体系、评价指标及多阶段养护决策等方面缺乏实质深入性的研究与探讨。

第四节　我国高速公路沥青路面的养护维修材料与技术

我国在高速公路沥青路面养护新技术和新材料方面开展了许多研究，部分新技术、新材料已经在路面养护中成功应用。新技术和新材料的应用与研发重点在以下三方面：一是预防性养护的技术与材料；二是冷补料的快速修补技术与材料；三是沥青铣刨料的再生利用。

一、预防性养护的技术与材料

AASHTO(美国国家公路与运输协会)将路面预防性养护(Pavement Preventive Maintenance，PPM)定义为：在公路寿命期内，为了保证路况良好、延长公路寿命并将寿命周期内养护成本降到最低，而应用一系列的预防性养护措施的系统过程。而在这一系统过程中，要在不增设建成公路系统及其附属设施的条件下，达到延缓路况退化、保持或改进系统的功能性状况的目的。

预防性养护的核心是维护路面良好的服务功能，尽可能地避免由路面早期表面功能损坏发展为路面早期结构性损坏，实现高速公路养护维修与运营的经济性最优。也就是说在道路技术状况衰减的初期，在最适当的时机，应用最适当的预防性养护措施，以最小的寿命周期成本、最大限度地延缓路况功能与性能的衰减和退化。

因预防性养护能够延缓路面损坏，保持道路路面的良好运营状态，获取道路生命周期内的最大效益而逐渐受到世界各国的重视，预防性养护新技术与新材料的研发已逐渐成为各国研究的热点。

预防性养护新技术主要体现在防治水损坏，恢复路面抗滑性能，施工便捷、快速方面；新材料主要体现在沥青改性方面，其中高黏度橡胶沥青的开发，改性沥青、改性乳化沥青的应用越来越多。

目前应用在我国高等级沥青路面预防性养护中的技术有灌(封)缝、雾封层、微表处、薄层罩面、同步碎石封层、就地热再生等，其适用性见表1-1。

沥青路面预防性养护措施适用性　　表1-1

序号	技术种类	适用条件	预处理	使用年限(年)
1	灌缝、封缝	原路面基层和横断面良好；柔性基层沥青路面建成后2~4年；复合路面(下卧层为水泥混凝土层)。表面病害可能包括：直的纵、横向原始裂缝，伴随裂缝处的轻微扩展裂缝和松散，状态良好的补丁或没有修补	无	1~2
2	雾封层	原路面基层和横断面良好，轻度纵、横向裂缝，轻度松散	填缝	2~3
3	碎石封层	原路面基层和横断面良好，表面可见病害为轻微松散，中度纵、横向裂缝伴随缝处轻度松散，轻到中度磨光，少量状态良好的修补	无论单层、双层封层，需对裂缝先进行填缝处理	2~3
4	稀浆封层	原路面基层良好，横断面均匀。表面病害包括：轻到中度车辙、表面不规则、轻到中度的松散	填缝、唧泥处置、大的坑槽部位的修补等	2~4

续上表

序号	技术种类	适用条件	预处理	使用年限(年)
5	微表处	原路面基层良好,横断面均匀。表面病害包括:中度纵、横向裂缝,车辙,少量表面不规则,抗滑能力低,轻到中度的松散	填缝、唧泥处置、大的坑槽部位的修补等	2~4
6	(超)薄层罩面	原路面断面整齐,基层尚好仅有少量轻微病害。表面病害包括:中度松散,中度纵、横向裂缝,中度疲劳开裂或中度块裂	清理和填缝、修补轻度基层病害、填补路面表面空洞、清除黏结差或泛油的修补位置	3~5
7	就地热再生	下层状况较好,但上层严重松散,纵、横向裂缝结合轻度松散,少量块裂,中度以下车辙等	无	3~5

预防性养护新材料主要有改性沥青混合料,如:主要用于罩面工程中的防水层以及预防性养护中同步碎石封层的SBS改性沥青;广泛地应用于石屑封层、薄层罩面、应力吸收层、开级配的磨耗层等各种需要黏结剂,具有高黏结力条件的橡胶改性沥青及乳化沥青和改性乳化沥青;沥青再生剂,如ERA-C沥青再生剂、PDC沥青再生剂、LTC沥青再生养护剂等。

二、其他材料

对于公路修复性养护来说,冷补材料因具有耐低温,施工不受季节、气候的影响,开放交通快等优点,也逐渐成为养护工作中裂缝、坑槽修补使用的材料。

为了节约资源和能源,提高废旧材料的利用率,沥青层铣刨料的再生利用也逐渐成为路面维修工程中使用的新材料。

第五节　沥青路面养护技术发展方向

随着道路工作重心逐步由建设转为养护,国内、外高速公路养护技术也随之较快发展。从病害检测、诊断到小、中、大修设计与技术,从养护所用的材料、工艺到养护机械的创新,从修复性养护思路到预防性养护理念的转变,高速公路养护技术正朝着科学、精密、快速、及时、低碳、环保、节能方向发展。

目前,高速公路养护新技术的发展方向主要集中在以下几个方面:

(1)道路病害的检测、诊断技术逐渐由经验判断以及有损式的开挖检测转变为精细、动态、自动、全方位的无损检测和科学诊断。

(2)道路养护理念逐渐由修复性养护转变为快速、及时、科学的路面功能预防性养护。

(3)养护材料方面:对于预防性养护工作,更加适合于表面封层、裂缝填缝和薄层罩面施工的改性沥青,这成为养护材料创新的方向;对于修复性的养护工作,施工工艺及材料由原来的热拌、热补逐渐向温拌、冷补转变。为了节约社会资源,旧有路面材料再生利用技术逐渐成为研究和应用的热点。

(4)施工机械方面:为保证养护工程质量,提高养护工作效率,养护设备正向着高精度、全自动、智能化以及满足新材料、新工艺施工要求的方向发展。

第二章 济青高速公路管理与养护经验

第一节 济青高速公路工程概况

一、济青高速公路沿线环境气候条件与水文地质状况

1. 地理位置

济青高速公路是山东省横贯东西的公路大动脉。它的起点是济南市北郊大桥路,位于东经117°05′,北纬36°40′;终点是青岛市西袁庄,位于东经120°21′,北纬36°20′。整个路线呈西东向至潍坊以后稍向东南方向。按公路自然区划划分,属于鲁豫轻冻区山东丘陵副区(II_{5a})。

2. 地形地貌及土壤植被

济青高速公路沿线区域的地形地貌以潍河为界分为西东两个部分。西段处于鲁西北平原和鲁中南山地交接地带,东段则属于胶东丘陵区的胶莱平原区。全线绝大部分为平原区,不到5%部分为山地和丘陵。全线地形简单,地势平坦、开阔,间有少量残丘。

西部大部属于冲积平原和缓慢下沉的山前平原区。该区域由南向北逐渐倾斜,自然坡度约为3‰~9‰,沿线纵坡起伏不大,海拔在20~40m之间;仅在K59附近穿过鲁中南山地余脉青龙山,地势较高,垭口处相对高差40m,过垭口后即为黄土丘陵区,K70以后又进入平原区。

东段属胶东丘陵地剥蚀准平原区,西高东低,海拔多在20m以下,最低处海拔不到10m,局部地段海拔在60m以上,最高处为100m。

济青高速公路所经地区绝大部分为耕地且多系重要农产区,特别是历城、章丘、青州、潍坊、昌邑和即墨等县,本线所经均为高产农田,经过多年的农田基本建设,机井遍布、沟渠配套、排灌相宜、旱涝保收。由于长期的开发利用,沿线除山地外,均为耕作土壤,且以旱地土壤为主;沿线林木稀少,多为人工林、低小灌木,草本植物主要为旱生禾本科植物。作物主要有小麦、棉花、甘蔗、大豆、玉米、高粱、花生和蔬菜。果树则以苹果、梨、山楂为主。

3. 地质地震

鲁西北平原是华北大平原的一部分,属新华夏系第二沉降带,而山东半岛则属于新华夏系第二隆起带。本线路恰位于新构造运动的沉降带和隆起带接触带上,其中沂沭深断裂带由北向南,从潍坊东西两侧通过,潍河便是昌邑至大店断裂带的一部分,但断层已为第四系沉降物所覆盖。

西段特别是起点到邹平县的青龙上垭口段依次分布着滩头、白云湖、芽庄湖等古湖泊,地势低平,地层先后沉积了两种松散沉积物,$Q1_{3+4}$(湖积层)和Q_4^{al}(冲积层)交错分布。路线其余部分表层均为第四系松散堆积物覆盖土质,主要为亚黏土和黏土,其下岩层主要有泥灰岩、白云质灰岩、石英砂岩、页岩和玄武岩等,埋深多在10m以上。青龙山是全线唯一一处深挖石方段,桩号K58+822~K59+278,全长456m,岩石裸露部分为深灰色玄武安山岩,最大挖深25m,挖方量达24万m^3,是全线重点工程段。

路线经过地区的地震基本烈度为6度,不需要设防。但根据山东省地震局"关于济南、淄博、青岛三市地震设防通知"要求,对上述三市重要工程要按7度设防。因此,对三市附近重要工程建筑物需适当考虑。

4. 水文气象

济青高速公路在山东省北部横穿东西,穿过省内中部地区南北向各条河流。这些河流大都由南向北流入渤海,主要有小清河、绣针河、孝妇河、淄河、弥河、丹河、白浪河、潍河、胶莱新河、墨水沟、大沽河等。这些

河流大致可分为三类：季节性河流（如淄河、弥河、潍河、大沽河等）、渠化河流（如丹河、胶莱新河等）、通航河流（仅小清河一处）。除小清河常年有水可以通航，胶莱新河为人工开挖排洪河道常年有水外，其余大多是季节性河流，平时水量很少，甚至干涸；雨季洪水凶猛，但为时不长，仍不能通航。

济青高速公路全线处于北温带，气候温和适宜。由于公路是东西走向，纬度相近，因此，气温也大致相当，全年平均气温多在12～14℃之间。就其气候特征而言，西段属于大陆性气候，四季分明：春天少雨温和、干燥多风沙，夏季酷热多雨，秋季天高气爽，冬季寒冷干燥。东段属海洋性气候，夏季较为凉爽。全年平均降雨量500～700mm，最大可达1 200～1 500mm。每年七月至八月雨量集中，占全年降水量的1/2～2/3。冬季则干旱少雨雪，降水量仅占全年的5%左右。春季多大风，风向偏北，但主导风向为西南和南风。秋冬季多雾，平均年雾天在20天以上，青岛地区多达50天。冰冻期约达40天，多年平均最大冻土深度48cm。沿线各地气象情况如表2-1所示。

沿线四城市气象

表2-1

项 目	济南市	淄博市	潍坊市	青岛市
年平均气温(℃)	14.3	12.9	12.3	11.9
绝对最高气温(℃)	42.5	42.1	40.8	39.7
绝对最低气温(℃)	-22.5	-23.0	-21.2	-19.2
月平均最高气温(℃)	19.4	19.1		
月平均最低气温(℃)	8.0	7.4		
历年最大降雨量(mm)	1 147		1 289.8	
一日最大降雨量(mm)	250	179.3	195～398	
年平均降雨量(mm)		630.3	626～766	
最大风速(m/s)	24	24.3		20
历年最大冻土深(cm)	45	48	48	50
最大积雪深(cm)	15	33		
全年最大雾日	39	34		50

二、设计依据与建设水平

济青高速公路起于济南市东外环北端大桥路，终于青岛市西元庄，接308国道上的西流高架桥，如图2-1所示。路线全长318.6km，是联系山东省省会济南与沿海开放城市青岛的主要快速交通干道。该工程于1990年1月开工建设，1993年12月全线竣工通车（其中济南段K0～K16，于1992年10月建成通车），是山东半岛与中西部及京津地区经济往来的重要交通要道。

济青高速公路建设采用的主要技术标准及指标：

（1）设计行车速度：120km/h（平原微丘）；

（2）路基宽度：全线均为整体式，济南至潍坊段（长218.6km）宽26m，潍坊至西元庄段（长99.7km）宽23m；

（3）最小平曲线半径：2 100m/处；

（4）最大直线长度：3 769m；

（5）最大纵坡：3%；

（6）桥面净空：2×净-11m；

（7）桥梁设计荷载：汽-超20，挂-车120；

（8）桥梁设计洪水频率：特大桥三百年一遇，其余为百年一遇；

（9）路面：全线均采用沥青混凝土路面，设计标准轴载为BZZ-100kN。

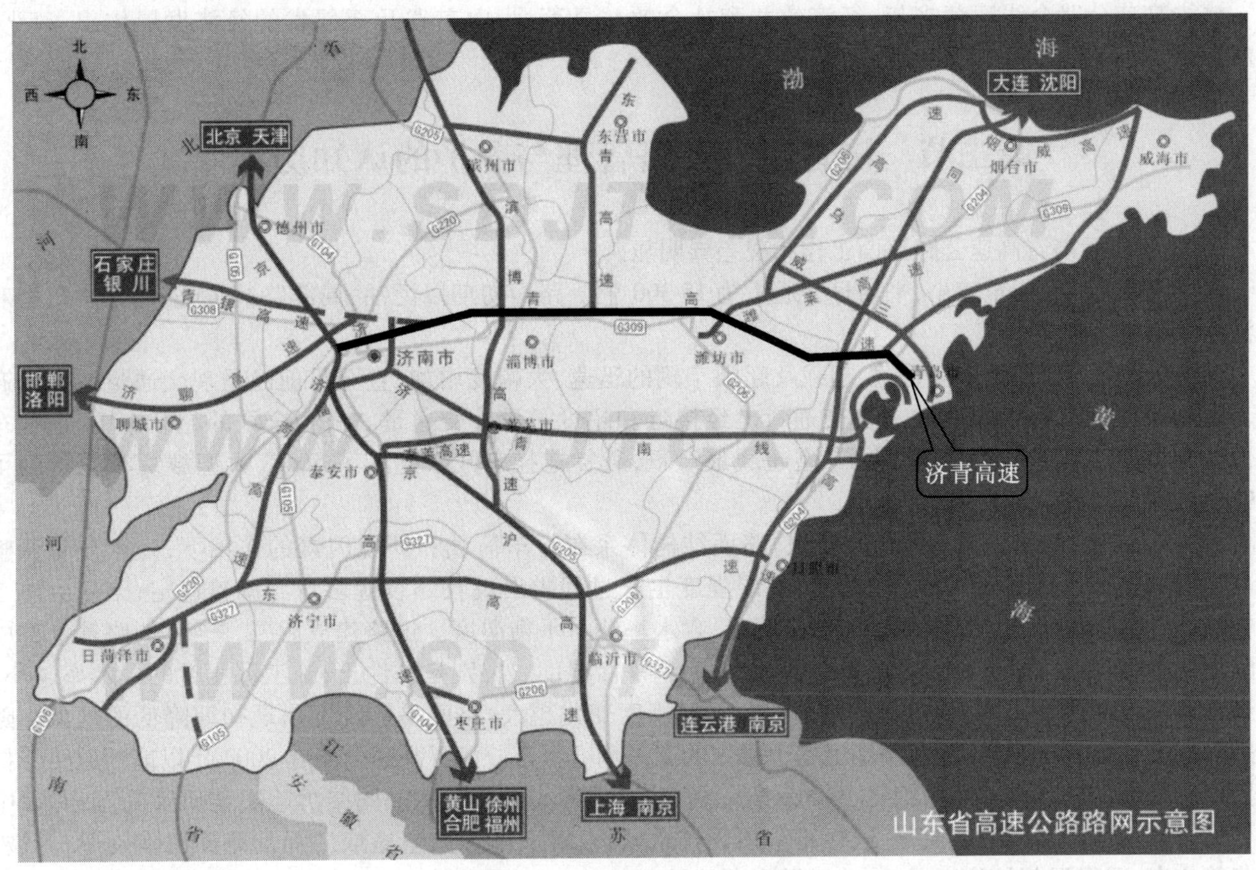

图 2-1　山东省高速公路路网示意图

济青高速公路原路面结构类型如表 2-2 所示。

济青高速公路原路面结构类型　　表 2-2

起 讫 桩 号	路段长度(m)	路面结构类型
K0 +000 ~ K16 +000	16 000	沥青混凝土(4 –6 –8*)/18cm + 水泥二灰稳定碎石/24cm + 二灰土/30cm
K16 +000 ~ K45 +000	30 000	沥青混凝土(4 –6 –8)/18cm + 水泥稳定碎石/28cm + 石灰土/30 ~35cm
K45 +000 ~ K51 +200	7 200	沥青混凝土(4 –6 –8)/18cm + 二灰稳定碎石/20cm + 石灰土/22 ~26cm
K51 +200 ~ K76 +557	26 357	沥青混凝土(4 –5 –6)/15cm + 水泥稳定砂砾/20cm + 石灰土/38 ~40cm
K76 +557 ~ K118 +392	42 835	沥青混凝土(4 –6 –8)/18cm + 二灰稳定碎石/34cm + 石灰土/15cm
K118 +392 ~ K168 +924	51 532	沥青混凝土(5 –6 –7)/18cm + 水泥稳定砂砾/38cm + 石灰土/15cm
K168 +924 ~ K218 +616	50 692	沥青混凝土(4 –6 –8)/18cm + 二灰稳定碎石/20cm + 石灰土/22 ~26cm
K218 +616 ~ K282 +504	64 888	沥青混凝土(4 –5 –6)/15cm + 二灰稳定碎石/18cm + 石灰土/30cm
K282 +504 ~ K318 +600	36 096	沥青混凝土(4 –6 –8)/18cm + 水泥稳定砂砾/51cm

* 上面层是 4cm 中粒式沥青混凝土、中面层是 6cm 中粒式沥青混凝土、下面层是 8cm 粗粒式沥青碎石。

济青高速公路的工程建设管理,采用国际竞争性招标和国内招标选择承包人,全线工程按照国际通用的 FIDIC 条款进行合同管理。在引进国外先进管理经验的同时,探索出了一条以 FIDIC 条款为前提,思想政治动员与行政干预为保障的高速公路工程建设管理新模式——"济青高速公路工程管理模式",即"FIDIC 条款 + 行政干预和思想政治动员 + 激励机制 + 协调服务"的模式。中外监理工程师坚持"严格监理、热情服务"的原则,对工程全过程进行了全面、严格、科学的管理,使济青高速公路工程质量达到了优良等级,受到国内外专家的普遍好评,获得 1996 和 1997 年度交通部❶优质工程一等奖。

❶现已更名为交通运输部,余同。

济青高速公路全线运营多年，经济效益和社会效益显著，为山东省乃至邻省的经济发展作出了巨大贡献。

第二节 济青高速公路管理与养护的认知历程

2003 年前后济青高速公路路面工作状况差异明显。

2003 年之前，交通量较小，平均日交通量为 15 300 辆。路面初期以泛油、局部路基沉陷、局部水损害和抗滑指标衰减为主要病害。

2003 年之后，交通流量与重载、超载及超限车辆的迅速、大幅度增加，直至目前已呈现交通量饱和的态势。特别是在济南至潍坊区段，折算交通量已经接近和超过了设计交通量。济青全线的超载车中，拖挂车比例达到了 30% 以上。淄博段各种车型超载最严重，载货拖挂车几乎达到了 50%，大型载货车也达到了 23%；青岛路段超载最轻。

2003 年以前，特别是通车的初期阶段，路面结构体系在行车荷载和环境因素的作用下，处于自身调整期。自身调整期主要是面层的追密变形；基层强度生长过程中出现收缩裂缝后自身调整稳定；路基由施工期在最佳含水率附近强力压实到回弹恢复稳定、含水率趋于平衡湿度。道路建成后二、三年内，路基上部中心附近的湿度会逐渐趋向稳定，该区域的湿度为路基平衡湿度。特别是黏性土，施工碾压时的含水率越小，达到平衡湿度时的含水率波动越大，路基初期支撑刚度变化越大，路面整体刚度出现初期降低的现象。随着路基湿度逐渐趋于平衡湿度，路基也趋于稳定的支撑刚度状态。济青高速公路在 2003 年以前的道路养护主要以预防性的功能维护和精细化小修保养为主，对局部路基施工或地基固结沉陷实施压浆处理；对因中央分隔带积水渗入层间造成损害，进行路基顶管排水处理；对因施工质量造成的局部路面沉陷变形、开裂、唧浆等病害，采取局部挖除病害后，进行界面灌缝处理，而后处理好回填料的界面连接，最后进行薄层罩面封水，维护路面功能。一般不作大动作的结构开挖处理，避免了路面结构的早期扰动，保护了结构工作的整体性与稳定性。

2003 年之后，随着道路交通流量的快速增长，重车与超载车的激增，路面出现不同程度的荷载、温度及疲劳开裂、车辙、局部沉陷变形、唧浆、桥头跳车等病害，路面平整度和抗滑能力降低。尤其是近几年重载、超载车辆迅猛增加，使上述病害日趋严重。面对路面的各种病害，如何认识半刚性沥青路面功能与结构工作特性的演变，如何确切诊断病害原因与发展态势，以判断路面功能变化与结构工作状况及寿命之间的关系，如何科学把握与决策养护维修策略及技术，已成为道路管理与养护工作者深思的问题。

济青高速公路的养护管理工作，始终以路表状况与结构及路面功能测试指标所揭示的问题本质为指导思想，以结构体系整体支撑刚度（弯沉值的大小与变异性）变化为宏观决策依据，以路面损坏状况指数 PCI 为维修方案确定依据，着力抓好、做好、管理好高速公路的小修保养，保证小修保养的及时、快速与技术的正确选择，有效地遏制病害的快速发展，达到维护路面服务功能、挖掘结构潜能、延长道路使用寿命的目的。对 2003 年以后路面较集中的车辙、纵向裂缝、唧浆和沉陷等病害，采取“局部预防性养护，局部挖补整体罩面维修逐步推进”的养护管理方式，由西向东历时五年进行路面维修，维修的规模控制在中修范围内。

为使维修工程设计、病害处置方法和技术与施工工艺更趋于可靠、合理，在不断总结养护管理与病害诊断经验的基础上，创新性地提出了路面病害诊断的“三次病害确认”法，实现了现场维修方案设计与技术确定的动态化。

将精细化、人性化的养护管理理念贯穿于路面养护、管理全过程。在路面养护中坚持严谨、科学的工作态度，通过精细管理和严格的程序保障路面养护管理决策的科学、规范、有序。不同路况下预防性养护技术与养护时机的科学决策，使济青高速公路长期维持着良好的路面服务功能，路面结构潜力、投资与运营效益得到了充分的发挥。人性化的服务理念确保了特殊情况及养护工程中的道路安全与畅通。

济青高速公路运营中的路况状态变化与病害现象反映并代表着我国高速公路半刚性基层沥青路面的

工作特性、病害发生、发展特点；其养护管理决策、方法与技术也为认识该类路面的工作性能与破损机理、科学管养等不断累积着工程经验。

第三节　济青高速公路沥青路面养护维修的工程实践

根据济青高速通车后的交通条件与路面状况变化，其养护管理工作可分为2003年前、2003后两个阶段。

一、2003年前济青高速公路沥青路面的养护维修

2003年之前的道路养护以预防性和及时性养护为主。道路交通量组成主要以小型车为主，日交通量15 300辆。路面病害以坑槽、裂缝、松散、泛油和局部车辙为主。这个阶段，路面养护维修经历了传统人工养护向机械化养护、传统养护材料向新材料、传统工艺向新工艺的转变，为养护工作积累了经验。

1. 人工养护向机械化养护的转变

济青高速建成之初，道路的养护主要以人工养护为主。为了实现养护工作机械化，变被动养护为主动养护，济青高速养护工作者转变思想观念，通车不久快速引进了大批先进的养护施工设备，加强设备操作人员的配备和技术培养，使他们尽快熟练掌握相关设备性能、应用技术，并在路面养护中及时应用，提高了养护工作效率与养护技术水平。到2003年，路面坑槽修补、裂缝修补、路面清扫、护栏维修等全部实现了机械化作业。

2. 新材料的应用

在沥青路面坑槽修补方面，为确保维修的应急性，开始采用冷补材料。为提高裂缝的修补效果，引进了当时先进的密封胶封堵裂缝等，解决了道路维修的应急问题，提高了路面的使用质量。

3. 新工艺的应用

为确保路面的维护质量，在养护维修中，积极采用新的工艺和方法。在沥青路面坑槽修补中，为提高坑槽修补后与原路面边缘的密实和修补外观，在传统的修补基础上，采用辐射墙加热的工艺；为提高裂缝的修补质量，采用开槽机和裂缝跟踪锯开槽的工艺，延长了使用周期，提高了修补质量。

4. 局部路段采用罩面施工工艺

济青高速公路青岛段某高填方路段处于凹曲线上，地质构造为不透水的红板岩结构，地下水位高，路基含水率高。这一路段在通车运营一段时间后，路面出现纵向裂缝，主要集中在行车道靠中间虚标线轮迹带附近，并伴有唧浆和沉陷病害。设计和科研部门多次进行现场调研并确定了相关维修方案，即对基层全部挖除换填。具体实施时，养护公司考虑社会影响和经济效益，在施工过程中又进行现场病害再确认，并依据现场铣刨情况确定维修方案，最终采取局部挖补行车道，利用密封胶灌注基层裂缝后，采用AK-16A型混合料罩面维修的方法。维修后资金比原设计节约了三分之一，取得了良好的使用效果与显著的社会和经济效益。

1993年至2003年，济青高速公路路面养护维修，采取了路面小修保养为主、局部罩面处理的技术措施，维护了路面服务功能，延长了道路的使用周期，创造了历经10年没有进行专项维修的记录。这不仅得益于济青高速良好的工程建设质量，更重要的是对半刚性基层沥青路面结构工作特点、演变规律、病害机理的认识，预防性养护理念的确立与管养实践的验证。特别是局部路段的挖补罩面维修为济青高速后期的养护技术与施工积累了经验，为“三次病害确认”的病害诊断、养护方案决策方法的提出奠定了基础。

二、2003年后济青高速公路沥青路面的养护维修

2003年以后，随着经济的快速发展，济青高速公路的交通量迅速增加，重载交通达到总交通量的30%以上，加之济青高速公路路面已接近设计使用年限，路面相继发生了面积大、相对集中的路面车辙、路面纵向

裂缝、唧浆和沉陷等病害。这一阶段的养护管理决策为：针对一般病害及时进行精细化小修保养；针对相对集中的病害采取“局部预防性养护，局部挖补整体罩面”的维修方式，自济南向青岛方向分段维修，维修的规模控制在中修范围内。

养护管理的决策确定后，分两步实施。

第一步：预防性养护技术方案探索

预防性养护技术方案探索，即局部挖补、整体罩面的先期工程试验，在济南 K21 +900 ~ K23 +500 和 K36 +200 ~ K37 +700 两个路段的行车道上实施。铣刨并重铺厚度为 2.0 ~ 2.5cm 超薄抗滑表层。至 2004 年罩面处置前，经 3 年使用证明效果良好。

2004 年对青岛 K282 +503 ~ K318 +780 路段进行微表处理。根据路面维修整体计划的安排和青岛段交通流量的实际情况，结合路面病害的实际情况，从降低养护成本、提高道路使用质量、为预防性养护积累经验的角度出发，2004 年在青岛段实施了在山东省首次采用的微表处理技术。处理前对路面病害比较严重的路段进行了局部挖补处理，对路面裂缝进行了封堵，提供良好的工作面。微表处理后的路面，通行质量明显提高，取得了良好的经济效益和社会效益。

第二步：局部挖补，整体罩面

在局部预防性养护处置取得相关经验的基础上，自 2003 年起，工程实施部门按照维修的总体计划安排，历时 5 年完成了由济南—青岛的路面专项维修工程。工程实施过程如下。

(1)设计前期的病害调查与维修方案的设计

工程实施部门与相关科研和设计单位合作，设计前采取雷达物探等方法对维修路段进行全面的结构与路面功能指标检测，配以钻芯与探坑，进行第一次病害确认，并进行维修方案的初步设计。

(2)方案的论证和确定

初步设计方案形成后，设计单位首先征求具体管养单位的意见和建议。在进行补充和完善的基础上，由上级主管部门组织召开论证会，本着设计方案可行、经济、环保的原则进行评审，设计单位根据评审意见对设计方案进行详细完善，确定维修方案。

(3)工程的招评标

相关前期工作准备完成后，上级主管部门按照程序组织招标和评标工作。此项工作一般在年底前完成，为预期中标单位留足充分的准备时间。

(4)工程的推进实施

施工前，管养单位和设计部门对检测路段进行全程的病害与设计徒步核对，并采取钻芯取样等方式进行现场验证对比，进行第二次病害确认，进一步确认维修方案的针对性。

在实施时，随铣刨过程中的病害观察，进行第三次病害确认，并及时调整维修设计方案。

整个维修方案，注重封水、排水设计，抗车辙设计，结构应力协调设计。这种“局部预防性养护，挖补后整体罩面”的维修决策，尽量不采取大动作以不破坏和维持结构自身稳定状态的思想，针对病害原因、类型、程度来确定具体维修技术方案的设计是半刚性沥青路面养护成功的工程实践。

强调小修保养的及时与精细：

在“局部预防性养护，局部挖补后整体罩面的方案逐步推进”期间、特别是完成之后，结构处于平稳的刚度支撑状态(图 2-2 ~ 图 2-7)，路面处于良好的服务水平，此时进入新的预防性养护阶段。及时封堵水的下渗通道，修复路面坑槽与局部车辙(淄博重载爬坡段)，防止水损害与路面功能衰减是养护管理的关键。引进与开发新的灌缝材料与封水、防渗、恢复抗滑性能技术是小修保养的工作方向。例如在 2010 年青岛段 4 万 m^2 桥面铺装维修中试用了 STAR-SEAL Supreme 沥青路面预防性养护技术，提高了桥面封水、防渗、抗滑性能。

坚持每年在雨季与降雪之前进行两次全线的灌缝。此外，坚持每天路况巡查，及时封缝、修补坑槽，以小修保养的及时、快速、精细来确保遏制路面水损坏引发结构病害的发生。

第四节　济青高速公路管理与养护的经验

济青高速公路通车10年未进行中修，通车17年仍以预防性养护为主，以局部挖补、罩面为维修方案，未进行过大修。该路面在重载大交通量条件下保持着良好的路面服务功能，源于对病害发生机理、诊断与处置的认知水平；管理与养护理念与决策的正确；及时精细的小修保养封堵了水的下渗，遏制了结构水损坏的发生。纵观济青路的养护管理历程，路面养护管理的经验与启发主要有以下几个方面。

一、正确认识高速公路半刚性沥青路面结构性能的演变特点

1.济青高速半刚性沥青路面结构材料与结构强度

济青高速初始的路面结构为：上面层密级配中粒式沥青混凝土+中面层中粒式沥青混凝土+下面层沥青碎石+水泥或二灰稳定碎石半刚性基层+石灰土或二灰土半刚性底基层+土基（黏性土为主）。上面层中粒式密级配沥青混凝土，虽然在通车后部分路段泛油、轻度车辙，但对封水起到了良好的作用，早期坑槽、唧浆等水损坏现象较少发生。沥青碎石孔隙大，透水性好，在整个路面结构中起到了排水、衰减行车荷载应力、吸收下层反射裂缝的作用。

半刚性材料的强度生长依赖龄期，干缩、温缩开裂与养生湿度、温度密切相关。济青高速面层厚18（15）cm，基层几乎不受温度影响。半刚性基层达到养生龄期后铺筑的上层，阻断了水分蒸发的通道，提供了半刚性层强度平稳生长的条件。加之施工质量的严格控制、通车后的10年内几乎没有遭受超重车和大交通量作用，给了半刚性结构长达10年的强度生长时间，几乎避免了早期强度不足引起板体开裂与结构疲劳开裂的问题。由此可见，对半刚性基层沥青路面结构，保证一定的养护龄期对整个路面结构强度的形成和抵抗重载车的作用非常关键。

2.对半刚性基层沥青路面结构特性和工作机理的认识

结构特点：层间刚度差大，存在层间界面，各结构层层底应力状态和大小主要随层间刚度比和层间接触条件而变，且对路基变形与超载应力敏感。

材料特点：沥青面层具有温度敏感性；半刚性材料是无机结合料稳定材料，强度随龄期增长，具有干缩温缩性质。

结构工作特点：半刚性路面结构在重复动载与环境综合作用下带伤工作。

以上描述决定了该类路面易开裂，易发生水损坏，重载交通下易发生车辙。其结构稳定性与路面功能的变化特别依赖于科学的养护管理决策与养护的及时和精细，否则将导致病害迅速发展。

半刚性基层沥青路面结构工作特性大致经历如下的几个演变阶段。

（1）路面结构体系工作的初期自调整阶段

路基的工作机理，一方面压密变形，另一方面在趋于平衡含水率过程中发生强度波动。沥青面层行车追密、低温开裂、高温变形，半刚性材料干缩与开裂，整个结构体系处于自协调至稳定状态。早期水损坏是这阶段路面的主要病害，也是路面早期预防性养护的关键阶段，避免大动作的结构性开挖，破坏结构平衡，产生新的结构薄弱面。

（2）结构平稳工作而路面功能衰减阶段

面层温缩、基层反射裂缝加之轴载的作用，结构带伤工作，裂缝间距缩小，路面平整度与抗滑性能降低，进入路面功能衰减、结构趋于稳定的工作状态。这个阶段仍以封堵水的下渗、排水、路表功能修复的预防性养护为主，及时、精细的小修保养与预防性养护非常关键。这个阶段的维修除对局部基层碎裂、弯沉值变异性大的部位根治病害外，应尽量不进行大动作的结构性开挖。

（3）路面表观病害严重阶段

随着通车年限与轴载次数的增加及环境的作用，面层材料老化、纵横向裂缝、网裂、唧浆、路面变形、车辙等病害突显，路面呈现表观病害严重阶段。该阶段做好封水、遏制水的下渗是第一关键。此阶段正是预

防为主，实施局部挖补、整体罩面的适宜时机。由于济青高速公路原有较厚的沥青面层（18cm 沥青面层），加上运营过程中的罩面维护（4cmSMA），半刚性结构层相当于已下卧。一方面，在行车荷载作用下，结构由初始的开裂活动状态自调整趋于稳定；另一方面，罩面后的沥青路面良好的吸收应力作用与较厚的沥青层使结构整体具有了柔性路面的工作性能，罩面后的路面又进入新的较为稳定的工作阶段。该阶段仍宜采用封堵水的渗入，局部挖补、整体罩面的维修方案，不要轻易开膛破肚，避免破坏路面结构体系趋向新稳定平衡的过程。挖补罩面要注意排水设计、采用柔性结构。济青高速公路适时科学地把握了这个特点，采取"局部挖补罩面的预防性养护"的维修决策，挖掘了结构潜能，延长了结构寿命，获得了良好的路面服务功能。

济青高速公路济南、淄博、潍坊段分别于 2003 年、2004 年、2005 年进行局部挖补、整体罩面。2009 年对三个路段进行了弯沉检测，结果如表 2-3、图 2-2 ~ 图 2-7 所示。

济南、淄博、潍坊测弯沉段基本信息

表 2-3

基 本 信 息	济南段上、下行	淄博段上、下行	潍坊段上、下行
路面等级系数	1.645	1.645	1.645
季节修正系数	1.00	1.00	1.00
湿度修正系数	1.00	1.00	1.00
沥青层厚度（cm）	22	22	22
基层类型	无机结合料稳定类基层	无机结合料稳定类基层	无机结合料稳定类基层
前五日平均气温（℃）	20	20	20
设计允许弯沉（0.01mm）	25.00	45.00	45.00

检测结果表明：罩面维修后济南段总弯沉代表值的变化范围为（10.43 ~ 45.48）×0.01mm、淄博段总弯沉代表值的变化范围为（0 ~ 36.38）×0.01mm、潍坊段总弯沉代表值的变化范围为（10.6 ~ 28.89）×0.01mm，因此除个别路段外，大部分检测路段的代表弯沉值都远小于设计允许弯沉值，结构处于平稳的支撑刚度工作状态，路面服务功能良好。这说明济青高速公路在运营 10 年后在重载大交通量条件下，尽管结构陆续由平稳工作阶段进入结构疲劳开裂阶段，但局部挖补、整体罩面的维修方案是合理的。

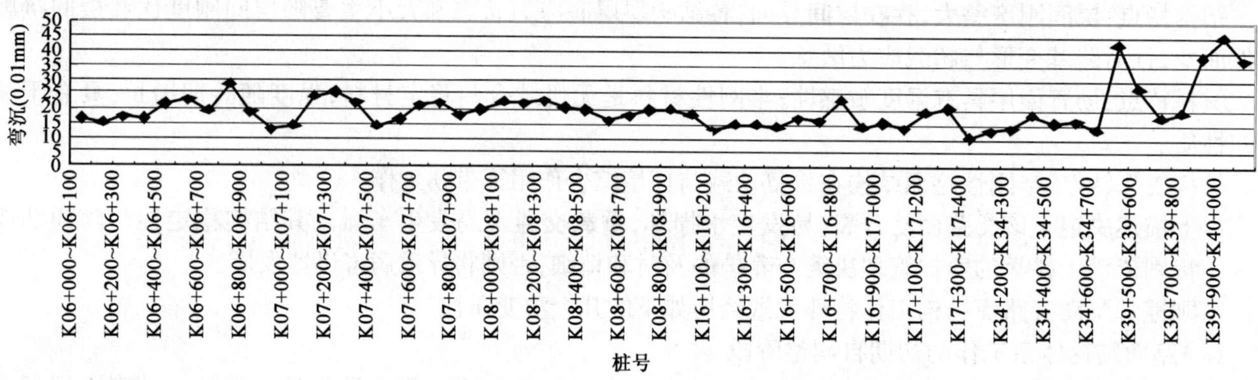

图 2-2　济青高速公路济南段上行行车道弯沉沿线分布图

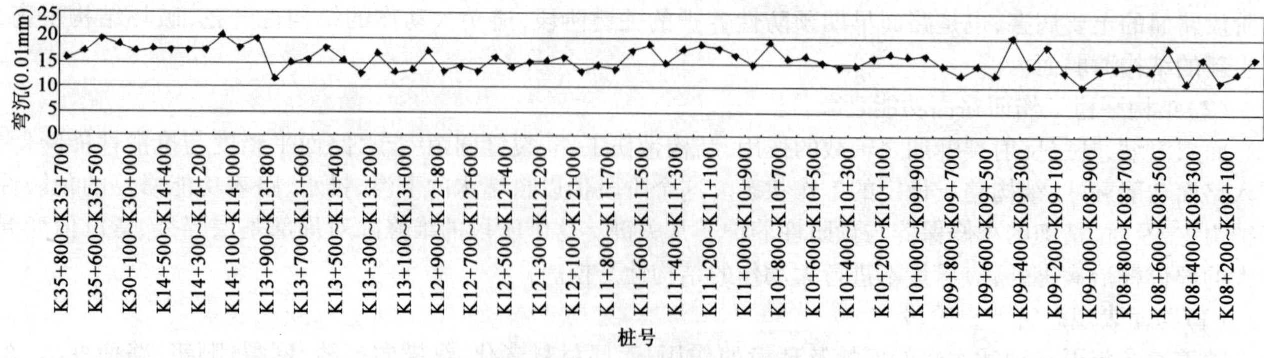

图 2-3　济青高速公路济南段下行行车道弯沉沿线分布图

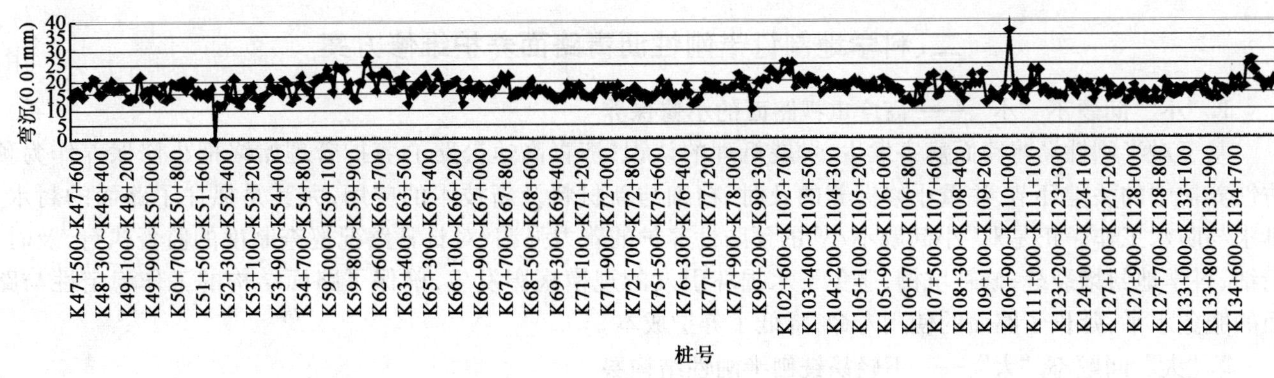

图 2-4　济青高速公路淄博段上行行车道弯沉沿线分布图

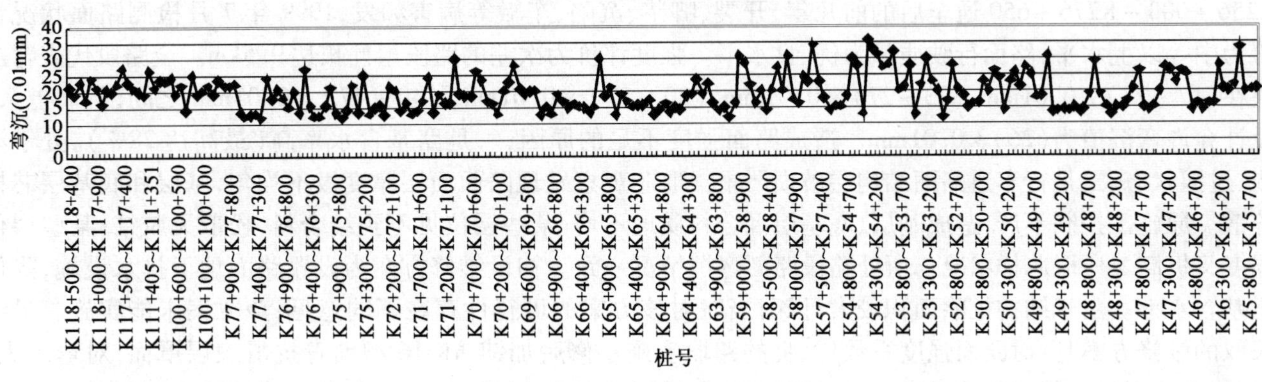

图 2-5　济青高速公路淄博段下行行车道弯沉沿线分布图

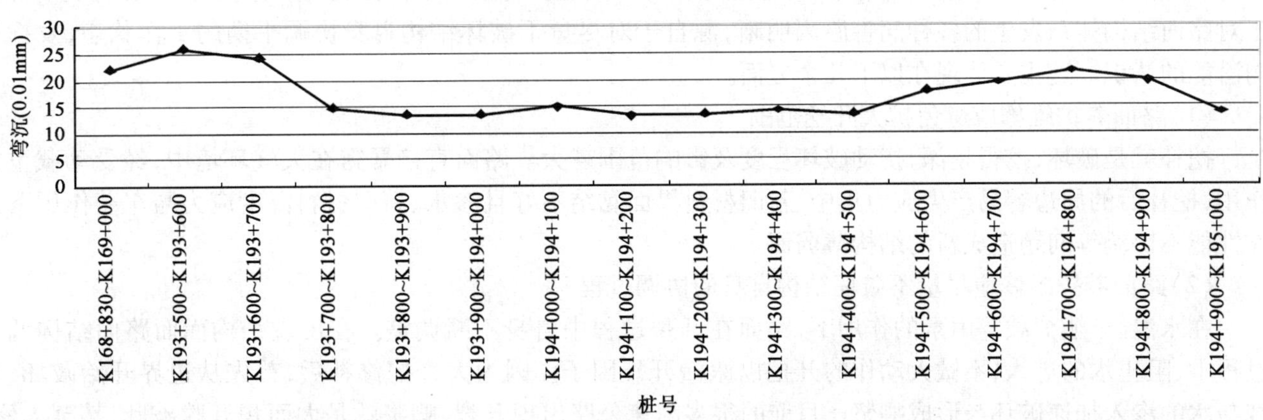

图 2-6　济青高速公路潍坊段上行行车道弯沉沿线分布图

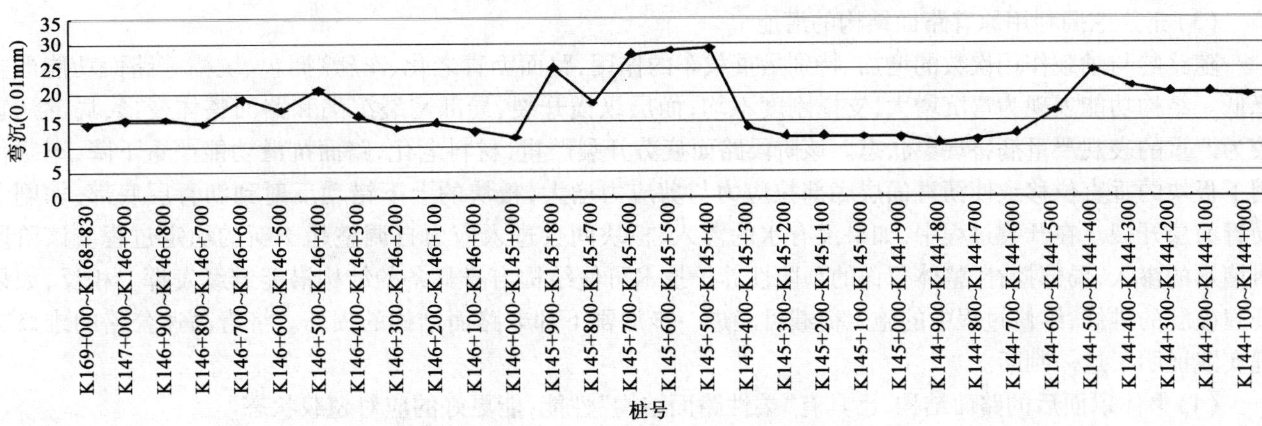

图 2-7　济青高速公路潍坊段下行行车道弯沉沿线分布图

二、科学地制订半刚性沥青路面养护维修方案

1. “小”问题不“小”——高度重视路面的小修保养

基于对半刚性沥青路面病害发生、发展机理的认识，济青高速公路的养护管理始终把小修保养作为预防性养护中的关键环节，注重小修保养的及时、精细与新材料及新技术的应用，尤其是抓住了路面的封水、排水与防水工作。正是对“小问题不小”的预防性养护的着力强调、对日常路况巡查制度的监督执行，及时、精细、科学地封堵裂缝，修补坑槽，避免了水损坏引发的规模病害发生，确保了路面结构的工作稳定性与路面的服务水平，延长了路面的使用寿命，降低了养护成本。

2. “大”问题不“大”——不轻易铣刨半刚性结构层

所谓“大”问题不“大”，是指对于貌似严重的路面结构病害，不轻易铣刨路面半刚性结构层。如高密段K256 + 000 ~ K276 + 650 通车后的前几年，开裂、唧浆、沉陷、车辙等病害频发，1999 年 7 月检测路面状况评价为中等以上水平，路面行驶质量为优、良水平。强度评价为次差的路段累计长达 9.5km。全路段代表弯沉值在(17 ~ 23) × 0.01mm、(23 ~ 27) × 0.01mm、(30 ~ 37) × 0.01mm、(40 ~ 47) × 0.01mm 之间，且离差大。设计允许弯沉值为(26) × 0.01mm。造成路面强度不足的原因，一是路基含水率高(最高达 28%)，处于潮湿、过湿状态；二是行车道路面结构层破损严重。取芯观察发现路面面层厚度极不均匀，基层和底基层芯样碎散。原施工控制不严，造成基层、底基层混合料质地不均，某些层位见不到结合料，松散无胶结；某些层位强度又极高。所取芯样状况与所处路段路面弯沉情况一致。初设维修方案为设置路面地下排水设施，降低土基含水率。由于结构挖除面积较大且深，当时对该方案的可行性存在不同意见，该方案未能实施。最终采取的维修方案是：对路面强度系数优、良的路段实施小修后加铺 AK-16 型沥青抗滑表层罩面；对弯沉大，基层、底基层松散的局部路段实施了局部挖补，加铺沥青表面抗滑层的维修方案，取得了良好的效果。

“不轻易铣刨路面半刚性结构层”的思想源自对半刚性沥青路面结构性能与工作机理演变的认识，源自于对路面结构体系发生的各种病害原因明晰，源自于对尽量不破坏结构自身协调平衡的工作状态，发挥结构潜能的认识。这主要体现在以下几个方面。

(1)路面养护维修应避免扩大开挖范围

挖补就是破坏，挖得越深，扰动破坏程度及影响范围越大。路面直接暴露在大气环境中，经受动载重复作用，挖补后的周边容易产生应力集中、新旧材料界面黏结不好且渗水、新旧材料温度应力与车载作用下工作性能不协调等问题造成新的结构薄弱面。

(2)路面养护维修应尽量不破坏结构自身的协调过程

在水温、车辆荷载等因素的作用下，路面在开裂过程中自身不断调整。在出现结构面而路面结构调整过程中，阻止水的进入，不做大动作的开挖以激活开裂因子。因为大开挖修补后，首先从边界开始破坏，车载与水的渗入加速破坏与形成唧浆。目前的很多高速公路出现开裂、唧浆就是大面积开膛破肚，甚至大修，不仅增加了养护成本，维修效果也不佳。

(3)充分挖掘利用原有路面结构的潜能

随路龄与轴载作用次数的增加，特别是重载车的作用，路面沥青老化、车辙、拥包、坑槽等路面功能严重降低。结构功能表现为弯沉增大，支撑刚度不均；面层纵横开裂、局部网裂沉陷和路面整体变形，局部病害较为严重的表观严重病害现象状态。该阶段路面疲劳开裂严重，材料老化，路面抗滑功能严重下降，车载作用下板块的垂直位移致使沥青面层底部拉应力与剪应力增大，板块的上下错动反射到沥青层底部，加剧了沥青面层开裂。在开裂过程中，如果没有水的渗入，板块间会进入应力自调整趋于新的稳定过程。该阶段封堵水的渗入，局部挖补、整体罩面的预防性养护技术可使结构自身具备的结构潜能继续发挥。相反，如果开膛破肚的维修，维修过程中的施工荷载可能进一步加剧下部老路面结构的损坏。济青高速公路的维修工程实践证明了这一判断。

(4)整体罩面后的路面结构，已具有“柔性路面结构”性能，能更好的应对超载状态

已有的研究表明，与柔性路面结构相比，半刚性路面对超载更加敏感。在标准轴载下，半刚性基层沥青

路面各结构层的层底拉应力几乎不超过75微应变,路基顶面的压应变一般是165~170微应变;当超载50%时,各结构层的层底拉应力都增加50%,并且呈线性增长。而在相同的超载条件下,柔性路面结构各结构层的层底拉应力均小于允许拉应力。济青高速公路经过17年的运营与养护维修,结构开裂已调整到稳定状态,厚的沥青层结构具有吸收和衰减应力的能力,及时精细小修保养,路面可在相当长的时间段处于稳定的工作状态。

(5)由施工原因造成的局部结构碎裂,必须挖补补强,及时修复

济青高速养护管理日常注重小病害的精细处置,遏制了水的下渗,避免了结构水损坏的发生,用精细化管养出了良好的服务功能;认识半刚性路面的工作机理,维修工程中尽量不采取大动作,维持了结构自身的平衡与稳定性,换来了路面结构使用寿命的延长。

3. 半刚性路面结构维修,应尽量不使用半刚性材料

因为无机结合类半刚性材料的强度生长依赖于龄期与温度。在维修基层时,特别在交通繁重路段的维修中,若使用半刚性材料,则会由于无法获得充分的养生时间而导致半刚性基层的早期损坏。所以,在济青高速公路的养护维修历程中,尽量避免使用半刚性材料,而采用具有较好密水性和抗车辙能力的AC沥青混凝土面层结构及沥青稳定大碎石混合料(LSPM-30)底层,做好使用沥青混合料进行结构补强路段的排水设计,加快了施工速度,较好地阻止与延缓了反射裂缝的发生,取得了良好的维修效果。这也是济青高速公路养护历程中的一条重要经验。

4. 做好三个设计

养护维修中注重排水设计、强调界面连接设计与技术处理、规定采用柔性结构,保证了养护维修工程的抗水损坏能力、新老界面的连接能力及抗重载交通荷载的疲劳作用能力。

三、坚持以预防为主的路面养护维修策略

预防性养护的根本是通过对路面功能的养护,达到延长路面结构使用寿命的目的。树立预防性养护和全寿命周期养护成本理念,围绕路况调查、分析评价、养护决策和工程实施四个关键环节,做好不同路面状况与结构工作状态下的预防性养护。道路运营的初期阶段主要预防早期损坏,封堵开裂,防止水损坏,着力做好及时、快速、精细的小修保养来确保路面良好的服务功能。在结构工作平稳期,每年进行路面功能及结构性能检测,及时了解把握路面状况与结构性能的变化,确定病害成因、病害程度、病害范围,制订预防性养护维修方案。这一阶段路面预防性养护以路面功能修复为主,尽量维护路面的结构稳定性。在重载作用下,运营相当长的时间,路面将出现较为严重的结构性开裂、车辙与局部沉陷变形,此时仍以预防性养护理念进行专项维修工程的技术决策,护持道路寿命。济青高速在路面运营的三个关键阶段,适时合理地确定了预防性养护的决策与技术,是济青高速公路结构平稳工作的根本所在;诠释了预防性养护在合适的时机,针对不同的路面状态,选择合适的材料,用适宜的技术进行预防性养护的工程含义。

四、实行路面结构维修方案的动态设计

通过路况病害调查检测、施工前的二次确认、铣刨过程中的三次病害确认,形成了现场病害甄别,依据病害的确认过程及时调整设计的动态设计法。

"三次病害确认"法是准确诊断病害的程度、成因、发生与发展的基本程序,是高速公路养护工作科学化的基本依据,是实现养护维修设计方案与技术合理化的关键。它把室内设计转为现场依据维修过程的动态设计,使病害处置方法和技术更趋于可靠合理,对于养护经费发挥最大的投资效益起着重要的作用。

五、强调管理与养护工作的责任心与精细化

责任心与精细化是济青高速公路管养工作的精髓、管养工作的特色、管养工作的质量保障。

好路是管养出来的。路是管养人的生命线,安全畅通是管养工作的宗旨。"路在我心中,我身在路上。以我身心力,保安全通畅",是济青高速管养人员的格言。在济青高速的管养工作中,管理和工程技术人员

真正做到了"每一个步骤都要精心,每一个环节都要细心,每一项工作都是精品"的管养要求。

日常巡查制度保证了病害及时发现及时处理,有力提高了小修保养的到位率。强化专项工程施工现场的管理、督导,实行24小时值班制,确保施工现场24小时不失控,并加强了对施工关键环节的控制,有力地保障了施工质量和进度。例如维修工程中,济青高速路面维修的主要施工范围就是对病害老路面补强后再进行全幅罩面。为保证罩面后的路面平整度,就要从老路面的铣刨开始控制。铣刨槽底部的平整将直接影响到摊铺中、下面层的平整,特别是在铣刨机下刀和提刀的地方加强控制,这些地方是影响铣刨平整的控制点,平时经常性的对铣刨机的刀头进行检查,当出现断刀或刀头老化时,及时更换刀头以提高铣刨面的平整度。沥青混合料摊铺施工中,严禁在未压实的路面上踩踏,测量摊铺温度或厚度时尽可能的站在摊铺机的后方或在路两边位置进行量测,尽量不要人工补料,以控制由于人工补料造成的平整度问题等。

从管养程序到施工工序,从各项资料的整理归档到芯样的妥善保存等都体现着精细化。

六、注重科技创新

济青高速公路的管养工作中,始终注重管理体制与机制的创新,在全国率先进行了养护改革,实行了养护社会化管理。精细化、人性化、信息化的管理理念,促进了整个管养工作体系的运筹协调与规范化、制度化和病害及突发事件处置的快速、及时与有序。始终强调创新工作方法来实现保养、维修工作的正确性。"三次病害确认法"、"病害调查的三步、五环节工作法"、"四方联动制订维修设计方案法"等,展现工作法的创新特色。始终关注新技术与新材料的引进、创新和研发,推动小修保养、维修工程的科学化,如省内首次使用的微表处技术;处置轻微网裂时采用的LTC沥青再生剂;针对路缘石等路基防护设施老化、剥落脱皮等自行研制路缘石表层风化脱落处理新材料;维修工程中采用横向顶PVC管排水施工工艺等。

通过将科技创新融入到养护工作实施的各个方面,达到了保证质量、提高效率、降低成本的目的。

第三章 济青高速公路的养护组织与管理

高速公路养护组织与管理是完成高速公路养护任务、实现高速公路养护目标、发挥高速公路功能、保持高速公路畅通的根本保障。随着高速公路的发展,我国高速公路养护管理经历了自管自养、管养分离的过程,并逐步向社会化、市场化转变。但高速公路养护的组织与管理仍存在许多问题,如养护管理体制多样,不同管理体制的合理性、有效性有待进一步探讨;管理机构编制臃肿,人员素质偏低;养护管理机制和制度不完善,养护组织管理方式陈旧,机构运转低效;养护市场化水平低,养护工程缺乏科学的规划和决策,养护管理资金投入不足,比例不平衡,费用效益低;养护管理水平不能满足社会发展需求,养护管理与道路畅通的矛盾日益突出;养护信息化、科技主导作用不足等。随着我国高速公路养护管理工作日趋繁重,这些问题必将严重影响我国高速公路运行质量和使用寿命,传统的养护管理模式已经远远不能适应以安全、快速、经济、舒适为服务宗旨的现代公路养护要求,实施科学的养护管理成为我国高速公路发展的迫切需要。交通部在“十五”、“十一五”全国公路养护工作会议上,提出了公路养护工作要落实以“三观”为代表的科学发展观,即新的发展观——建设是发展,养护也是发展,而且是可持续发展;新的服务观——以人为本,以车为本;新的价值观——努力提高公路交通网络的公共服务能力。全方位多层次的预防性养护、全寿命周期理论、和谐公路以及公路养护的法律责任等新理念在高速公路养护中得到了逐步应用和推广。这对高速公路养护的组织与管理提出了更高的要求。

济青高速公路自 1993 年 12 月全线竣工通车以来,公路主管部门不断探索高速公路养护组织与管理的新思路,积极开展管理创新、技术创新,在公路养护中大力推广新技术、新材料,为济青高速公路路面保持良好的运行状态提供了有力保障,确保了济青高速公路路面使用质量在全国处于领先水平,并入选中国高速公路十五年最有影响力的 15 项重大工程候选项目。通车以来,济青高速公路养护管理经历了从自管自养到社会化养护管理,从粗放式管理到精细化管理的发展过程。济青高速公路于 2002 年开始实施专项工程社会化养护管理,于 2007 年实施小修保养社会化。济青高速公路以“精细化”的养护管理理念,突出养护管理的预防性、日常化、科学化和人性化,强调养护管理及时、快速、规范、和谐,将高度的社会责任心和严谨的工作态度融入到养护管理工作中,确保路桥设施完好,道路安全畅通。济青高速公路建成初期(1994 年)平均日交通量为 13 120 辆,到 2007 年平均日交通量达到了 36 716 辆。在交通量临近饱和的状况下,通过精细化养护管理,加强预防性养护和日常养护管理,确保了济青高速公路长期处于良好的运营状态。

第一节 济青高速公路养护管理组织与机构

组织机构是按照一定的活动宗旨(管理目标、活动原则、功效要求等),把有关人员根据工作任务的性质划分为若干层次,明确各层次的管理职能,并使其具有系统性、整体性的组织系统。组织机构是管理活动的主体,一切管理活动都要依靠组织机构来进行,科学合理的组织机构是项目成功的组织保证。高速公路养护管理组织机构是落实养护管理职能的载体,养护管理职能通过组织机构来付诸实施。

济青高速公路隶属于山东高速公路股份有限公司(以下简称公司),实行公司制管理体制。这种管理模式适应了市场经济发展的需要,使企业真正成为市场竞争的主体。

公司实行二级管理模式,下设济南、淄博、潍坊、青岛四个分公司(以下简称分公司),对济青高速公路实行属段管理。二级管理模式精简了管理机构,减少了不必要的中间环节,为养护管理提供了组织保障。公司组织机构见图 3-1。

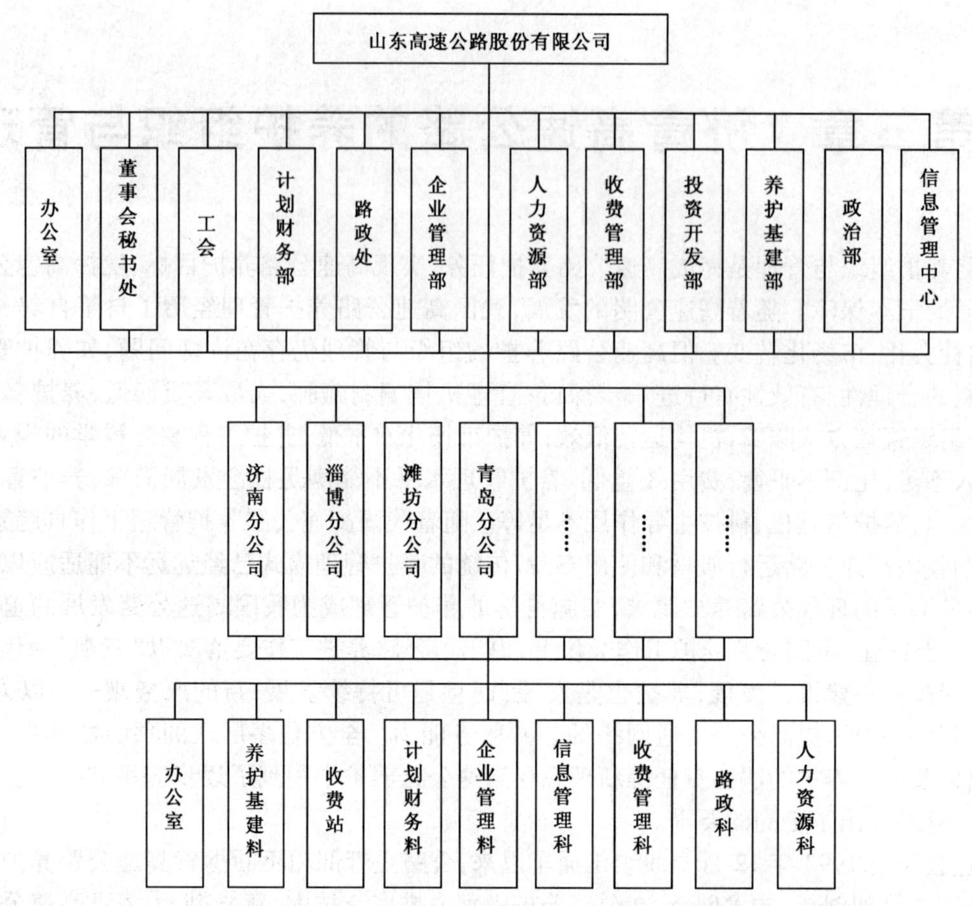

图3-1 济青高速的养护管理组织机构图

公司下设养护基建部，负责对本公司所属道路、桥梁及其附属设施等的养护管理。养护基建部的主要职责如下。

(1)制度与计划管理

①贯彻执行国家有关法律、法规及上级单位有关规定；

②提出公司养护基建工作的中长期发展规划，制订养护基建年度工作计划，负责养护基建工作范围内的预算编制工作；

③根据采集的路面、桥梁有关数据，制订合理的养护对策；

④负责养护基建部门管理制度的拟订、解释和修改工作。

(2)负责公司路桥资产的日常养护工作

①加强日常养护工作，确保资产安全和正常使用；

②组织各分公司开展公路交通情况调查、路桥检测、公路技术状况评定、路况登记等技术管理工作，并进行检查指导，收集、整理、分析各项经济技术指标；

③制订公路、桥梁、建筑设施的年度维修保养定额费用标准；

④负责公司基建设施的使用情况及技术性能的调查和检测工作。

(3)负责养护基建工程项目的管理工作

①组织编写公司养护基建工程项目的规划和计划，制订审核工程方案和工程预算；

②负责养护基建工程项目的招标、施工管理和竣(交)工验收工作。

(4)负责公司养护机械设备的专业管理工作

①负责提出公司养护设备的中长期规划，制订养护设备的年度计划，并组织实施；

②负责制订公司养护设备的有关制度和办法；

③对各分公司的养护设备管理情况进行监督、检查和考核。

(5)归口管理公司科研工作

①积极推广应用新技术、新工艺、新材料，提高养护基建工作质量，降低成本；

②负责公司科研项目的立项、研究、鉴定和奖项申报等组织管理工作；

③负责组织对各分公司养护基建工作 QC 等科研成果进行指导和推广。

(6)组织并参与公司防汛抗洪、除雪防滑、抢险救灾工作

(7)综合管理

①负责养护基建员工队伍建设；

②负责养护、基建工程施工安全和文明作业管理工作，确保施工安全；

③负责养护技术人员的培训工作；

④负责养护基建绩效考核指标的制订和完善工作，对各分公司养护基建工作进行综合管理考核。

各分公司下设养护基建科，具体负责各自辖区内路段养护管理工作。养护基建科的主要职责是，负责本辖区内路桥资产的小修保养工作；根据管理权限编制专项工程项目的设计和招标文件，经公司批准后组织招评标、施工、监理、检查、验收等工作；采集并掌握所辖公路的技术指标和交通流量，及时向公司报送有关数据信息；建筑设施的维护及管理工作；建立财务电子台账，确保养护经费使用专款专用；建立设备、材料台账，完善设备管理及材料出入库制度；负责所辖公路防灾与突发事件处置工作；负责完成其他技术管理工作。

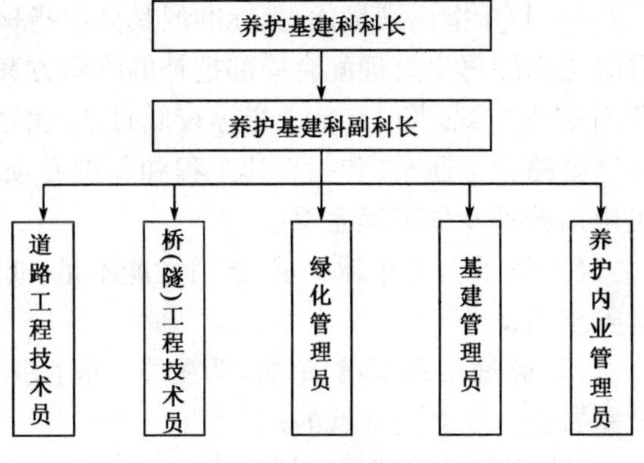

图 3-2　养护基建科岗位设置图

养护基建部门主要由养护基建专业技术人员组成，养护技术人员中具备（相当于）大学以上文化程度、中级以上技术职称的不少于 70%。根据养护基建工作的具体内容，实行养护专项工程师制度，设立道路工程技术员岗位、桥（隧）工程技术员岗位、绿化管理员岗位、基建管理员岗位和养护内业管理员岗位（图 3-2），定岗定责，职责明确，为养护作业提供技术保障，从而提高养护技术与管理水平。

第二节　济青高速公路养护工程管理

高速公路养护生产与技术管理是对养护工作的计划、组织和控制，以及与养护工作密切相关的管理工作的总称。其任务是运用各种职能手段，把投入生产过程的各种生产要素有效地结合起来，形成有机体系，按照最经济的方式，保质、保量、安全、按期完成施工任务。

济青高速公路养护工程，按照工程性质、技术复杂程度和规模大小，分为小修保养、中修工程、大修工程、改建工程四类，其中中修工程、大修工程、改建工程按专项工程管理。济青高速公路养护工程实行社会化养护管理，小修保养由各分公司养护基建科负责，通过社会招投标，将养护工作承包给社会信誉好、施工质量高的专业养护单位实施。专项工程由公司养护基建部统一管理，按照市场化运作模式，引进养护工程招投标制度、监理制度和合同制度，建立养护工程质量监督、验收等相应的管理办法，设立工程项目办公室，具体负责项目的组织管理。

济青高速公路养护生产与技术管理主要包括：养护计划管理、养护技术管理、养护质量管理、小修保养生产管理和专项工程生产管理。

一、养护计划管理

高速公路养护工作内容多、分工细，施工生产过程复杂，协作关系也比较多，要使养护工作顺利进行，必

须有计划地把各种因素有机地结合起来,进行全面统一和严格的养护计划管理。养护计划是进行养护作业的依据,也是养护工作的首要环节,养护工作的开展必须围绕养护计划来进行。

济青高速公路养护工程严格执行年度计划管理制度。公司、分公司定期对所辖公路进行技术状况检测、调查和评价,路面指标(包括 PCI、RQI、RDI、SRI、PSSI)由公司统一组织实施检测,其他检测内容由各分公司负责组织实施。根据公路技术状况定期检查、评价结果,由分公司负责编制所辖路段的中、长期养护规划和年度养护工程计划,报公司审批。各分公司结合公司批复的养护中、长期规划及年度技术状况评价结果编制本年度的养护工程计划。

济青高速公路养护年度计划的编制坚持经常性、预防性、季节性、全面性、突发性的原则。小修保养实行合同管理;专项工程实行立项审批、审核制,需编制立项文件、设计文件,按管理权限批准立项后方可列入年度养护计划。养护工程的立项以公路技术状况评定结果为基本依据,沥青路面一般遵照以下基本要求:

(1)MQI 及各分项指标大于或等于 90 的路段,以小修保养为主;

(2)MQI 及各分项指标大于或等于 80 且小于 90 的路段,以局部挖补配合预防性养护措施为主;

(3)MQI 或分项指标小于 80 的路段,应及时安排以挖补为主的专项工程;

(4)PQI 指标满足优、良标准但其分项指标较低的路段,当仅有 PCI 指标较低时,应优先采用封层、沥青混凝土面层再生处理配合局部挖补的维修方案;当仅有 RQI 指标较低时,应优先采用沥青混凝土面层再生、罩面处理方案;当仅有 SRI 指标较低时,应优先采用封层处理方案。

公路交工通车(包括新建工程和养护专项工程)年限一般应达到 5 年以上,且满足下列条件之一时,方可申请养护专项工程立项:

(1)路面由于车辙严重、抗滑性能不足,或出现结构性破坏,服务功能已不满足技术规范要求,且影响行车安全的;

(2)路面出现坑槽、龟裂、唧泥等一般性损坏,经小修保养仍不能有效改善,且平整度标准差较大、高速公路服务水平严重降低的;

(3)桥梁技术状况被评定为三类以上,或桥梁、隧道构造物主要部位出现结构性破坏的;

(4)公路、桥梁、隧道及附属设施发生紧急情况,须及时处置的;

(5)超出小修保养范围的;

(6)根据公司防汛、除雪防滑等抢险救灾有关规定可列入专项工程的;

(7)其他可列入专项工程情况的。

养护工程立项前,管养单位必须进行详细的病害专项调查和分析,编制立项文件。立项文件主要内容包含:路况现状调查,技术状况评定资料,工程实施必要性、可行性,工程范围,计划规模,投资估算,实施方案,施工计划等。

各分公司于每年 10 月 20 日前提出下一年度养护工程建议计划,报公司审批;公司在每年 12 月 20 日前研究确定下一年度养护工程计划草案,经公司董事会和股东大会通过后,正式下达养护工程计划。

各分公司严格按照公司批准的年度养护计划,组织实施养护工程,不得随意变更投资计划和工程内容。养护工程应在计划年度内实施完毕。因特殊情况当年未完工的,经计划审批单位同意后,可将剩余工程量转入下一年度养护计划实施。本年度未开工的,须重新申请列入下一年度养护计划。养护工程实施年度内原则上不调整计划。

二、养护技术管理

养护技术管理是公路养护管理的重要工作。养护技术管理必须严格遵守国家有关公路养护的技术政策、标准规范、办法和相应的操作规程,依靠科学养护,实行规范化管理,并逐步推广应用管理系统等手段,提高公路养护的技术管理水平,确保公路养护质量,使公路的技术状况和服务水平不断得到改善和提高。

济青高速公路养护技术管理主要包括:公路养护信息化管理、公路检查、档案管理和养护工程科研管理等工作。

1. 养护信息化管理

（1）公路数据库

济青高速公路以公路数据库作为养护信息化基础平台，所有公路基础信息采用计算机进行储存和管理，不断建立和完善公司和各分公司数据库系统。

公路数据库的内容包括：公路几何数据、路面结构数据、养护历史数据、交通量和轴载数据、桥涵及路基防护构造物数据、安全保障设施数据、绿化植物数据、路域环境数据等基本数据资料以及路面结构强度、路面破损、路面平整度和路面抗滑等路面状况数据。图3-3为公路数据库界面。基本数据采集以公路竣工文件为主要依据，并结合现状调查进行。当公路维修或改建后，数据及时进行更新。路面状况数据采用路面智能检测车等高效检测仪器进行数据采集。

公路数据信息包括：文字信息、数字信息和图片信息。数据的采集和整理以路段（一般为1km）为单位。路域环境信息除文字和数字信息外，采用前方图像系统采集连续录像信息，并存入数据库。

路面技术状况数据是公路数据库的重要组成部分。公司采用自动化检测设备，每年至少检测路面损坏（PCI）、道路平整度（RQI）和路面车辙（RDI）一次，每两年至少检测路面抗滑性能（SRI）一次，对路面结构强度（PSSI）根据需要进行抽样检测。各分公司每年至少对路基（SCI）、桥隧构造物（BCI）、沿线设施（TCI）进行一次调查统计，并据检测及调查结果进行养护质量评定，制订相应的养护对策。

图3-3　公路数据库界面

（2）高速公路养护管理系统

在公路数据库的基础平台上，全面建立和完善了济青高速公路路面管理系统（CPMS）、桥梁管理系统（CBMS）、交通数据查询系统和养护基建管理系统，并逐步建立地理信息系统（GIS）、隧道管理系统、桥梁健康检测系统等应用系统。安排专人负责系统的管理工作，通过对养护管理系统内各项数据及时进行更新，为科学预测路况发展趋势以及养护工程决策提供科学依据。

①路面管理系统。路面管理系统能够对采集和录入的数据进行逻辑分析和自动化处理及测算。通过手机采集仪将采集到的道路各类病害信息上传到路面管理系统模块中，通过软件的技术状况评定、日常养护管理等模块中的汇总、对比、分析等功能对路面的技术状况进行评价，自动生成养护质量指数MQI值及其他相关指标和参数，并可以快捷方便地了解辖段内各类路面病害的分布情况，通过对同类病害采取不同施工工艺进行对比分析，自动化出具相应的维修方案和生成养护任务派工单，有效提升日常养护管理技术水平。图3-4为潍坊分公司路面管理系统界面。

②桥梁管理系统。利用桥梁管理系统对外业采集的各类基础和病害信息进行全面汇总整理和对比分析，可以自动生成各桥涵的评定技术等级，科学地确定辖段内桥涵构造物的检查重点和频次，根据结果及实

际情况及时准确地采取相应的处置措施，为科学有效地制订桥涵养护决策提供依据。图3-5为山东高速桥梁管理系统界面。

图3-4 潍坊分公司路面管理系统界面

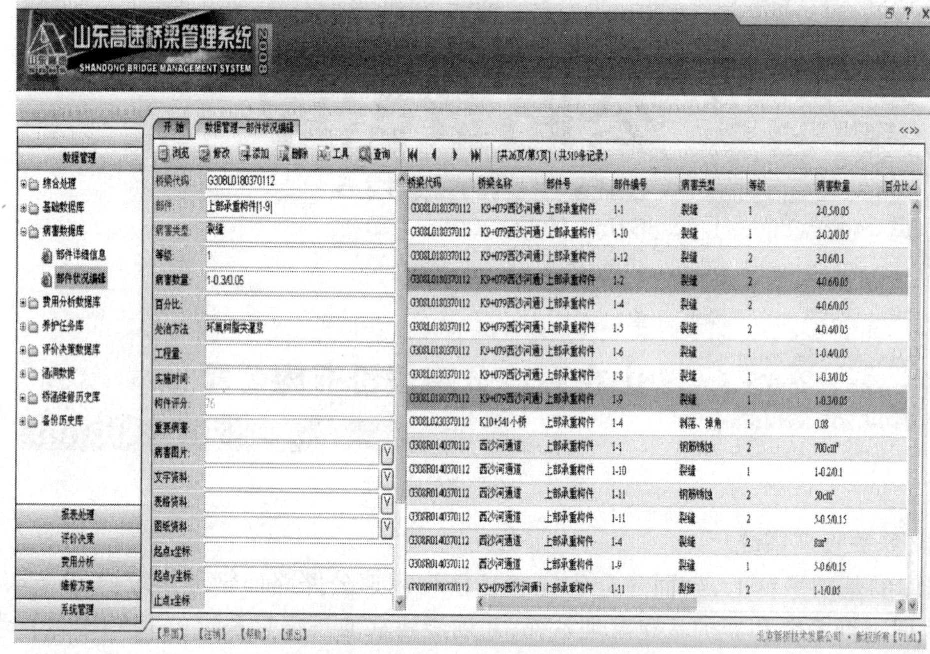

图3-5 山东高速桥梁管理系统界面

③养护基建信息管理系统。公司研究开发了山东高速公路养护基建信息管理系统，养护基建信息管理系统分为文档管理、工程业务、资源管理、报表管理、系统维护五个子系统。这五个子系统包含了计划管理、小修保养、专项工程、基建维修、资产改造、绿化管理、路面管理、桥涵管理、设施管理、基建管理、设备管理等15个功能模块。图3-6为山东高速养护基建信息管理系统界面。

文档管理子系统（图3-7）主要实现了对规章制度、计划、总结、科技创新、图片等养护基建信息的积累、存储、共享和应用。

工程业务子系统（图3-8）中包含小修保养、专项工程、基建维修、资产改造四种类型的养护基建工程业务。

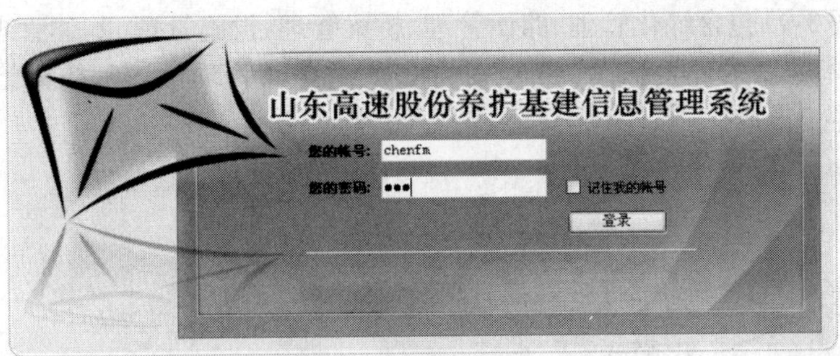

图 3-6　山东高速养护基建信息管理系统界面

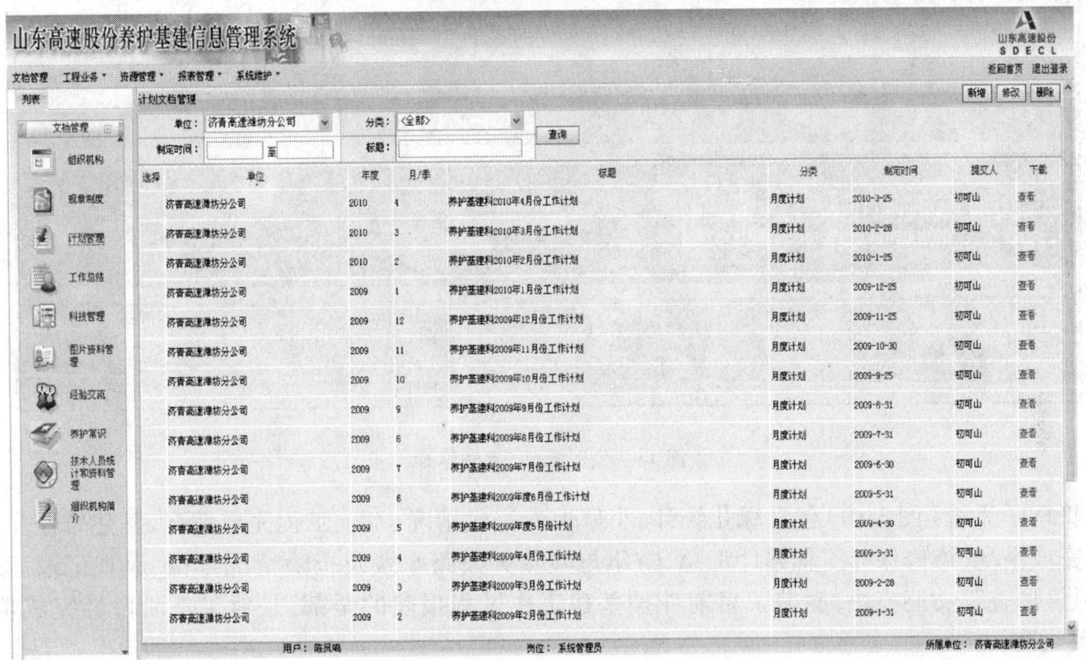

图 3-7　文档管理子系统界面

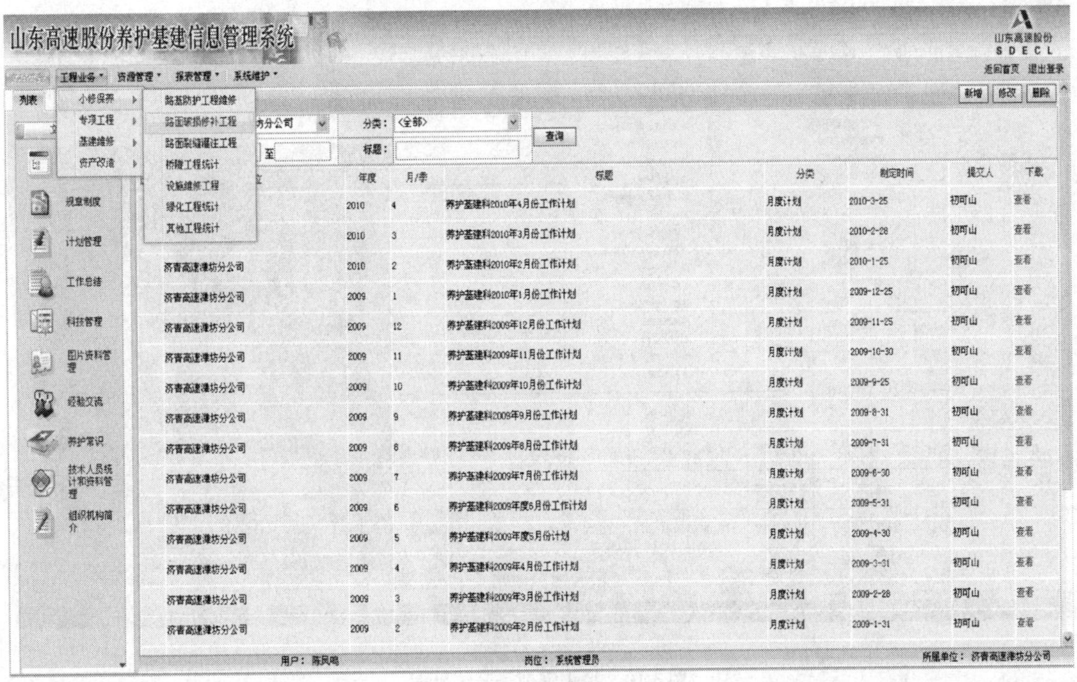

图 3-8　工程业务子系统界面

资源管理子系统（图 3-9）包含绿化管理、路面管理、桥梁管理、设施管理、基建管理、设备管理等模块，分别实现了对相关基础技术数据的分类统计、汇总。同时，通过路面管理模块和桥梁管理模块与路面管理系统、桥梁管理系统实现链接。

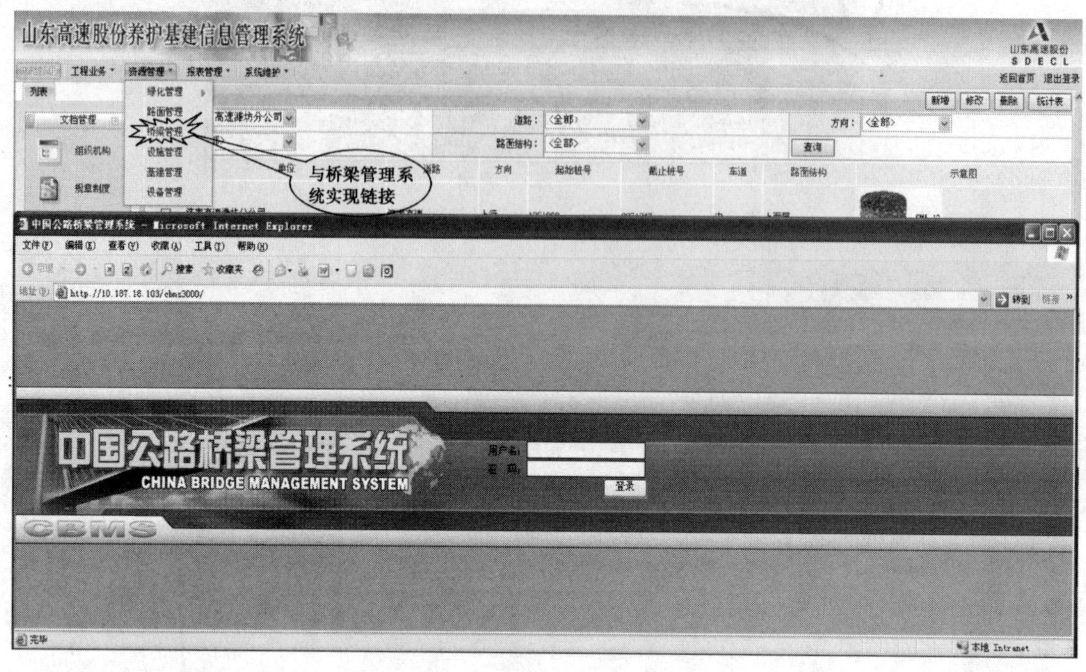

图 3-9　资源管理子系统界面

报表管理子系统（图 3-10）包含绿化统计、小修保养完成情况、专项工程完成情况、基建维修完成情况、资产改造完成情况、维修保养工程累计汇总、防汛抢险救灾公路水毁及抢险情况月报、巡查记录、除雪防滑情况、交通量调查等功能模块，涵盖了目前养护基建工作过程报表的全部，是对工作阶段性完成情况的统计、汇总和上报。

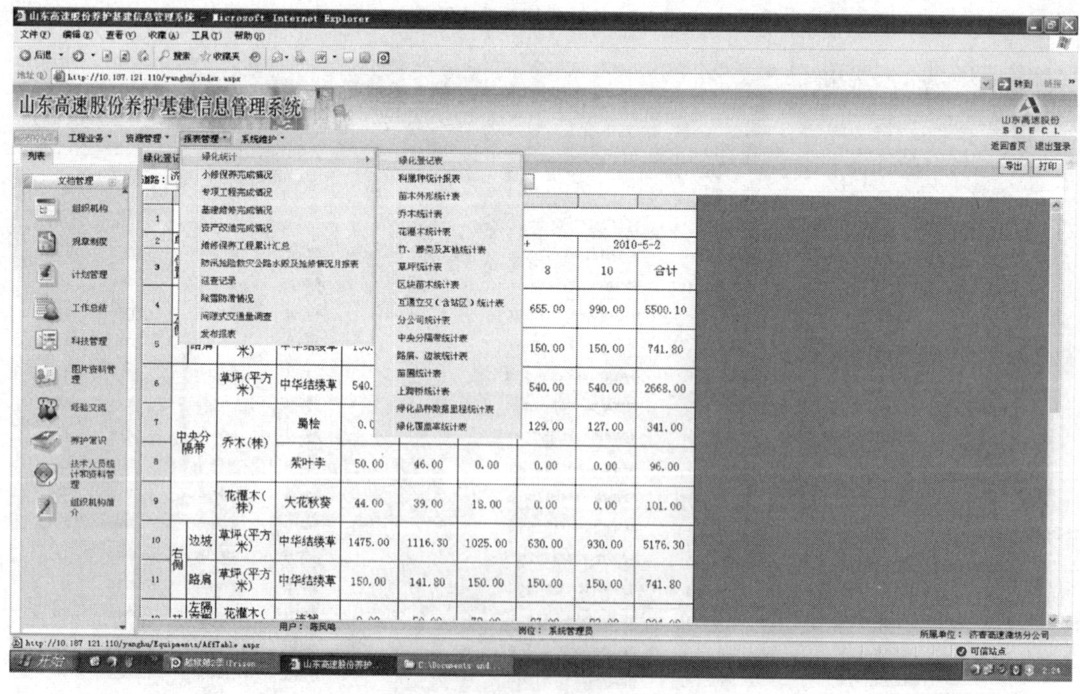

图 3-10　报表管理子系统界面

系统维护子系统(图 3-11)作为养护基建信息管理系统的维护模块,是对系统中基础数据和关键词语的定义、解释,通过对其的修改,实现对其他子系统的后台维护。

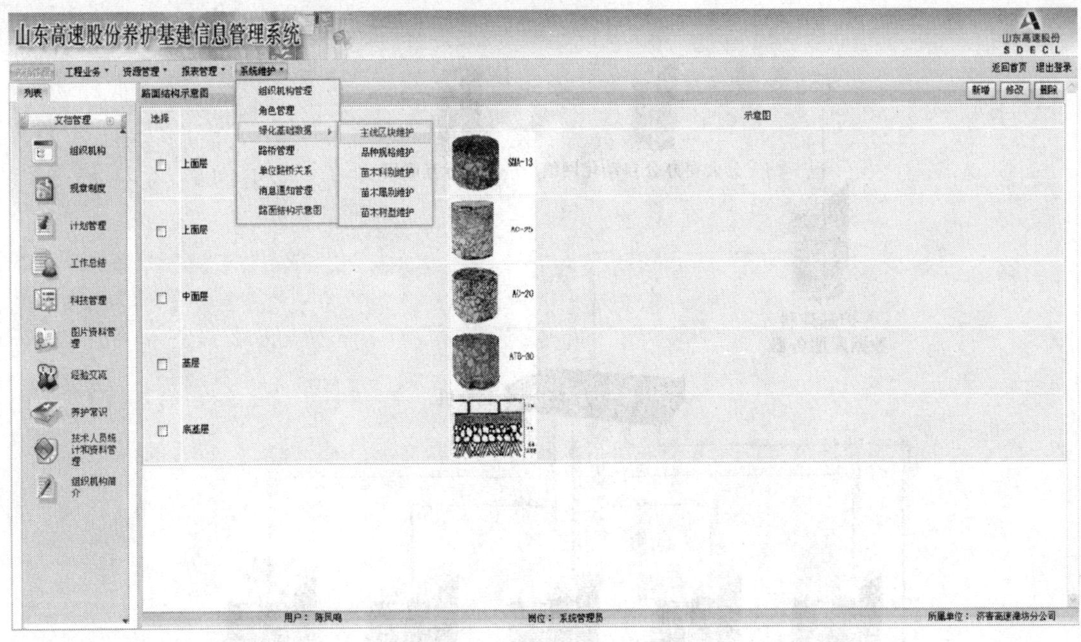

图 3-11　系统维护子系统界面

④交通数据查询系统。交通数据查询系统(图 3-12)可自动采集、分析交通数据,与人工调查数据相结合,进行数据分析对比,可以确定各时段车流量及月度车流量变化规律,在进行养护施工作业和交通控制时有针对性地采取相应的措施,合理安排养护施工作业时段和地点,规避车流量高峰时段,从而有效缓解目前车流量较大对养护施工带来的压力,减少高速公路养护施工对道路畅通带来的影响和存在的安全隐患。

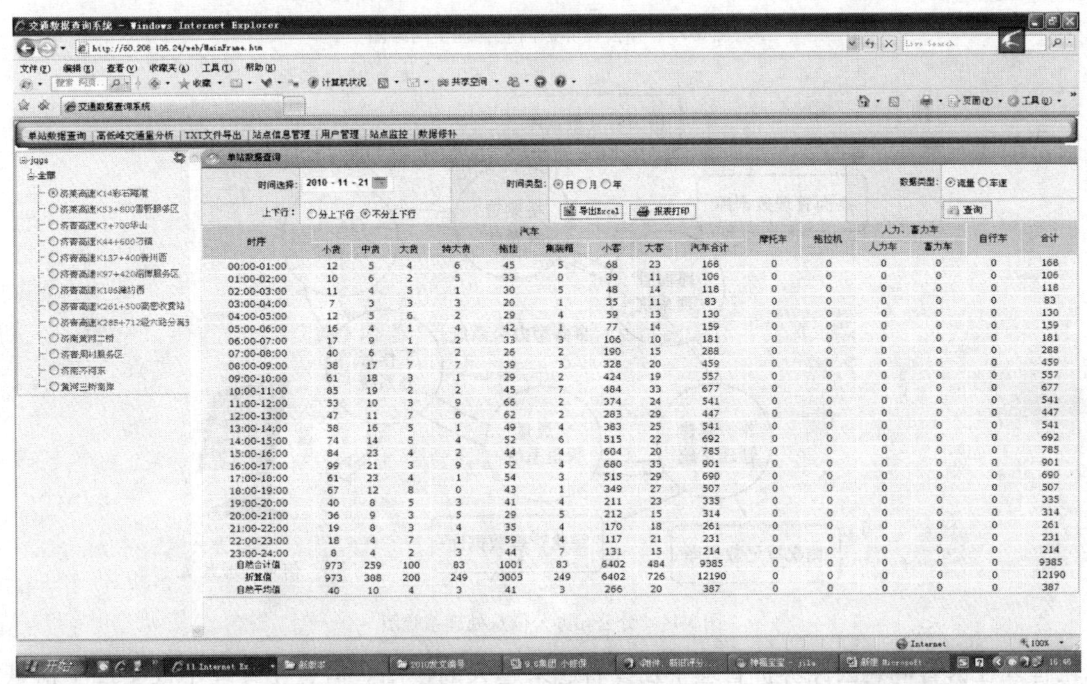

时序	汽车									摩托车	拖拉机	人力、畜力车		自行车	合计
	小货	中货	大货	特大货	拖挂	集装箱	小客	大客	汽车合计			人力车	畜力车		
00:00-01:00	12	5	4	6	45	5	68	23	166	0	0	0	0	0	168
01:00-02:00	10	6	2	5	33	0	39	11	106	0	0	0	0	0	106
02:00-03:00	11	4	5	1	30	5	48	14	118	0	0	0	0	0	118
03:00-04:00	7	3	3	3	20	1	35	11	83	0	0	0	0	0	83
04:00-05:00	12	5	6	2	29	4	59	13	130	0	0	0	0	0	130
05:00-06:00	16	4	1	4	42	1	77	14	159	0	0	0	0	0	159
06:00-07:00	17	9	1	2	33	3	106	10	181	0	0	0	0	0	181
07:00-08:00	40	6	7	2	26	2	190	15	288	0	0	0	0	0	288
08:00-09:00	38	17	7	7	39	3	328	20	459	0	0	0	0	0	459
09:00-10:00	61	18	3	1	29	2	424	19	557	0	0	0	0	0	557
10:00-11:00	85	19	2	2	45	7	484	33	677	0	0	0	0	0	677
11:00-12:00	53	10	3	9	66	2	374	24	541	0	0	0	0	0	541
12:00-13:00	47	11	7	6	62	2	283	29	447	0	0	0	0	0	447
13:00-14:00	58	16	5	1	49	4	383	25	541	0	0	0	0	0	541
14:00-15:00	74	14	5	4	52	6	515	22	692	0	0	0	0	0	692
15:00-16:00	84	23	4	2	44	4	604	20	785	0	0	0	0	0	785
16:00-17:00	99	21	3	9	52	4	680	33	901	0	0	0	0	0	901
17:00-18:00	61	23	4	1	54	3	515	29	690	0	0	0	0	0	690
18:00-19:00	67	12	8	0	43	1	349	27	507	0	0	0	0	0	507
19:00-20:00	40	8	5	3	41	4	211	23	335	0	0	0	0	0	335
20:00-21:00	36	9	3	5	29	5	212	15	314	0	0	0	0	0	314
21:00-22:00	19	8	3	4	35	4	170	18	261	0	0	0	0	0	261
22:00-23:00	18	4	7	1	59	4	117	21	231	0	0	0	0	0	231
23:00-24:00	8	4	2	3	44	7	131	15	214	0	0	0	0	0	214
自然合计值	973	259	100	83	1001	83	6402	484	9385	0	0	0	0	0	9385
折算值	973	388	200	249	3003	249	6402	726	12190	0	0	0	0	0	12190
自然平均值	40	10	4	3	41	3	266	20	387	0	0	0	0	0	387

图 3-12　交通数据查询系统界面

(3)办公信息系统

部分分公司在办公局域网的基础上建立了养护内业管理子网络(图 3-13),将各个岗位人员的计算机连接在一起,以实现资料共享。再将养护管理子网络与事务型办公系统(桥梁管理系统、路面管理系统、养护基建管理系统、交通量管理系统、工作督办系统、OA 办公系统）和四个数据库（桥梁管理数据库、路况登记数据库、绿化管理系统数据库、路面管理系统数据库）紧密结合起来，形成一体化的办公信息处理系统（图 3-14）。

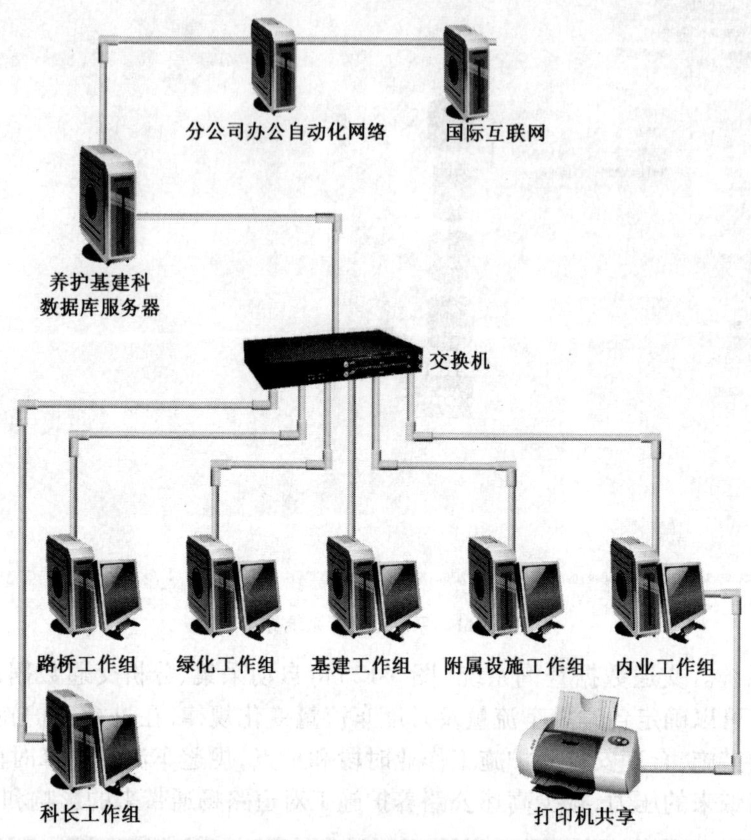

图 3-13　分公司养护内业管理子网络图

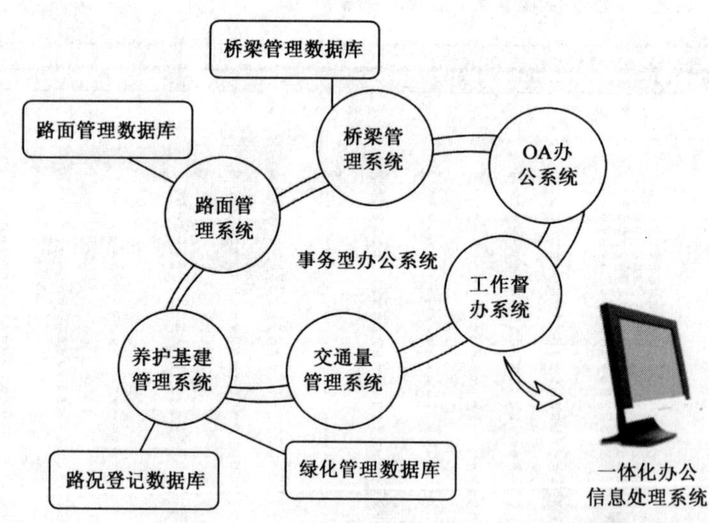

图 3-14　分公司办公信息处理系统图

信息化管理在济青高速公路养护管理中发挥着越来越大的作用。信息化管理不仅实现了信息数字化、传输网络化，有利于信息的及时处理和整合，有利于养护维修作业动态跟踪和即时监控，了解不同路段病害发展、维修历程，宏观掌握所辖路段路况信息，而且网络信息化还实现了技术共享，通过养护数据综合统计和分析，可以为预防性养护决策提供依据，起到辅助决策的作用。另外，信息化管理还实现了公文网上发布、会议网上通知、信息网上查询，基本达到无纸化办公，极大地提高了工作效率。

2. 公路检查

定期对公路进行检查，及时、准确地掌握公路路况质量和使用品质，评价和考核公路的运营性能以及公路养护生产和管理工作成效，是公路养护技术管理的重要内容。

公路检查的内容包括：公路技术状况、日常养护情况、养护工程实施情况、养护计划和管理制度执行情况等。公路检查分为经常检查、定期检查和特殊检查。经常检查、定期检查由各分公司养护基建科负责。经常检查每月开展一次；定期检查每年进行1～2次；特殊检查由公司负责，根据自然灾害或重车过路等特殊情况确定。

公路路况登记是公路检查的重要组成部分，公司及各分公司定期组织对公路状况进行调查登记，正确评价和掌握公路技术状况。公路路况登记的主要内容包括路线平面略图、公路路况登记表、桥梁内业采集表、绿化登记表。年终要将维修变更、新增工程作为当年的公路路况填入公路路况登记表中。变更登记的范围包括公路被毁、修复、大修和改建等，变更登记根据当年工程竣工文件、图表进行。

桥梁检查分为经常检查、定期检查和特殊检查三类。分公司每年对所有桥梁进行定期检查，并将调查报告于11月报公司。桥梁的特殊检查由公司组织。

3. 养护工程科研管理

鼓励各养护管理单位采取申报课题研究或组织开展群众性创新活动等方式，积极开展养护技术与管理创新活动，并加快科研成果的转化应用，提高养护的科技水平；结合养护管理与生产实际，依托养护维修工程，在充分调研、论证的基础上，积极稳妥地开展新材料、新工艺、新设备、新技术的研发和推广应用；积极寻求与国内外高校和科研机构的合作，吸收和借鉴国内外公路养护的先进经验和技术成果。

建立养护技术培训制度。加强对养护管理与技术人员的培训工作，鼓励参加学历教育，定期组织开展养护专题培训、养护技术与管理交流、赴先进省市学习考察等活动，着力提高各级养护人员的业务素质，不断提升养护管理整体水平。公司每年统一组织各级养护管理与技术人员集中学习、培训两次以上。各分公司每年组织本单位养护管理与技术人员集中学习、培训三次以上。

4. 技术档案管理

养护技术档案是对养护工作真实、客观、准确的记录。养护技术档案可以反映养护工作情况和公路设施的技术状况，为下年度养护工作计划和费用计划的编制提供依据，为养护工程、改扩建工程的设计提供技术支持，为各级养管人员的养护决策提供支持。此外，通过对养护技术档案的整理和分析，可以发现并及时纠正养护工作的不足，以指导下一步的养护工作。

济青高速公路养护技术档案管理实行“集中统一管理、分级负责”的基本原则，公司与分公司均设专职管理人员。通过建立养护统计分析制度，对技术与管理创新、解决的重点难点问题、取得的效果、存在的问题及下一步工作建议等情况进行统计与分析，不断完善养护技术档案管理。图3-15所示为档案资料室。

图3-15　档案资料室

公司养护技术档案资料包括：年度计划及批复文件；定期检查报告；重点工程竣工资料及验收报告；路况登记及各类报表；年度检查评比资料；年度专项工程和年度养护费用汇总资料等。

各分公司养护技术档案资料包括：路况、桥梁登记表；施工、监理记录与施工资料；专项工程竣工资料与验收报告；经常检查与巡查记录；定期检查与检查报告；特殊检查报告及处理意见；年度计划、总结及月报表；来往文件、工作日志等。

在加强原始档案管理的同时，济青高速公路实现了档案管理的数字化。将重要的文档资料、竣工资料等电子存档，使养护档案能够长期、完整、准确保存，资料分类清晰，信息查询方便，便于资源共享。部分分公司自主开发了内业资料管理系统(图 3-16),将全部内业资料的目录整理录入系统并设置索引,使用者可以通过关键词、时间定位等形式,随时查询、借阅内业资料,改变传统的由人工进行资料管理的方式,实现了养护内业资料管理的自动化。

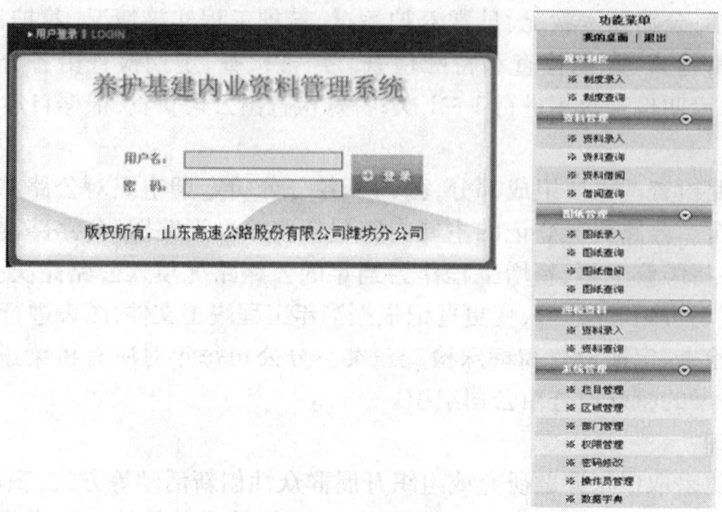

图 3-16 潍坊分公司内业资料管理系统界面

三、养护质量管理

济青高速公路建立了完善的养护基建工作过程质量控制程序,通过明确养护质量目标,规范养护工作流程,加强养护工程质量管理。

1. 养护质量目标

(1)养护质量评价

要求公路技术状况指数 MQI 大于或等于 85。

各分公司按照《公路技术状况评定标准》(JTG H20—2007),每年对辖段内的公路技术状况按公里进行评定,并根据检测数据形成评价报告。公司每年抽查 1 ~ 2 次,抽查里程占养护总里程的 3%,并根据检查结果计算各处的养护等级。

(2)专项工程合格率

要求专项工程合格率达到 100%。合格率按式(3-1)计算:

$$X = Y/Z \times 100\% \tag{3-1}$$

式中:X——养护专项工程合格率;

Y——年度内经验收达到合格的工程数量;

Z——年度内完成的全部工程数量。

年度内对分公司的所有已完成工程项目进行检查考核,考核内容包括:实行项目法人制、招投标制、工程监理制、合同管理制、安全廉政责任制的落实情况;工程立项依据完备情况(包括工程计划、预算、请示、批复、相关会议纪要等);设计情况;工程过程管理(项目开工报告、试验报告、检测报告、工程质量、进度、资金使用、工程变更、计量支付、工程审计等)、缺陷责任期管理、竣(交)工验收情况。

(3)绿化覆盖率

要求绿化覆盖率大于或等于 95%。

(4)设备完好率

要求设备完好率大于或等于 95%。

2. 养护工作流程

(1)采集信息资源

分公司养护基建科负责对所辖路段的路、桥等设施做好日常巡查和定期检查工作,并主动向路政、收费部门及过往驾乘人员采集路况等信息。

(2)制订养护计划

分公司养护基建科对采集的各种路况信息进行综合分析认证,编制下一年度小修保养计划和专项工程计划建议书。

(3)审批养护计划

公司养护基建部对各分公司养护基建科上报的小修保养计划进行审查,核实后报公司研究审批;专项工程计划建议书由公司养护基建部核实汇总后报公司研究审批。各分公司根据公司批复的计划组织制订更加详尽的专项工程设计方案和工程预算,上报公司审批。

(4)小修保养和专项工程过程控制

各分公司养护基建科根据公司批复的小修保养计划合理安排所辖路段路、桥等设施的日常维修保养工作。主要包括:

①加强日常巡查和定期检查,对损坏设施进行修复,确保公路桥梁安全畅通;

②养护基建科根据路况信息和年度维修保养计划编制月度、季度工作计划;

③养护基建科根据小修保养计划,合理安排、认真组织小修保养工程施工,做好工程招投标、施工前准备、施工中质量与安全检查、工程竣工验收结算等工作;

④根据季节特点,做好雨季防汛和冬季除雪防滑工作;

⑤做好小修保养工作总结。

专项工程过程控制包括:

①按照公司《养护基建工程管理办法》组织开展工程招投标;

②与工程承包商签订工程承包合同和施工安全协议,并督促施工单位做好工程开工前的准备工作;

③做好工程施工期间的监理、检查工作;

④工程交工验收、结算;

⑤做好专项工程的总结与评价工作。

(5)归档、整理资料等

按照公司规定进行资料及相关质量记录的归档、整理。

(6)养护考核评审

养护基建部(科)对养护工作质量进行全面评审,对日常检查中和综合评审中发现的问题及时采取有效措施进行纠正和预防,并做好相关记录,提出改进意见。

四、小修保养生产管理

小修保养是对公路及沿线设施经常进行维护保养和修补其轻微损坏部分的作业,是高速公路养护管理的基础性工作,也是预防性养护的关键环节。小修保养具有点多、面广、线长、作业分散等特点,是一种长期、复杂、动态的管理工作,养护工作要做到经常、及时和可靠。小修保养既是一项系统工程,又是一项民心工程。济青高速公路管养以“小问题不小”的养护理念,高度注重小修保养的及时性和精细化。

小修保养中贯彻“全面养护、预防为主、及时维修、提高质量、保持完好”的原则,实行统一制度、统一标准、分级负责的管理体制。各分公司具体负责小修保养的工程管理。济青高速公路小修保养自2007年起实行社会化、市场化管理,采用单价管理社会化招、投标模式,通过招标、商务谈判等方式选择养护承包队伍,以合同方式明确管养双方职责,实行合同管理。

济青高速公路小修保养按照养护质量管理中养护社会化工作流程(图3-17),首先由各分公司根据路况调查情况编制小修保养计划,报公司审批;根据小修保养计划合理安排,认真组织,开展小修保养招、投标,施工前准备,施工中质量与安全检查,工程竣工验收结算等工作;严格工程计量和费用管理,对养护作业进行考核和评审。

1.小修保养的内容及规定

(1)小修保养的主要内容

①路基、涵洞。整修边坡、土路肩、碎石路肩、护坡道,清除杂物、杂草,保持路容整洁;清理疏通边沟、急

流槽、排水沟、截水沟,保持排水系统畅通;50m/km 以内边沟、排水沟、截水沟的开挖与铺砌;清除 $50m^3/km$ 以内路基塌方、填补缺口;整修、更换路缘石、硬化的中央分隔带;整修挡土墙、护坡、护面墙;涵洞清淤、杂物清除及维护。

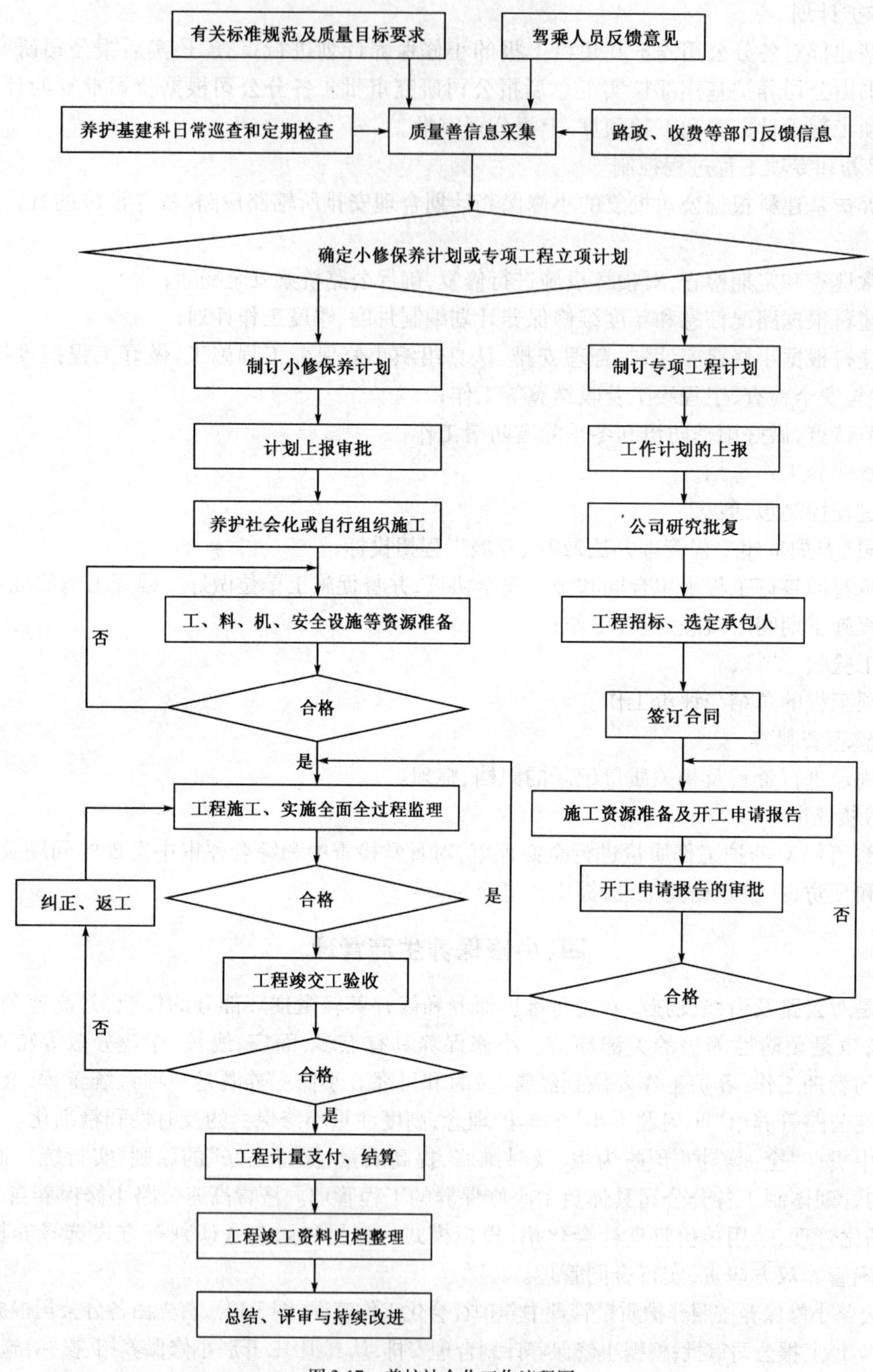

图 3-17 养护社会化工作流程图

②路面。清除路面杂物;处理路面局部、轻微病害;路肩、中央分隔带、场院硬化维修。

③交通工程及沿线设施。护栏、隔离栅、防落网、标志牌、轮廓标、里程碑、百米桩、标线、防眩设施、声屏障、防撞桶、照明等设施的维护保养及局部损坏维修。

④日常巡查和经常性检查。

⑤雨季防汛、冬季除雪防滑。

(2)小修保养工作规定

①路基。通过日常巡查,发现病害及时处置,保持良好稳定的技术状况,巡查内容包括:路肩无病害,边坡稳定;排水设施无淤塞、无损坏,排水畅通;挡土墙等附属设施良好;不良地质路基边坡崩塌、滑坡、泥石流等灾(病)害的巡查、防治、抢修工作。

②路面。路面清扫以机械作业为主、人工为辅的原则,每日清扫不少于1次;及时清除路面杂物,清理积雪积冰,保持路面整洁,做好路面排水;路况巡查,发现病害,及时进行维修、处置。

③公路防灾与突发事件处置。坚持"预防为主、防治结合"的方针,对洪水、流冰侵袭造成公路设施的损坏和路面积雪影响行车安全或阻碍交通以及各类突发事件损坏公路设施和影响公路使用功能的情况,采取行之有效的预防措施及时处置。根据当地的水文气候条件、季节特点、公路状况,加强防灾(防洪、防冰、防雪)能力,定期检查和观察分析掌握路段、桥隧的抗灾害能力,并采取必要的预防措施。重要工程和水毁、雪阻多发路段,事先储备必要的材料和机械设备,一旦发生毁阻,按先抢通后修复的原则,及时组织抢修。结合各分公司公路运营管理情况,制订适用于本路段实际的公路抢险救灾应急专项预案,对可能发生灾害的路段应加强检查、检测,建立健全各类检查、检测档案,探索建设灾害预警体系。

2. 小修保养的计量

规范养护社会化小修保养工程计量支付,明确计量项目和费用计算,规范计量要求和程序。小修保养费用实行"单价控制,三单(派工单、监理单、结算单)管理,按月支付"的管理模式,按照计量支付工作程序和要求,对保养项目、维修项目和临时项目进行计量统计,以承包单位投报的综合单价和工程量清单为依据进行计量支付。

(1)计量项目

各分公司编制小修保养招标文件,招标内容包括:总则、路基、路面、桥隧构造物、附属设施、绿化六个部分。除总则外,将每部分内容分为保养项目、维修项目、临时项目三大类,分别进行工程计量。

①保养项目主要指在工程量清单中难以细化或不便于量化计量支付的养护项目,以元/(年·公里)为单位列入工程量清单,按照《养护检查考核标准》填写小修保养检查评比记录表进行月考核、月支付。

支付费用=养护项目每月平摊费用×考核得分/1 000

②维修项目主要指日常发生的小修养护项目,以具体单位列入工程量清单,确定项目单价,按实际发生数量计量支付。

支付费用=实际发生的工程量×合同单价

③临时项目主要指公路防汛、除雪防滑等季节性养护项目、突发性养护项目及难以确定单价和数量的养护项目。以工、机、料数量加利润、税金、管理费(合计10%)的方式计量支付。

支付费用=实际发生的工料机数量×投标单位+管理费(包括税金、利润等)×10%

(2)计量要求和程序

①计量要求如下:

a. 乙方自检合格后,提报单项验收申请;

b. 甲方组织进行单项项目验收,合格后进行计量;

c. 计量的截止日期为当月的25日;

d. 乙方在当月30日前提报月度项目计量支付申请。

②计量支付程序如图3-18所示。

③计量支付用表如下:

a. 小修保养项目支付证书;

b. 小修保养项目第200章~第600章验收结算单;

c. 小修保养项目工程量清单汇总表;

d. 小修保养项目工程验收结算单；

e. 小修保养使用暂定金项目审批表。

④小修保养项目计量支付行文基本格式如下：

a. 小修保养项目计量支付申请格式；

b. 小修保养项目计量支付批复格式。

3. 小修保养的费用管理

小修保养经费的计划编制实行合同管理，各分公司小修保养经费由公司根据养护社会化招标情况确定，考虑路况巡查、工程管理、技术状况评定、技术资料和安全设施等因素，增列技术管理费。

自然灾害等突发事件导致的抢修和修复工程超出小修保养经费使用范围以外的，及时申报追加专项工程计划。当年能修复的，自公司预备费列支；当年不能彻底修复的项目，视其规模大小，列入下年度养护工程计划。

各项费用严格执行养护费用开支计划，经常检查养护经费使用情况，进行成本核算和投资效益分析，在核算的基础上分类做好统计记录，并于每月底前将小修保养工程报表上报公司。

各分公司在主营业务成本中设立小修保养费用科目，专项核算小修保养费用支出，严禁列支其他费用。还应建立小修保养台账，详细记录发生的各项费用，并进行成本核算和分析。

4. 小修保养的考核

为加强外包工程施工单位的日常管理，建立和完善监管和激励约束机制，科学解析和真实反映施工单位的执行能力、日常管理、施工力量，推动工程管理水平和施工单位施工能力的持续提高，确保工程质量和安全，各分公司制订了《养护社会化项目检查考核办法》，对已完工维修工程项目进行验收，并结合小修保养项目考核情况，进行计量支付。

考核分为月度、季度、年度考核。考核项目包括：路基、路面、绿化、桥涵结构物、内业管理、设备管理等内容。考核结果直接与被考核单位的当月计量支付挂钩。考核办法中明确了养护质量检查考核标准，编制了派工、验收、支付等相关质量表格，进一步规范了内业工作。

对考核中发现的问题，结合日常工作检查情况，形成检查通报和问题整改反馈单，以函的形式，通知养护社会化单位进行整改，并对整改情况进行跟踪检查，督促施工单位对出现的问题及时进行整改。对于在考核期内工作业绩比较突出或做出重大贡献的施工单位，经考核领导小组研究同意后，在进行考核的基础上，给予加分奖励；对于因工作失误、违章违纪等原因给管理处造成经济或声誉等方面损失的施工单位，根据情节的轻重，扣除一定数额的合同保证金、安全风险抵押金作为经济处罚，或经考核领导小组研究同意后，提前终止合作关系。小修保养检查考核管理流程如图 3-19 所示。

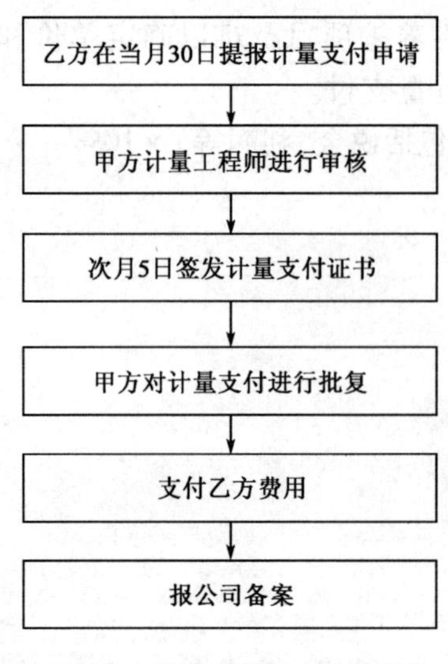

图 3-18　小修保养计量支付程序图

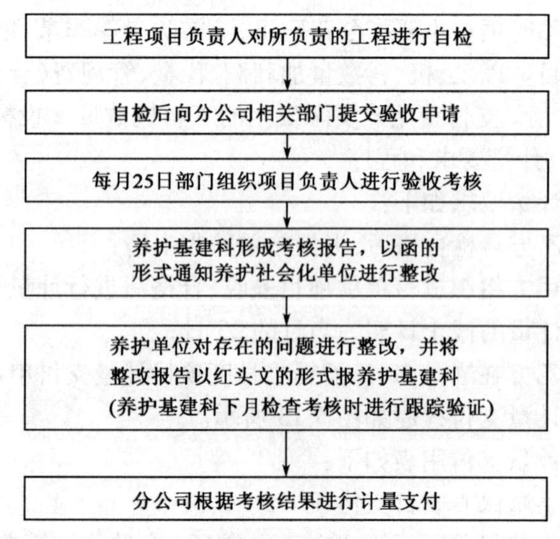

图 3-19　小修保养检查考核管理流程图

5. 小修保养作业要求

小修保养工作的技术标准、操作规范和质量严格按照《公路养护技术规范》(JTG H10—2009)、《公路沥青路面养护技术规范》(JTJ 073.2—2001)、《公路技术状况评定标准》(JTG H20—2007)等国家现行标准、规范有关要求执行。

小修保养作业坚持“机械化为主、人工为辅”的原则,积极推行全面机械化作业。在选择社会化承包队伍时,要求其配备充足、必要的养护机械设备,以确保养护作业的机械化水平。将承包队伍的养护机械设备到位及具体作业情况作为考核的重要内容。公路养护每100km机械配备标准不低于《公路养护技术规范》(JTG H10—2009)附录A中所列的参考标准。

小修保养实行派工单制度,发现道路问题后及时向养护承包单位下达派工单。维修时,进行旁站;维修结束后,进行验收、签认、结算。

小修保养施工作业中,应制订安全保障措施,建立安全生产责任制,确保安全生产、文明生产,确保道路畅通;应加强路上养护管理人员安全教育,着安全标志服,督促施工单位按照集团公司《高速公路养护施工作业安全管理规定》设置安全标志。

加强小修保养工程的工、料、机核算,收集、统计、分析各项基础资料,不断完善维修保养各项定额,加强养护成本控制管理。

济青高速公路的小修保养遵循公开、公平、公正、有序竞争的原则,择优选择专业化施工队伍,实行单价管理、社会化招投标模式,提高了养护水平和养护效益,实现了养护管理和养护生产职能分离,减少了养护管理工作量,减少了闲置人员和机械设备费用负担,降低了养护成本,取得了良好的道路养护效果。随着养护管理经验的不断积累,将进一步规范小修保养的技术要求、操作规程、质量评定和验收标准,建立健全小修保养定额,引进养护监理制,加强监督管理,把好工程计量和资金支付关,进一步完善小修保养的市场化运作机制。

五、专项工程生产管理

专项工程是对高速公路及其工程设施的集中性缺陷、局部损坏或普遍性病害进行有针对性的专门处理,以基本恢复原状或使用效果,并在一定程度上提高高速公路搞病害能力,美化路容路貌的小型工程项目。专项工程相对于小修保养具有施工规模大、施工内容单一、技术性强、机械化要求高、作业集中等特点,因此专项工程养护更有针对性、时效性及综合性,工程质量、费用、进度和目标明确,组织管理要求更加严格规范。

股份公司统一负责专项工程的管理工作,并对各分公司的专项工程进行监督、检查和指导。济青高速公路专项工程管理包括养护方案设计、工程招投标、工程施工和工程竣(交)工验收管理。专项工程要求重视公路路况检测和病害诊断分析,根据路况调查资料和公路实际状况,依据技术合理、经济可行的原则,编制工程设计方案;规范招投标程序,择优选择专业化的养护施工单位;实施工程监理,加强安全、质量、进度和费用管理;做好专项工程竣工验收。

1. 养护方案设计管理

专项工程设计前要正确评价和掌握公路技术状况。公司及各分公司委托社会机构,采用先进的检测技术和设备,定期对公路路况进行调查,为路面维修设计提供第一手资料。例如,路面破损、车辙、平整度检测中引入了智能检测车,进行路面破损图像采集、激光车辙数据采集和平整度数据采集。其高分辨率路面破损数字图像采集子系统采用国际领先的高速、高分辨率数字摄像机,配以高速采集卡和无失帧视频采集软件,确保路面图像不失帧地记录,并可与里程桩准确对应。

图3-20　设计、检测、科研和管理单位共同制订维修设计方案

对于重要的路面设计方案,设计、检测、科研和管理单位四方联动,共同讨论制订维修设计方案(图3-20),

确保设计质量和精度。召开由设计、检测、科研和管理单位参加的设计委托会议,对检测单位提供的检测资料进行了认真分析,结合专家意见和路况调查情况,提出了维修建议方案。设计委托会后,设计单位在管理部门配合下再次进行详细路面调查,绘制路面病害图,根据检测资料和路况调查资料,共同制订路面维修原则和维修方案。最后,由公司召开路面维修工程设计方案评审会,对路面维修设计方案内容进行全面、细致的分析,确定维修设计方案。对技术难度较大的养护工程项目,要求组织专家技术论证会对设计方案充分论证。

2. 工程招投标管理

根据国家及行业主管部门有关规定,凡预算金额在50万元以上的专项工程,以公开招评标方式确定施工单位。公司负责组织技术难度大或200万元及以上的专项工程的设计、资格预审文件、招标文件和标底的编制、招评标工作,也可以委托分公司,负责组织实施技术难度大或200万元及以上的专项工程的招评标工作。预算金额在200万元以下的专项工程,原则上委托各分公司组织实施,实施方案和评标结果由公司报备。

专项工程招投标应执行以下管理规定:

(1)工程招评标前后及时报送有关资料。工程招评标前要向公司报送工程设计方案和招标文件(公司同意邀标的应报送投标单位名单),经公司同意后方可组织招标。工程招评标后,要向公司报送招评标结果及工程招评标报告。

(2)工程招评标严格执行批准程序。分公司报送文件和工程招评标报告后,由养护基建部会同计划财务部编制专项工程备案阅签审批单,经公司总经理和分管领导、总会计师阅签同意后作为批准依据传真有关单位。

(3)实行备案制的养护专项工程,经公司批准后,由公司授权各分公司、管理处负责签订合同。

(4)招评标工作程序严格按国家、省有关法律、法规及集团公司有关规定执行。

3. 工程施工管理

(1)开工申请

承包单位做好工程施工准备后,向监理单位提出开工申请,填写开工申请单。开工申请单简要说明拟开工工程项目的名称、起止桩号、计划开竣工日期、施工组织计划、技术人员数量及质量保证措施、施工工艺及质量控制指标、材料到场情况和各种材料的试验报告等。

(2)工程开工

开工准备工作经分公司和监理单位审查确认后,发布专项工程开工令,并通知承包单位。承包单位在接到批准开工通知后方可进行施工。

(3)工程监理

根据工程规模和技术复杂程度,监理工作可由分公司承担,或通过招标确定监理单位。工程质量监理的对象主要是原材料、结构和建筑安装工程的质量以及施工过程中各环节和完工后的总体质量。为达到质量监控的目的,在监理方法上,可采用现场旁站、巡视、测量、试验、定期质量会议等方式。对工程施工质量的控制应始终贯穿于每道工序、每一个环节。施工单位及监理人员要按照《公路工程施工监理规范》(JTG G10—2006)做好详细的施工、监理记录,填写专项工程施工监理记录表备案。监理工作要坚持做到“四不准”:人力、材料、机械设备准备不足,不准开工;未经检查认可的材料,不准使用;未经批准的施工工艺,在施工中不准采用;前一道工序或分项工程部位未经监理人员验收,下一道工序或另一部位不准施工。

(4)工程进度管理

承包单位应按合同约定的工作内容和施工进度要求,编制施工组织设计和施工措施计划,并对所有施工作业和施工方法的完备性和安全可靠性负责。由于承包单位原因,未能按合同进度计划完成工作,或监理人认为承包人施工进度不能满足合同工期要求的,承包人应采取措施加快进度,并承担加快进度所增加的费用。

(5)工程质量管理

工程实行“政府监督、法人管理、社会监理、施工自检”的四级质量保证体系,各管养单位是质量责任主体。实行项目法人制、招标投标制、工程监理制和合同管理制,并自觉接受质量监督机构依法实施的质量监督。公路养护专项工程的分项质量指标合格率要求达到100%。工程设计变更实行审批制。养护工程实施过程中,因现场病害确认与原维修方案不符需要重新修改设计的,由业主单位委托维修方案设计单位修改或补充设计。预计工程造价将超出批准预算的,需及时报公司批准后方可实施。

(6)工程费用控制

在施工过程中,若实际情况与设计不符,需填写《工程变更备忘录》。施工单位根据工程进度及时上报计量支付申请,公司严格审批程序,及时核拨工程资金。

(7)廉政工作

项目法人及法人代表与施工、监理单位应当按照有关规定签订廉政合同,在工程实施过程中,严格执行廉政合同,并接受上级及公司纪检部门的廉政检查。

(8)工程审计

工程竣工后应编制工程决算,并报请公司进行审计。

(9)工程统计

根据工程管理的有关规定,按时上报月(周)报,并做好相应的统计分析工作。

4.工程竣(交)工验收管理

工程竣(交)工验收是检查施工合同的执行情况,评价工程质量是否符合技术标准及设计要求,综合评价工程建设成果,对工程质量、参建单位和建设项目进行综合评价。

济青高速公路所有专项工程均组织竣(交)工验收。专项工程竣(交)工验收实行项目法人负责制。公司组织招标并签订合同的专项工程由公司统一组织竣(交)工验收,公司为项目法人;公司批复或分公司组织招标并签订合同的专项工程由分公司组织竣(交)工验收,公司委托分公司为项目法人。

养护专项工程完工后,管养单位应当参照《公路工程质量检验评定标准》(JTG F80/1—2004)和《公路工程竣(交)工验收办法》要求及时进行竣(交)工验收和质量评定。养护专项工程验收可以分阶段进行,阶段工程实施完成后,可先进行工程质量验收,验收合格后即可开放交通。全部工程实施完毕后,再统一组织相应竣(交)工验收。验收工作应当做到公正、真实和科学。

(1)专项工程竣(交)工验收的依据与条件

①专项工程竣(交)工验收的依据:

a.批准的工程施工图设计及变更设计文件;

b.批准的招标文件及合同文本;

c.公司的有关批复文件;

d.交通部颁布的公路工程技术标准、规范、规程及国家有关部门的相关规定。

②专项工程进行竣(交)工验收应具备的条件:

a.合同约定的各项内容已完成;

b.施工单位按《公路工程质量检验评定标准》(JTG F80/1—2004)及相关规定的要求对工程质量自检合格;

c.监理工程师对工程质量的评定合格;

d.质量监督机构或项目法人按《公路工程质量鉴定办法》对工程质量进行检测(必要时可委托有相应资质的检测机构承担检测任务),并出具检测意见;

e.监理和施工竣工文件已按交通部规定的内容编制完成;

f.建设单位、设计单位、监理单位、施工单位等各参建单位已按交通部规定的内容完成各自的工作报告;

g.工程决算已按交通部规定的办法编制完成,竣工决算已经审计;

h.对需进行档案、环保等单项验收的项目,已经有关部门验收合格。

(2)专项工程竣(交)工验收的内容

专项工程符合竣(交)工验收条件后,经监理工程师同意,由施工单位向项目法人提出申请,项目法人应及时组织对该工程进行竣(交)工验收。

专项工程竣(交)工验收的主要工作内容是:

①成立竣(交)工验收委员会;

②检查合同执行情况;

③检查施工自检报告、施工总结报告及施工资料;

④检查监理单位独立抽检资料、监理工作报告及质量评定资料;

⑤检查工程实体,审查有关资料,包括主要产品质量的抽(检)测报告;

⑥核查工程完工数量是否与批准的设计文件相符,是否与工程计量数量一致,并检查专项工程竣工决算文件是否规范;

⑦听取项目法人、设计单位、监理单位、施工单位的工作报告;

⑧质量监督机构或项目法人按交通部规定的《公路工程质量鉴定办法》确定工程质量等级,签发《专项工程竣(交)工验收证书》;

⑨对建设项目进行综合评价;

⑩形成并通过《专项工程竣(交)工验收鉴定书》。

(3)专项工程竣(交)工验收中各单位的职责

竣(交)工验收委员会由项目法人组织成立,小型项目由项目法人内部技术人员、监理、设计等有关人员组成;大中型项目及技术复杂项目由公司邀请有关专家组成。设计、监理、施工和接管养护等单位参加竣工验收工作。

竣(交)工验收委员会负责对工程实体质量及建设情况进行全面检查。按交通部规定的办法对工程质量进行评定,对各参建单位进行综合评价,对建设项目进行综合评价,确定工程质量等级,形成《专项工程竣(交)工验收鉴定书》。

项目法人负责组织专项工程的设计、监理、施工等单位参加竣(交)工验收。项目法人负责组织各合同段参建单位完成竣(交)工验收工作的各项内容,总结合同执行过程中的经验,对工程质量是否合格给出结论;提交项目执行报告及验收所需资料,协助竣(交)工验收委员会开展工作。

设计单位负责检查已完成的工程是否与设计相符,是否满足设计要求;提交设计工作报告,配合竣工验收检查工作。

监理单位负责完成监理资料的汇总、整理,协助项目法人检查施工单位的合同执行情况,核对工程数量,科学公正地对工程质量进行评定;提交监理工作报告,提供工程监理资料,配合竣工验收检查工作。

施工单位负责提交施工总结报告,提交竣工资料等各种资料,配合竣工验收检查工作。

(4)专项工程竣(交)工验收质量评定

项目法人组织监理单位按《公路工程质量检验评定标准》(JTG F80/1—2004)的要求对各合同段的工程质量进行评分。首先,由监理单位根据独立抽检资料对工程质量进行评定,当监理按规定完成的独立抽检资料不能满足评定要求时,可以采用经监理确认的施工自检资料。然后,项目法人根据对工程质量的检查及平时掌握的情况,对监理单位所做的工程质量评分进行审定。

①各合同段工程质量评分采用所含各单位工程质量评分的加权平均值,即:

$$\text{合同段工程质量评分值} = \frac{\sum(\text{单位工程质量评分值} \times \text{该单位工程投资额})}{\text{合同段总投资额}}$$

②工程各合同段交工验收结束后,由项目法人对整个工程项目进行工程质量评定。工程质量评分采用各合同段工程质量评分的加权平均值,即:

$$\text{工程项目质量评分值} = \frac{\sum(\text{合同段工程质量评分值} \times \text{该合同段投资额})}{\sum\text{施工合同段投资额}}$$

将工程质量评分值作为竣(交)工验收工程质量得分。竣(交)工验收工程质量得分大于或等于 90 分为优良,大于或等于 75 分为合格,小于 75 分为不合格。

对于竣(交)工验收中提出的工程质量缺陷等遗留问题,由施工单位在缺陷责任期和保修期规定的时限内完成。负责组织竣工验收的项目法人对通过验收的专项工程签发《专项工程竣（交）工验收鉴定书》。

(5)专项工程缺陷责任期终止验收

专项工程缺陷责任期一般为交工日期后2年,保修期一般为交工日期后5年。

专项工程进行缺陷期终止验收应具备以下条件:

①从工程竣(交)工验收证书正式签发起,到合同规定的缺陷责任期已终止;

②竣(交)工验收提出的工程质量缺陷等遗留问题已处理完毕;

③施工单位按交通部制定的《公路工程质量检验评定标准》(JTG F80/1—2004)及相关规定的要求对缺陷修复工程质量自检合格;

④监理工程师对缺陷修复工程质量评定合格;

⑤质量监督机构或项目法人已按交通部规定的公路工程质量鉴定办法对工程质量检测鉴定合格。

工程符合缺陷责任期终止验收条件后,经监理工程师同意,由施工单位向项目法人提出申请,项目法人应及时组织对该工程进行缺陷责任期终止验收。项目法人组织监理、施工和管养单位等有关人员进行工程缺陷责任期终止验收,各方均认可工程质量合格后,向施工单位签发《专项工程缺陷责任终止证书》。

(6)专项工程档案资料管理

专项工程竣工后,施工单位、监理单位、项目法人负责编制工程竣工文件、图表、资料,并装订成册,同时保存打印版和电子版两套专项工程竣(交)工验收资料(文字和表格等)。对通过验收的工程,由项目法人按照国家规定,向接管养护单位办理有关档案资料和资产移交手续。

第三节　济青高速公路养护管理的精细化

精细化养护管理是济青高速公路养护管理的主要特色之一。路面养护管理的精细化主要体现在三个方面:一是建立完善的车行与步行相结合的路况巡查制度,从而及时、准确、全面地掌握路面运营状况,保证公路养护管理及时到位;二是建立并执行路面“三次病害确认”制度,实现养护技术方案的动态设计和科学决策;三是培育预防性养护的理念,实施以预防为主的养护策略。

一、路况巡查制度

高速公路养护时机的选择关系到养护寿命周期成本和养护效果,这是高速公路养护决策的关键问题。通过路况巡查(图3-21、图3-22),能够及时发现路面及其附属设施的损坏情况和可能影响交通的突发病害,及时对道路进行维护,消除安全隐患,以较少的投入获得理想的养护效果。

济青高速公路养护管理通过建立完善的路况巡查制度,及时掌握道路状况,排除道路险情,实现了高速公路养护的及时性和日常化。

图3-21　边坡步行巡查

图3-22　雨中路上巡查

1.巡查成员及职责

路况巡查人员主要为分公司养护基建科路桥技术人员。遇特殊情况时,养护基建科其他人员辅助上路巡查或补查。巡查技术人员负责路况巡视工作,对发现的问题及时通知巡查负责人。巡查负责人负责对巡查中发现的病害等进行拍照、登记,并签发路况巡查通知单(表3-1),通知养护部门对病害进行养护处理。养护项目负责人接到路况巡查通知单后,要快速、准确了解现场情况,并制订相应的处理措施,组织人员进行养护维修。

路况巡查通知单 表3-1

巡查时间		巡查负责人	
巡查病害内容			
项目负责人签字		通知时间	

2.巡查内容

路巡内容分为路桥、附属设施及养路员管理、绿化、施工现场管理四个方面。

路桥状况主要包括:路面出现的坑槽、沉陷、拥包、严重裂缝等病害;桥涵构造物出现的桥面铺装破损、梁板台身严重裂缝、伸缩缝损坏、桥头严重跳车、桥梁栏杆缺损、锥坡或防撞墙破损等病害;路基出现的边坡局部水毁或交通事故及其他原因引起的坍塌、路肩缺损、路缘石损坏、泄水槽破损等明显病害。

附属设施及养路员管理状况主要包括:附属设施主要指防撞护栏、隔离栅和活动护栏损坏,轮廓标、里程碑、百米桩、标志牌等的缺损情况。养路员管理主要指路面保洁程度,养路员出勤、作业是否符合养路员安全管理规定等情况。

绿化状况主要指中央分隔带及匝道圈内苗木的缺损,与季节不符出现的落叶、黄叶、干枯、大面积病虫害等,中央分隔带及边坡、匝道圈内草坪的异常情况等。

施工现场管理状况主要指施工现场是否符合《养护作业指导书》和《公路养护技术规范》(JTG H10—2009)的具体规定。

3.巡查要求

济青高速公路路况巡查包括日常巡查、夜间巡查和雨天巡查。

日常巡查采取车行与步行相结合的方式,调查方法以车行为主,结合人工观测、目测及手工计量,辅以摄影或摄像。日常巡查做到每日一次(含节假日),双向全程巡查,巡查路程约90km。雨季、冬季和台风、暴雨等灾害性天气情况下,应根据降水量、降水时间、冰冻程度、交通量、当地地质和水文情况增加巡查频率,每天应至少两次。夜间巡查要求每周不少于一次,雨天巡查要求做到有雨必查。

济青高速公路的日常巡查实行接力式步行巡查方法,即规定当日巡查人员每天进行2km步行巡查,对车行巡查中的死角(如边坡及路肩等巡查不到的位置)进行重点观察。次日,从前日巡查的终点开始,继续进行当日的2km步行巡查。每日应将步行巡查结果和相应的处理措施填写到局域网内,实现资料共享。接力式步行巡查方法有效地提高了日常巡查的全面性,同时提高了巡查效果和维修保养到位率。

巡查作业要求专人填写养护工作日常巡查记录表(表3-2),准确记录病害的内容、位置、桩号、数量,并用随车携带的数码相机进行现场拍摄,形成影像资料。巡查完毕后,马上将巡查记录及拍摄照片提供给相关项目负责人,并将巡查情况向养护基建科科长汇报。路巡中,如遇有严重情况(交通事故、护面墙倒塌、大面积水毁等),妨碍道路正常运营或对正常运营存在安全隐患时,巡查人员应立即向养护基建科负责人直接汇报,并听候相应的指示。巡查车要求配备面积不小于1.0m^2、厚度不小于12mm的钢板和一定数量的锥标,以备应急交通疏导。

养护工作日常巡查记录表

巡查时间：　年　月　日　时　分至　时　分　　　　表 3-2

巡查路段		天气		巡查人	
巡查项目及情况描述					纠正或预防措施
路面保洁情况					
沿线设施情况					
施工现场管理					
路面质量状况					
路基养护情况					
桥涵构造物状况					
绿化管护情况					
其他					

巡查结束后及时对巡查记录进行整理和汇总，并针对不同病害采取相应的养护措施。对各项巡视检查、专项调查和技术检测的结果进行整理和初步分析，并输入公路路面管理系统 CPMS，由系统每年对路面的技术状况和使用品质进行一次综合评价，作为制订下一年度养护工作计划的重要依据之一。巡查记录表要及时交养护基建科档案管理人员，以备年终整理归档。

巡查人员巡查作业中要具备安全保护意识，按规定穿着安全标志服。巡查车速一般控制在 40 ~ 50km/h，并开启示警灯。如遇到需要停车检查的情况，应停在紧急停车带上。如停在行车道上，应开启巡查车的危险报警闪光灯，并采取必要的安全措施，巡查人员应在巡查车的前方迅速完成检查或测量作业。

济青高速公路路况巡查制度在养护管理中发挥了重要作用。一是及时、准确、全面地了解各自辖段每日公路运营状况，有利于及时发现问题、排除隐患；二是为养护信息化管理提供信息源；三是通过日常巡查资料积累，对路况发展实现动态观察，清楚了解病害的发生、诊断、处置和养护效果全过程；四是有利于及时的预防性养护的实施，投入养护费用少，在养护管理中发挥的效果显著。

二、路面结构维修方案的动态设计——路面病害三次确认法

高速公路病害具有隐伏性、同根病源表象的多样性等特点，这些特点增加了高速公路病害认知的困难性，并为高速公路病害维修设计的针对性增加了难度。在确定维修设计方案时，如果不进行深入细致的调查确认，道路的维修方案针对性不足，将导致路面前修后坏，病害难以根除，以致反复维修而资金严重浪费，产生不良的社会影响。济青高速公路在日常的养护管理中，总结出一次病害调查确认、二次病害确认、三次病害确认的三次病害确认法，通过逐层递进，对高速公路病害进行准确判断，及时调整路面维修设计方案，不仅实现了路面维修方案的动态设计，而且通过不断总结路面维修中病害分析和设计的经验和教训，提高了养护管理的科学性，为保证维修质量和工程投资的有效性发挥了重要作用。

1. 三次病害确认的含义

(1) 一次病害调查确认

一次病害调查确认（图 3-23）是指病害维修方案设计前，通过路况巡查、路面检测等技术措施，对路面状况进行的详细调查和病害分析诊断，其目的是为道路维修方案的设计提供依据。

(2) 二次病害确认

路面维修施工前，为验证一次病害调查可靠性和设计方案合理性，现场对维修路段病害的再次确认。路面病害复杂路段通过钻芯取样（图 3-24）确定病害的层位、深度和病害程度。根据各路段病害程度，对路面维修设计方案进行修正。

(3) 三次病害确认

路面维修施工铣刨进程中，及时、认真观察重点路段、重点部位铣刨层位路面病害类型和病害程度，验证一次病害、二次病害确认的可靠性及维修设计方案的合理性。铣刨中发现与二次病害确认情况不符，应

及时调整、修改设计方案。根据病害程度，可加大铣刨深度，以探究病害根源，对路面病害作出准确判断，从而积累病害分析和维修设计、管理经验，并最终确定正确的维修方案，保证路面病害处置技术合理、病害处置彻底。图 3-25 为三次病害确认中铣刨前后对比。

图 3-23　一次病害调查确认

图 3-24　二次病害确认中钻芯取样

图 3-25　三次病害确认中铣刨前后对比

2. 三次病害确认流程与病害调查要求

(1)三次病害确认流程

三次病害确认流程如图 3-26 所示。

维修方案设计前，检测、设计、科研和管理单位多方联动，对公路路况进行调查，正确掌握和分析公路技术状况，共同讨论确定维修设计方案，确保设计质量和精度，完成第一次病害调查确认。

二次病害调查前，由业主代表、监理工程师和施工单位技术员组成病害调查小组，熟悉设计文件，了解和掌握病害调查路段的设计维修方案，填写路面病害调查表（表 3-3），做好二次病害确认准备工作。施工路段封闭后，由病害调查小组对路面进行一次全面的徒步调查，详细记录病害出现的类型、位置、面积，并与设计维修方案中构造深度和弯沉检测等资料进行比较。如果二者一致，则按照原设计方案进行施工；如果二者不一致，原设计方案维修不能够根除病害的路段，则应详细记录病害出现的类型、面积和具体位置，进行拍照和录像，以此作为病害处理变更的依据，并且可以对病害难以确定处采取钻芯取样的方法，以进一步确定病害的程度，进行二次病害确认。

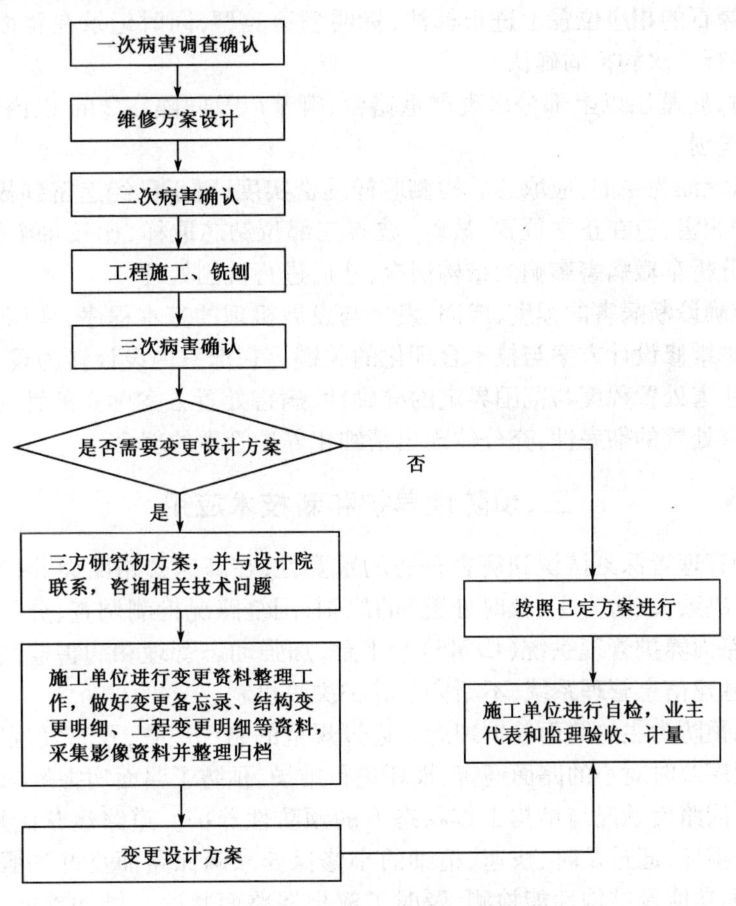

图3-26 三次病害确认流程图

路面病害调查表 表3-3

时 间： 天 气：

桩 号	位置		病害描述	病害面积(长度)	原设计	建议变更
	行车道	超车道				

施工单位： 现场监理： 业主代表：

工程施工后，随着路面铣刨进展，对二次病害确认中标注的重点部位进行三次病害确认，彻底判明病害发展程度，现场提出设计变更建议，由施工单位、现场监理及业主代表三方对路面病害调查表现场签字确认后，报设计部门和业主批准。

(2)病害调查要求

①配备相应的仪器和设备，现场配备写字板、照相机、摄像机，在写字板上标明病害的类型、位置、面积(长度)等，将写字板放入病害旁拍照或摄像，以便为施工和工程变更提供影像资料。拍摄的照片和影像资料应根据病害性状进行汇总，并分类整理。

②在病害调查期间，对于路面裂缝病害发展严重，产生错台、沉陷、唧浆病害的，必须用红色油漆在其对应的路面、护栏板或路缘石的相应位置上进行标注，标明病害类型，同时记录在路面维修病害调查表上，以便铣刨后在相应位置进行二次病害的确认。

③二次病害调查时，底基层以上部分出现严重错台、唧浆以及间隔在20m以内连续出现3条以上网裂的横向裂缝的，应连续铣刨。

④对于路面病害以泛油为主的，应取芯后检测芯样的密实度；对于已经追密到极限的结构层，应进行铣刨处理。以车辙为主的病害，应在正常位置、波峰、波谷三部位钻芯取样，比较每个结构层次的厚度变化和各层的集料变化情况，分析车辙病害影响的结构层次，然后进行铣刨处理。

三次病害确认是准确诊断病害的程度、成因、发生与发展机理的基本程序，是高速公路养护工作科学化的基本依据，是实现养护维修设计方案与技术合理化的关键。它把室内设计转为现场依据维修过程的动态设计，确保了维修工程病害处置程度与范围界定的准确性、病害处置方案确立的针对性、病害处置技术选择的合理性和经济性、病害处置的彻底性，充分体现出精细化养护管理的理念。

三、预防性养护和新技术应用

济青高速公路养护管理者深刻认识到病害预防的重要性，在高速公路路面养护中，坚持"动态监控、点面结合，因地制宜、科学决策，以防为主、及时处置"的原则，围绕路况检测调查、分析评价、养护决策和工程实施四个关键环节，以路面养护管理系统(CPMS)为平台，加强动态管理和病害监测，建立健全公路路况评价机制，及时更新养护基建信息管理系统，不断完善养护决策机制。

着力强调并培养以预防为主的路面养护理念。通过规范的路况巡查，及时发现路面病害、损坏情况，通过科学的决策和管理程序及时对小的路面病害、损坏进行维护，预防了路面病害的深入发展。

有针对性地做好不同路面状况与结构工作状态下的预防性养护。道路运营的初期阶段主要预防早期损坏，封堵开裂，防止水损坏，通过及时、快速、精细的小修保养来确保路面良好的服务功能；在路面结构工作平稳期，每年进行路面功能及结构性能检测，及时了解把握路面状况与结构性能的变化，确定病害成因、病害程度、病害范围，制订预防性养护维修方案，修复路面功能，尽量维护路面的结构稳定性。当道路的结构工作状况达到一定的疲劳状态，路面出现较为严重的结构性开裂、车辙与局部沉陷变形，仍坚持预防为主养护理念，不轻易铣刨路面半刚性基层。济青高速在路面运营的三个关键阶段，适时合理地确定了预防性养护的决策与技术，诠释了预防性养护在合适的时机针对不同的路面状态选择合适的材料、用适应的技术进行预防性养护的工程含义。

为了达到良好的路面养护效果，济青高速公路积极研究、推广预防性养护先进技术和新材料。例如，2000年济南养护段的两个路段行车道上铺设了超薄抗滑表层试验路段；2004年青岛段实施了在山东省首次采用的微表处理技术；2010年淄博段部分路段进行了超薄抗滑表层的铺筑；2010年部分路段采用STAR-SEAL Supreme封涂层进行路面封水、防水处理，推广和应用LTC沥青再生养护剂等。

济青高速公路作为山东省建成通车的第一条高速公路，通车17年以来，养护管理者结合济青高速公路的实际，努力探索高速公路养护组织管理的经验，以高度严谨、负责的态度，积极培育先进的高速公路养护理念，通过科学管理，保持了济青高速公路在重载、大交通量情况下长期、良好的路面服务功能。合理的管理体制、健全的管理制度、科学的人员配备、严格的考核激励机制，是济青高速公路养护管理的组织和制度保障；养护管理人员高度的工作责任心是济青高速公路养护管理的精神动力；精细化管理是济青高速公路养护与管理的精髓。这些组织管理方法和管理理念，使济青高速公路成为山东省高速公路养护管理的典范。

第四章　高速公路沥青路面病害调查与分析方法

路面病害调查是通过对路面病害现象的现场观察，技术状况的检测以及材料、结构性能的测试，揭示和探究路面病害的类型、病害产生的原因和机理，分析问题的症结所在，为养护维修技术方案的确定提供根本的依据。

第一节　高速公路沥青路面病害调查工作的程序

济青高速公路病害调查工作流程如图4-1所示。

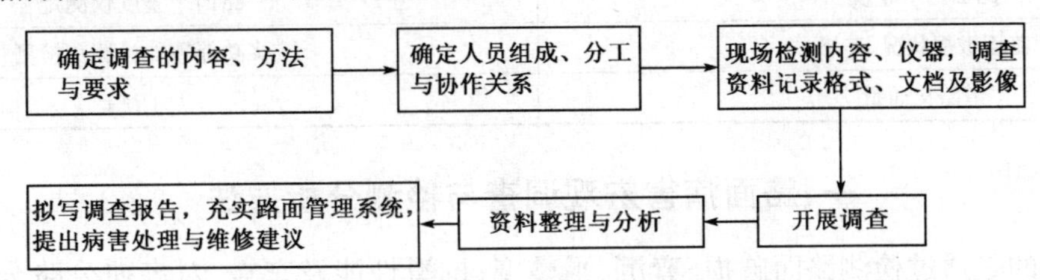

图4-1　济青高速公路病害调查工作流程图

为做好路面病害调查工作，除了选择合适的仪器设备外，还应注意以下几个问题。

一是调查人员需具备以下基本素质：具有强的责任心、一丝不苟的工作态度以及严谨细致的工作作风；对该项工作具有丰富的工程经验、较厚的知识积淀；对所调查的现象、资料具有较高的认知、把握、分析与判断能力。

二是调查资料应详尽、真实。材料的详尽与真实是实现调查目的、获得预期调查成果的根本保证。为此，调查工作一定要注重以下几个方面：要详细确定调查的内容、调查的方式及方法，如开会调查、个别访问、现场勘察、钻探、取芯与现场检测、阅读有关书面资料等；调查手段与检测技术具有先进性；病害现象的描述应尽量详尽。例如，对病害状态、表现形式、发展过程的详尽描述，对探坑观察的详尽描述，对所取芯样取芯过程中的现象、病害甄别、病害发生的位置、病害程度、层间连接及必要的物理、力学指标等测试的详细描述，尽可能从最少的样本里获取尽可能多的信息。所取芯样尽可能按不同材料在路面结构中的存在条件妥善保存，以不断地对其观察、认知。特别是不同时间、不同位置取的芯样的对比观察对识别病害发生发展的原因、速度及后果具有重要的鉴别意义。

三是科学提取、分析与整理调研资料所反映的信息。对所得的材料进行整理、分类与核实，发现遗漏疑问的地方，及时调查补充。对补充完善后的调查材料进行归纳、总结、分析、思考、判断。在这个过程里，要依靠先进的分析技术与计算手段对调查材料进行分析，必要时还要进行室内模拟试验与模拟计算。通过这样对调查材料的层层剖析、分析与认知，揭示与探究问题的真相，得到正确可靠的结论。

第二节　高速公路沥青路面病害调查的方法

高速公路沥青路面病害调查的内容一般包括道路病害的种类划分，病害产生位置、形成时间、损害程度和原因的确定，同时还应包括路面破损状况、路面车辙、路面结构强度、路面抗滑性能以及路面平整度的调查。根据《公路沥青路面养护技术规范》(JTJ 073.2—2001)的要求，对路段内的交通流量和交通荷载也要进行必要的分类统计。

济青高速公路路面病害调查工作一般分三步进行：第一步，宏观路况病害调查。对养护路段内的路面进行全面的结构能力与路面损坏状况评价，对路面工作性能与病害类型给出基本结论。第二步，详细病害调查。各养护段在一期宏观调查的基础上，依据病害类型与病害程度进行路况路段划分，确定病害重点详细调查的部位与取芯点位（必要时探坑）。该调查旨在诊断病害产生的部位、范围、深度、程度，确定养护对策。第三步，设计阶段的检测与复核，确保设计方案的针对性、可靠性与有效性。

路况调查的内容与方法见表4-1。

路况调查的内容与检测方法　　表4-1

调 查 内 容	调 查 方 法
病害种类、产生的位置、损害程度等	人工目测
	开挖探坑、探地雷达、钻芯取样
路面的结构强度	弯沉仪检测
路面的抗滑性能	横向力测定车测定
路面的平整度	路面平整度仪测定
路面破损状况、车辙	多功能智能检测车检测
道路交通量	人工统计

一、路面病害宏观调查与检测分析方法

宏观调查的目的是通过检测路面破损、弯沉、平整度、抗滑性能及车辙，对高速公路全线的路况有个宏观的认识，为详细调查提供基本的依据。这一阶段一般采用先进的无损检测技术。

1.路面结构体系整体状况调查——弯沉检测

路面弯沉值是表征路面结构整体强度的重要指标。济青高速公路在运营期间，依据路况，利用自动弯沉仪检测车、落锤式弯沉仪以及贝克曼梁式测试仪进行年弯沉检测，为及时了解济青高速路面结构体系的整体工作状态变化以及确定路面养护、维修与管理工作方案提供可靠的路面强度数据。

（1）检测依据

①《高速公路养护质量检评方法》（试行）；

②《公路工程质量检验评定标准》（JTG F80/1—2004）；

③《公路沥青路面养护技术规范》（JTJ 073.2—2001）；

④《公路路基路面现场测试规程》（JTG E60—2008）。

（2）检测设备与工作原理

①激光（JG）型自动弯沉仪（图4-2）。济青高速公路弯沉检测主要采用激光（JG）型自动弯沉仪检测车。其基本工作原理与贝克曼梁测弯沉的原理相同，都是采用简单的杠杆原理。当测点受荷载作用时地面下沉，通过位移传感器即可读出测点处相应的下沉量。该仪器的优点是可以对路面弯沉进行高密集点的测量（每隔7.0m左、右轮各检测一点），检测速度快，工作效率高，可以为路面养护管理工作提供可靠的路面强度数据依据，因而是加强路面科学管理、制订养护规划不可缺少的高效自动化检测设备。

②落锤式弯沉仪（FWD）（图4-3）。落锤弯沉仪一般由牵引车、荷载发生装置、弯沉检测装置和运算控制系统组成。工作时荷载发生装置将规定质量的落锤在相应高度自由下落，通过缓冲器作用于承载板上，最终使当量荷载均匀施加在结构层表面的应力作用区内。弯沉检测装置纵向布设的多个位移传感器采集并记录下各测点在冲击荷载作用瞬间的动态变形信号，通过A/D转换器输入微机内进行运算，测试结果为动态弯沉峰值和弯沉盆数据。

与传统的贝克曼梁检测弯沉法相比，落锤式弯沉仪其优点在于它可同时检测刚性路面和柔性路面；应力、应变和弯沉与实际交通荷载下的结果较吻合；可测出弯沉盆的形状；分析路面结构层；速度快，无需交通管制；操作过程均由电脑控制，精度高。

图 4-2　激光(JG)型自动弯沉仪

图 4-3　落锤式弯沉仪(FWD)

③贝克曼梁式弯沉仪(图 4-4)。这类设备属于固定采样、静态弯沉类,其使用时间最早,范围最广,技术要求最简单。贝克曼梁是通过简单的杠杆原理工作的,以支撑在表架上的百分表读取测试梁后臂端点的位移,进而推算出前臂端点所测出的轮隙处回弹弯沉,测得结果仅为单侧或双侧测点静态弯沉的最大峰值。贝克曼梁测试的主要仪具包括标准车、贝克曼梁、百分表、表架和温度计等。国内规定使用的贝克曼梁分为 3.6m 和 5.4m 两种。其测试梁前后臂的长度比均为 2∶1。

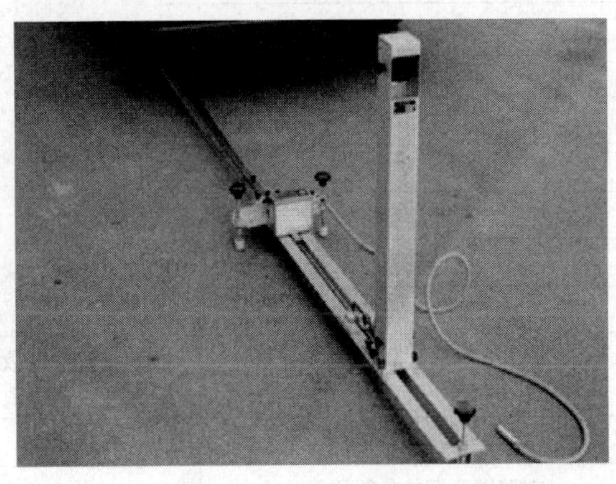

图 4-4　贝克曼梁式弯沉仪

该设备的特点是结构及操作简单,测试要求低,价格低廉,用于静态弯沉测试。其缺点是测试程序的准确度受人为影响较大,工作效率低。鉴于以上原因,贝克曼梁在高等级路面弯沉测试中已经不太适用。

(3)检测数据的采集

用自动化检测设备可以快速、高效、准确地进行数据采集工作。济青高速公路采用激光型自动弯沉仪,每 6～8m 为一个测点,每 100m 为一段计算代表弯沉值。每 100m、1 000m 按测点平均值及标准差计算代表值。在不利季节检测时,程序计算中可采用温度修正。

采集的数据通过查图法进行温度修正,其步骤如下。

①测定时的沥青层平均温度按式(4-1)计算:

$$T = (T_{25} + T_m + T_e)/3 \tag{4-1}$$

式中:T——测定时沥青层的平均温度,℃;

T_{25}——根据 T_0(测定时路表温度与测定前 5d 日平均气温的平均值之和)由图查到的路表下 25mm 处的温度,℃;

T_m——根据 T_0 由图查到的沥青层中间深度的温度,℃;

T_e——根据 T_0 由图查到的沥青层底面处的温度,℃。

②不同基层的沥青路面弯沉值的温度修正系数 K,根据沥青平均温度 T 及沥青层厚度,查图获得。

③沥青路面弯沉按式(4-2)计算:

$$L_{20} = L_T K \tag{4-2}$$

式中:L_{20}——换算为 20℃的沥青路面弯沉值,0.01mm;

L_T——测定时沥青面层内平均温度为 T 时的弯沉值,0.01mm;

K——温度修正系数。

温度修正完成后按式(4-3)计算每一个评定路段的代表弯沉。

$$L_r = \bar{L} + Z_\alpha S \tag{4-3}$$

式中：L_r——一个评定路段的代表弯沉，0.01mm；

$\overline{L}$——一个评定路段内经各项修正后的各测点弯沉的平均值，0.01mm；

S——一个评定路段内经各项修正后的全部测点弯沉的标准差，0.01mm；

Z_α——与保证率有关的系数。

（4）数据的整理与分析

现场路面弯沉检测之后，应及时将数据进行整理。其整理样式见表4-2。

济青高速某段下行行车道双轮弯沉检测报告 表4-2

济青高速某段下行行车道双轮弯沉检测报告(100m)												
路面等级系数：												
季节修正系数：												
湿度修正系数：												
沥青层厚度(cm)：												
基层类型：												
前5日平均气温：												
设计弯沉：												
输出数据范围：												
沥青层厚度(cm)：												
桩号	左侧数据个数	左侧均值	左侧均方差	左侧代表弯沉	右侧数据个数	右侧均值	右侧均方差	右侧代表弯沉	双侧数据个数	双侧均值	双侧均方差	双侧代表弯沉
对路面弯沉的分析评价：												

路面结构强度用路面结构强度指数(PSSI)表示，通过对采集数据的分析计算来判定路面的结构状况。对于弯沉数据的分析，两个数据和一个形状具有重要意义。两个数据，一个是代表弯沉值的大小，它可以反映结构整体的强度与变化；另一个是弯沉的标准差，若标准差较大，则表明该路段整体强度波动变化较大，因此该值可以表明道路整体强度的稳定性与均匀性，是反映路面结构工作状态的重要参考值。一个形状，即弯沉盆的形状（陡缓），它是路面结构综合刚度与结构工作状态的重要反映信号。因此，判断路面整体结构强度时，应综合考虑弯沉数据和弯沉盆形状。

下面以2007年济青高速公路K282+500~K318+800段左幅行车道的FWD弯沉检测数据为依据进行路面结构强度分析。检测路段的路面结构见表4-3。

济青高速公路检测段路面结构统计 表4-3

桩号范围	路面结构	备注
K282+503.82~K283+263	4cm中粒式沥青混凝土+5cm粗粒式沥青混凝土+6cm沥青碎石+18cm水泥稳定砂砾+33cm水泥稳定砂砾	
K283+263~K312+030	4cm中粒式沥青混凝土+6cm粗粒式沥青混凝土+8cm沥青碎石+18cm水泥稳定砂砾+33cm水泥稳定砂砾	
K312+030~K312+830	4cm中粒式沥青混凝土+6cm粗粒式沥青混凝土+8cm沥青碎石+18cm水泥稳定砂砾	挖方段
K312+830~K318+299	4cm中粒式沥青混凝土+5cm粗粒式沥青混凝土+6cm沥青碎石+18cm水泥稳定砂砾+33cm水泥稳定砂砾	

根据弯沉代表值及平均值沿线分布图能够分析路面结构整体强度情况。图4-5给出了济青高速公路K282+500~K318+800段左幅行车道FWD测试中央弯沉按公里分段统计结果。根据公里弯沉测试平均值及代表值的统计结果来看，全线弯沉变化较大，左幅行车道弯沉公里平均值变化范围为40.6~237.8μm，代表值变化范围为57~411.7μm。其中，K288~K292、K307~K312代表弯沉值较小，并且弯沉平均值分布

均匀,基本分布在 50μm 左右,再加上该路段弯沉盆形状较缓(图 4-6),这些都说明该路段的路面结构整体强度相对较高。而 K282 ~ K287、K301 ~ K304 段代表弯沉值相对较大,并且弯沉平均值分布不均匀,再加上该路段弯沉盆形状较陡(图 4-7),这些都说明该路段的路面结构整体强度相对较低。

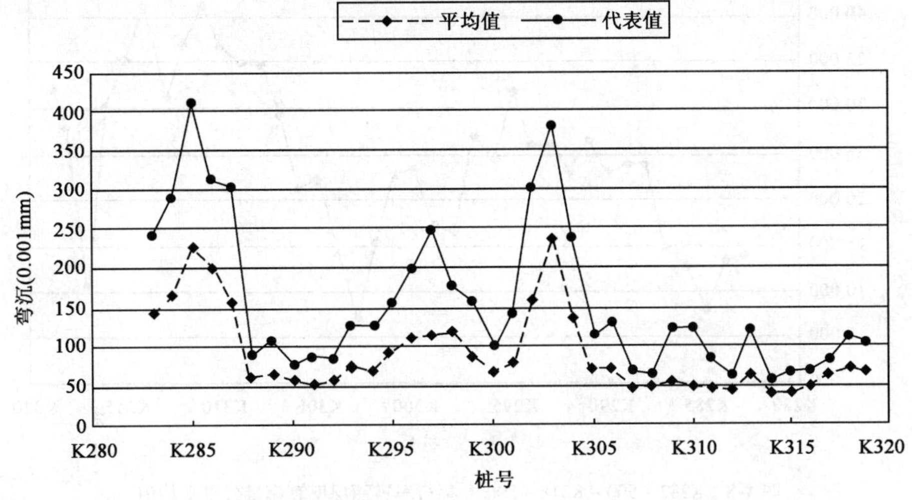

图 4-5　K282 + 500 ~ K318 + 800 左幅行车道 FWD 测试中央弯沉公里统计值

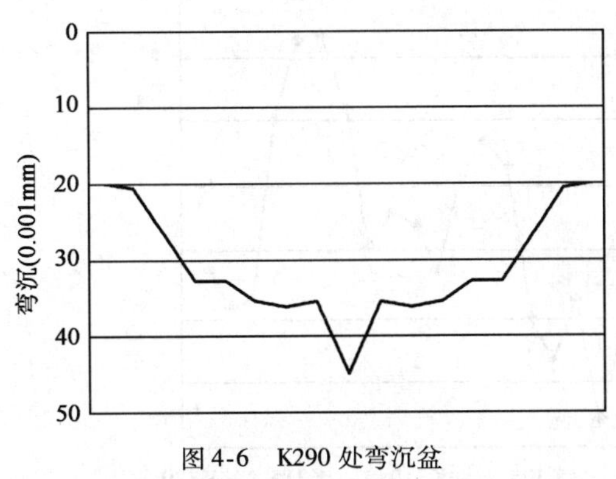

图 4-6　K290 处弯沉盆

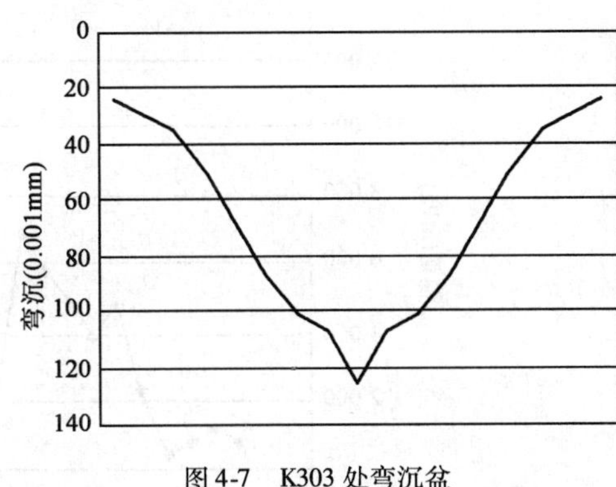

图 4-7　K303 处弯沉盆

根据 FWD 弯沉检测结果,利用路面结构层模量分析软件 SIDMOD 反算济青高速公路路面结构层的动态模量,也是分析路面结构体系各结构层受力后变形响应的有效手段。反算时结构分层如下:

①K282 + 503. 82 ~ K283 + 263:沥青面层(15cm) + 水泥稳定砂砾基层(51cm) + 路基;

②K283 + 263 ~ K312 + 030:沥青面层(18cm) + 水泥稳定砂砾基层(51cm) + 路基;

③K312 + 030 ~ K312 + 830(挖方段):沥青面层(18cm) + 水泥稳定砂砾基层(18cm) + 路基;

④K312 + 830 ~ K318 + 299:沥青面层(15cm) + 水泥稳定砂砾基层(51cm) + 路基。

图 4-8 ~ 图 4-10 给出了济青高速公路左幅行车道各结构层反算模量的公里平均值。模量公里统计结果表明,左幅行车道沥青面层模量的变化范围为 7 242. 1 ~ 41 288. 4MPa,水稳砂砾基层的模量变化范围为 416. 6 ~ 12 640. 8MPa,路基模量的变化范围为 184. 6 ~ 605. 0MPa。从以上结果可以看出,路面各结构层的模量变化很大,特别是 K282 ~ K286 段的基层强度较弱,容易发生疲劳破坏。

将图 4-5、图 4-8 ~ 图 4-10 比较分析后发现:路基模量较大的路段,其相应的沥青面层和基层模量也较大,反之亦然。各结构层模量都较大的路段,由于路面结构整体抗变形能力较高,路表弯沉值较小;各结构层模量都较小的路段,由于路面结构整体抗变形能力较差,路表弯沉值较大。这说明路基支撑刚度对路面结构抗疲劳性能起关键的影响作用。

弯沉不利季节的季节修正系数与湿度修正系数的确定又是影响路表弯沉真实性的重要影响因素与重要参数。季节修正系数与湿度修正系数应是道路所在自然规划区多年概率统计值,确定时应按表 4-4 所示的内容进行连续多年数据采集,并通过概率统计进行分析,在高速公路的可靠度与保证率下确定标准状态的弯沉值。对于非标准状态测试时，应将实际弯沉值通过季节修正系数与湿度修正系数换算为标准状态下的弯沉值。

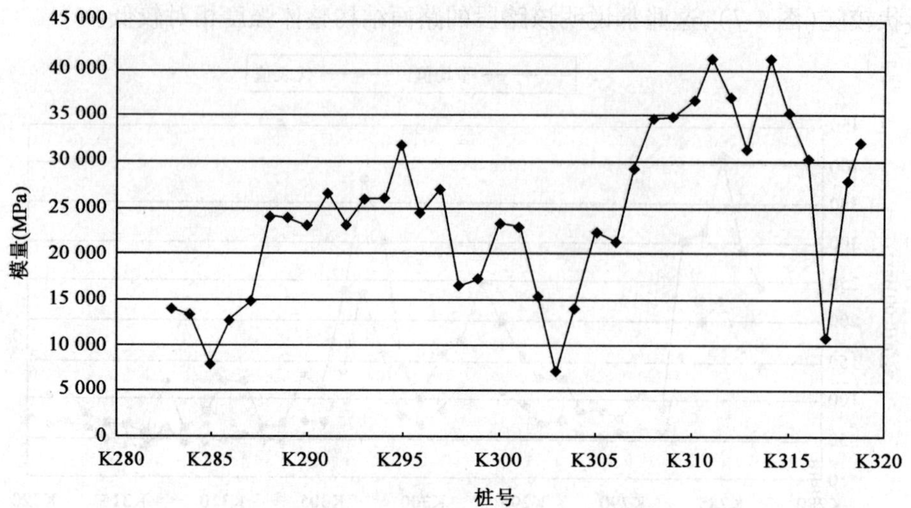

图 4-8 K282 +500 ~ K318 +800 左幅行车道面层反算模量公里平均值

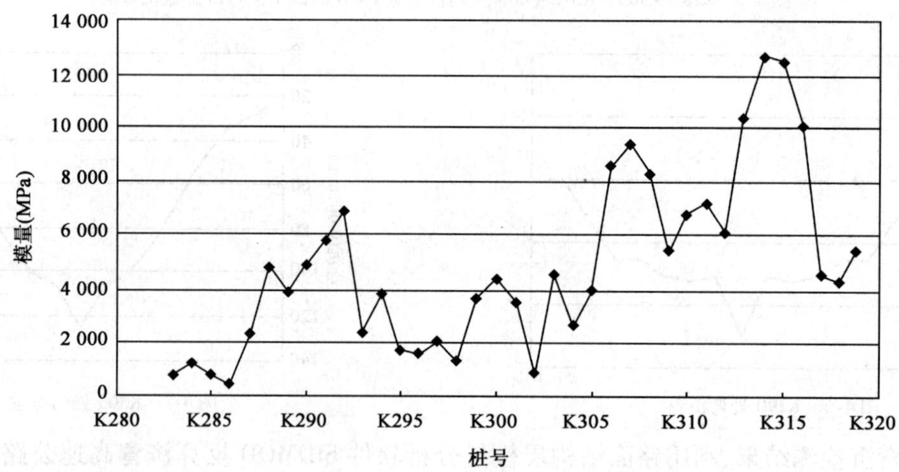

图 4-9 K282 +500 ~ K318 +800 左幅行车道基层反算模量公里平均值

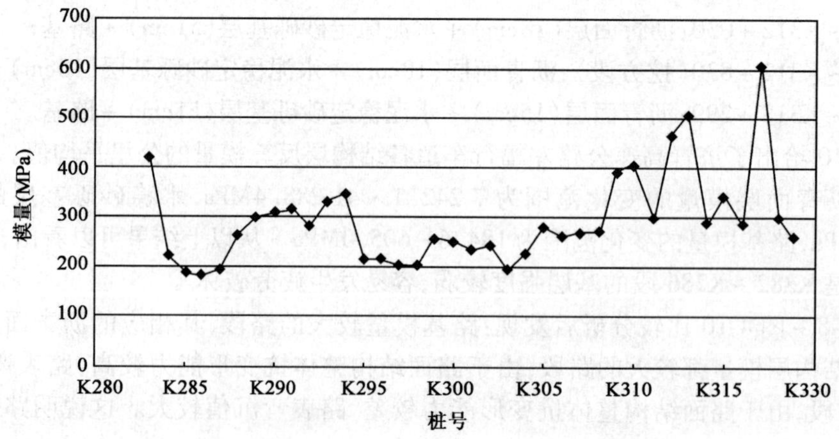

图 4-10 K282 +500 ~ K318 +800 左幅行车道路基反算模量公里平均值

2. 路面破损状况与车辙调查

路面破损是反映当前路面使用情况的重要指标。济青高速公路在运营期间，利用多功能智能检测车不断进行路面破损检测，及时了解济青高速公路路面功能与使用性能的发展变化，为预防性养护决策提供依据。

季节修正系数与湿度修正系数的确定　　表4-4

月　份	桩　号	路面结构	季节与湿度弯沉代表值		标准状态
			干燥状态	潮湿状态	
1月					
2月					
⋮					
12月					

(1)检测依据

①《公路技术状况评定标准》(JTG H20—2007)；

②《公路沥青路面养护技术规范》(JTJ 073.2—2001)；

③《公路路基路面现场测试规程》(JTG E60—2008)；

④《公路工程质量检验评定标准》(JTG F80/1—2004)；

⑤《基于视频的路面病害自动化检测标准》；

⑥车载式路面检测仪器。

(2)检测设备

济青高速公路路面病害无损检测设备主要是路面多功能智能检测车(图4-11)。该车的功能包括路面破损图像采集、激光车辙数据采集、激光平整度数据采集、路况图像数据采集、激光路面变形图像采集、道路基层病害探测六个功能。

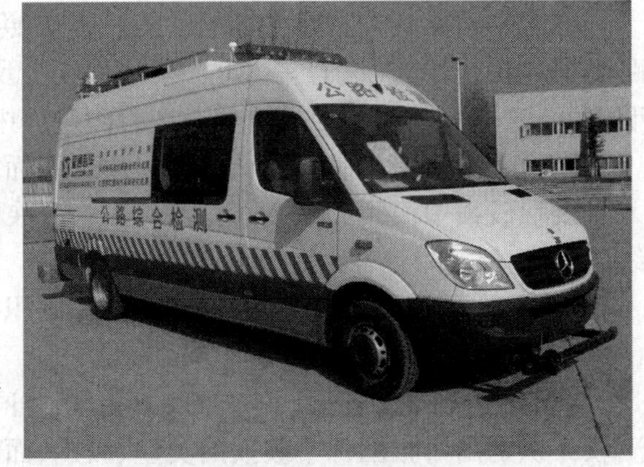

图4-11　道路智能检测车

高分辨率路面破损数字图像采集子系统采用国际领先的高速、高分辨率数字摄像机，配以高速采集卡和无失帧视频采集软件，确保路面图像不失帧地记录，并可与里程桩准确对应。

道路智能检测系统的一个重要部分是数据处理软件，与检测车的采集功能相对应的，有路面破损检测软件、车辙分析软件、平整分析软件、路况分析软件、路面变形分析软件、探地雷达公路专用分析软件以及路面质量综合评价软件。检测车与软件系统共同形成了全电脑化的道路智能检测系统，确保了道路病害数据采集及处理的及时性和准确性。图4-12为路面病害处理软件。

(3)检测原理

公路智能检测综合了现阶段电子信息行业的先进技术，利用GPS定位、激光断面检测、摄影测量、图像识别、神经网络等多行业、多学科先进技术和设备，完成了对病害数据的采集和处理。

其工作原理主要是利用车载仪器采集路面的相关数据传入车载计算机中，利用自主开发的数据处理软件识别各种路面病害，并将病害的空间位置信息和几何信息分类存储，为道路养护、评价提供准确可靠的信息。

路面质量状况检测所获得的路面破损、平整度、车辙等数据可以直接导入公路质量评价系统中。

路面破损识别子系统采用车载数字摄像设备获取路面图像，利用独特的图像处理技术，采用人机结合的方式，可以准确识别路面破损，计算获得破损的长度、宽度、面积，判断破损的类型，确定破损空间位置。

(4)数据采集

新标准将沥青路面损坏分为11类21项。这些破损根据其形态可以分为面状破损和线状破损两大类。

面状破损有：龟裂、块状裂缝、坑槽、松散、沉陷、波浪拥包、泛油；线状破损有：横裂、纵裂、车辙。另外，修补依据其修补前的破损种类，分别划分为面状修补或线状修补。

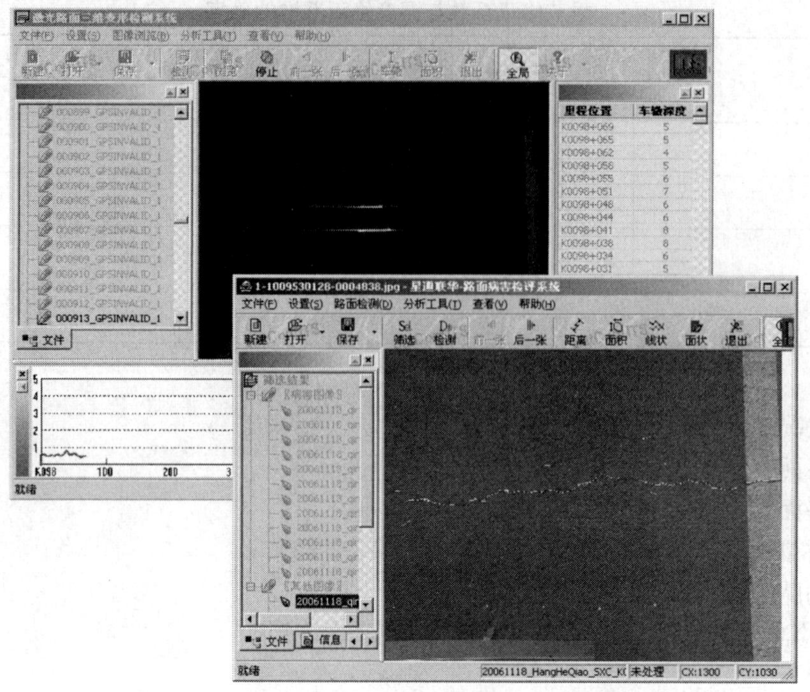

图 4-12 路面病害处理软件

不同路面损坏类型及损坏程度的病害按照不同的权重，计算得到路面破损率，由路面破损率可以得到路面损坏状况指数（PCI）。PCI 从某种程度上反映了路面破损的程度，PCI 范围从 0 ~ 100 分，分值越大，说明路面状况越好，路面破损越少。在检测过程中采用以下计量方法：

面状破损面积为破损区域外接多边形的面积，单位为 m^2。

线状破损中横裂和纵裂面积按长度（m）乘以 0.2m 计算，单位为 m^2。其中，长度为沿裂缝走向的拟合曲线的长度。

龟裂、坑槽、松散、沉陷、车辙等的修补面积按外接多边形的面积，单位为 m^2。裂缝修补影响面积按长度（m）乘以影响宽度 0.2m 计算，单位为 m^2。

检测采用车载高速数字图像采集装置，等间隔地获取高分辨率路面序列图像。通过相应的路面破损检测软件识别出每张图像中破损的类型、级别、面积、里程位置等信息，存入数据库。再根据实际需要，指定路段长度统计各类破损的面积，并计算其破损率 DR、路面损坏状况指数 PCI 等相关参数。

采用激光三维车辙检测系统，等间隔采集路面车辙三维图像，通过激光车辙检测软件检测出车辙随里程变化值，生成电子表格。根据道路评价的要求，按照车辙深度值统计出不同深度的车辙面积。

（5）检测数据统计整理

对于路面破损程度的评价，根据《公路技术状况评定标准》（JTG H20—2007），路面破损状况采用路面破损状况指数 PCI 来表示，总分为 100 分，划分为优、良、中、次、差 5 个等级。

对于高速公路而言，车辙作为独立的检测评价指标，用路面车辙深度指数（RDI）表示，其评价标准见表 4-5。与此同时，计算路面破损（PCI）时车辙破损不再重复计算。

车辙及破损数据的整理样式见表 4-6、表 4-7。

济青高速车辙评价标准 表 4-5

RDI < 10mm	10mm ≤ RDI < 25mm	RDI ≥ 25mm
非车辙	轻度车辙	重度车辙

高速公路车辙统计　表 4-6

起 始 桩 号	段长度(m)	车辙面积(m^2)		
		RDI < 10mm	10mm≤RDI < 25mm	RDI≥25mm
K000 + 032 ~ K001	1 000	344	53	3
K001 ~ K002	1 000	365	35	0
⋮				

济青高速上行方向路面破损统计　表 4-7

起始桩号	段长度(m)	PCI	破损率(DR)	龟裂(轻)	龟裂(中)	龟裂(重)	块状裂缝(轻)	块状裂缝(重)	纵向裂缝(轻)	纵向裂缝(重)	横向裂缝(轻)	横向裂缝(重)	坑槽(轻)	坑槽(重)	线状修补	面状修补	修补率
K000 ~ K001	1 000															0	0
K001 ~ K002	1 000															0	0
⋮																	

(6)数据分析

路面状况指数(PCI)是反映目前路面状况的重要指标,利用多功能智能检测车的数据处理软件对采集数据进行分析计算,从而判定当前的路面使用情况。若 PCI 值较低,甚至达到评定等级中、次、差时,需再通过开挖探坑、钻芯取样等手段,重点分析该路段的破损原因。

此外,济青高速公路的路面调查将车辙作为独立的检测评价指标。

对于车辙的分析评价,既要分析其车辙深度,又要结合图像从车辙盆的陡缓(车辙盆的形状)来判断车辙发生的成因。靠两种手段来判断车辙的成因、范围与程度:一是直接测量盆底深与盆形;二是钻芯观察沥青层厚度,发生的部位、程度及其成因。若车辙盆的横断面呈 V 字形,其主要原因可能是由于施工时压实不充分造成的。而对于横断面呈 W 字形的车辙盆,路面可见粗细集料不均匀的分布(出现粗集料的推挤滑移),主要原因是由于沥青路面结构层在车轮碾压的反复作用下,荷载产生的剪应力超过沥青混合料的抗剪强度,使流动变形不断积累形成的流动性车辙。如果车辙呈宽缓的 U 字形,伴随纵向开裂,可能是结构性车辙(路基或整个承重层强度不足)。

3. 路面功能状况调查——平整度检测

路面平整度是度量路面行驶质量及舒适度的性能指标,也是反映路面安全服务功能的又一项重要指标。它与车辙、路面抗滑同为预防性养护决策的重要指标。济青高速公路每年进行路面平整度的检测,通过对检测数据的整理分析,了解与分析路面行驶质量,作为确定养护维修方案的依据之一。

(1)检测依据

①《公路沥青路面养护技术规范》(JTJ 073.2—2001);

②《公路路基路面现场测试规程》(JTG E60—2008);

③《公路工程质量检验评定标准》(JTG F80/1—2004);

④《基于视频的路面病害自动化检测标准》;

⑤车载式路面检测仪器。

(2)检测设备与工作原理

在对济青高速公路路面平整度的检测中,采用激光平整度仪,连续检测路面,每百米产生一个国际平整度指标 IRI 值,并按公里计算行驶质量指数 RQI 值。

激光平整度测定仪是一台装备有激光传感器、加速度计和陀螺仪的测定车,它同时具有先进的数据采集和处理系统。工作时,测试车以一定的速度在路面上行使,固定在汽车底盘上的一排激光传感器通过测试激光束反射回读数器的角度来测试路面。这个距离信号同测试车上装的加速度计信号进行互差,消除测试车自身的颠簸,输出路面真实断面信号。信号处理系统将来自激光传感器的模拟信号转换成数字信号并记录下来。随着汽车的行进,每隔一定间距,采集一次数据。通过数据分析系统,可显示打印国际平整度指数等平整度检测结果。

(3)路面平整度评价标准

《公路技术状况评定标准》(JTG H20—2007)中对路面平整度的评价采用行驶质量指数 RQI:

$$\mathrm{RQI}=\frac{100}{1+\alpha_0 e^{\alpha_1 \mathrm{IRI}}} \tag{4-4}$$

式中:IRI——国际平整度指数;

α_0——高速公路和一级路采用 0.026,其他等级公路采用 0.018 5;

α_1——高速公路和一级路采用 0.65,其他等级公路采用 0.58。

RQI 值的范围为 0 ~ 100,并采用表 4-8 所示的平整度评价标准。

平整度评价标准　　表 4-8

RQI < 60	60 ≤ RQI < 70	70 ≤ RQI < 80	80 ≤ RQI < 90	RQI ≥ 90
差	次	中	良	优

(4)数据整理

现场对路面平整度检测之后,应及时将数据进行整理。其整理样式可参照表 4-9。

济青高速某段平整度列表　　表 4-9

上行方向(桩号递增)			下行方向(桩号递减)		
里程桩	平均 IRI(m/km)	RQI	里程桩	平均 IRI(m/km)	RQI
K000 ~ K001			K319 ~ K318		
K001 ~ K002			K318 ~ K317		
K002 ~ K003			K317 ~ K316		
K003 ~ K004			K316 ~ K315		
K004 ~ K005			K315 ~ K314		
K005 ~ K006			K314 ~ K313		

(5)数据分析

将实际测量值与平整度评价标准进行对比,对于 RQI 值较低路段,说明该路段病害比较严重,应重点分析,以探究造成该值较低的原因。

4. 路面功能状况调查——抗滑性能检测

路面的抗滑性能不仅是反映路面功能状况的一个重要指标,更是安全行车的控制指标。济青高速公路每年都按计划进行路面抗滑性能的检测,及时了解济青高速路面功能状况,为及时恢复路表抗滑能力提供依据。

(1)检测依据

①《济青高速公路路面检测项目合同协议书》;

②《公路工程质量检验评定标准》(JTG F80/1—2004);

③《公路沥青路面养护技术规范》(JTJ 073.2—2001);

④《公路路基路面现场测试规程》(JTG E60—2008);

⑤《路面管理系统基础教程》。

(2)检测设备与工作原理

路面摩擦系数测定设备是测量路面抗滑能力的高效测试仪器,济青高速公路采用英国 SCRIM 型横向力系数测试车(图 4-13)对抗滑系数进行检测。该车由装载车、数据采集处理系统、测试机构总成、供水系统及附属部分组成。

图 4-13　横向力系数测试车

当测试车以一定速度向前行驶时，测量机构的前端由供水系统洒下一条适当宽度的湿润水带，在路表形成厚度为 1mm 左右的水膜，由于测试轮配有固定配重(200kg)，并设置成与行车方向呈 20°的夹角，当测试轮接触到地面时，测量机构就要受到轴向方向的横向力。由拉力传感器检测后输出力信号至计算机采集系统（按横向力系数 = 横向力/测试轮垂直荷载 ×100）处理，连同行车的距离信号一起，在计算机上作为一个测试结果的数据文件记录下来，作为测试结果。

(3)检测数据的采集与结果评定

SCRIM2004 横向力系数测试车可即时显示路面横向力系数参数、测试时的速度及距离等数据，所有原始数据可自动保存成文本文件。后期处理根据需要可计算出检测路段摩擦系数统计个数、平均值、标准差、变异系数、抗滑性能指数等参数，并可以打印所测试线路的 SFC 曲线图。通过程序能直接进入 CPMS 路面管理系统。

《公路沥青路面养护技术规范》(JTJ 073.2—2001)中规定路面抗滑能力评价标准见表 4-10。

路面抗滑能力评价标准　　表 4-10

评价等级	优	良	中	次	差
横向力系数 SFC 值	SFC≥50	40≤SFC<50	30≤SFC<40	20≤SFC<30	SFC<20

(4)数据整理

现场对路面横向力系数检测之后，应及时将数据进行整理。其整理样式可参照表 4-11。

高速公路横向力系数　　表 4-11

路线名称：					方向：			检测时间：				
桩号	路段长度	SFC 01	SFC 02	SFC 03	SFC 04	SFC 05	SFC 06	SFC 07	SFC 08	SFC 09	SFC 10	SRI
对路面横向力系数的分析评价：												

(5)数据分析

用横向力系数表征路面的抗滑性能。将道路实际测量值与评价标准进行比较，对于较差路段，说明该路段为车辆行驶提供的摩擦力不足，极易发生行车安全隐患。应及时找清原因，采取措施进行修复，防止交通事故的发生。

5. 道路结构缺陷检测——探地雷达无损检测技术

济青高速公路的路面检测中，除了采用传统的取芯检测外，还采用先进的无损检测技术，实现了有损检测和无损检测技术的有机结合。

使用探地雷达无损检测技术进行道路结构缺陷检测。探地雷达利用高频聚能天线向路面结构内发射电磁脉冲雷达波，由接收天线接收路面结构内不同介质层面的反射雷达回波，再根据不同介质电磁特性差异对雷达波的反射特征，判定路面结构的各层厚度及可能存在的缺陷位置与形态(图 4-14)。在精确检测各层厚度的基础上，可以分辨道路结构层病害类型、检测病害的部位及分布范围。由于它具有无损、快速、连续、高精度、高分辨率、实时成像探测等特点，国外的应用已经贯穿于道路施工和后期检测养护的全过程。

在道路养护和修补阶段，探地雷达可用于：

(1)路面结构层厚度检测、检验，避免钻芯取样，且采集量大大提高；

(2)沥青面层的层间黏合不密实、剥落检测，沥青与集料之间的脱落及沥青面层与基层之间的剥落；

(3)结构层内的病害缺陷识别,如基层局部疏松、厚度不均、含水率过高等;

(4)混凝土板下的脱空、破损识别,做到预防性维护;

(5)裂缝与裂缝延伸检测及跟踪裂缝检测。

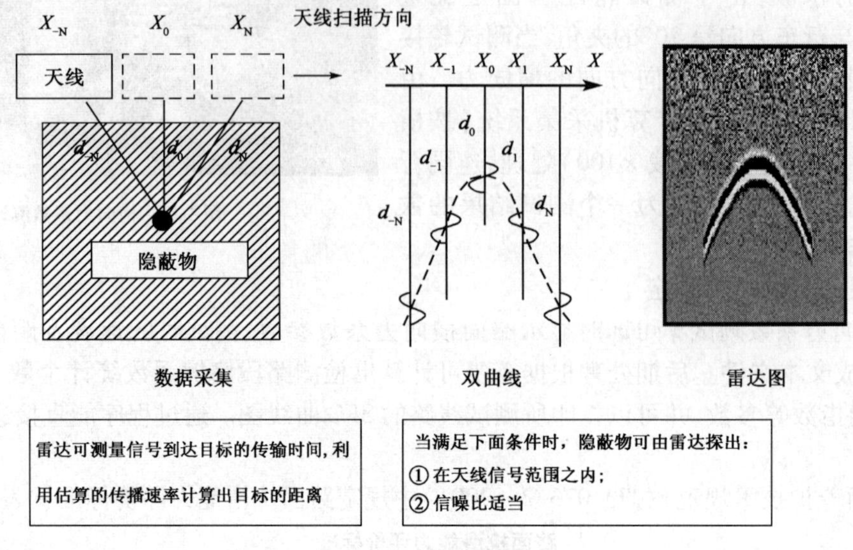

图4-14 探地雷达工作原理示意图

在济青高速公路的运营期间,曾多次应用探地雷达检测技术进行日常养护检测,从而及时发现结构层内的病害缺陷,分析结构层的内在质量和使用寿命,研究结构层受损程度及影响因素、预测路面质量变化规律和趋势,制订合理的养护方案。对预防性养护决策与道路养护管理技术的确定起到了有力的作用。

二、路面病害详细调查与检测分析方法

在宏观调查的基础上,各分公司分别对所辖区域有代表性的路段进行详细调查,依据路面病害表观迹象、钻芯及芯样试验,揭示和探究路面病害产生的原因、机理,对路面病害进行诊断,为确定养护维修技术方案提供依据。这个阶段采用的检测技术主要是取芯检测。

现场取芯是路面病害诊断最直接的方法。通过智能检测车,调查人员只能得到路面表层相关数据,对于路面内部情况不能有一个明确的了解。然而,通过钻芯取样,我们可以从宏观上明确路面使用状况以及道路病害发生、发展情况。因此,钻取芯样是我们对于路面病害最直观的判断依据。

1. 取芯工作应注意的问题

(1)芯样的代表性

芯样的代表性决定着调查结论的正确性。取芯时,既要尽量减少对原始路面的破坏,又要使芯样可反映与提取更多病害的重要信息。取芯位置的确定是取芯工作的关键。

济青高速公路在路面维修时,先通过路面调查、检测,根据病害的现象与分布特征,通过论证进行取芯位置确定。一般是全线按每公里3个芯样布点,同时考虑病害程度与表象有侧重地钻芯取样,确保所取芯样的代表性。

(2)反映病害类型的可靠性

在调查工作中,先要根据无损检测结果制订合理有效的取样计划,取样后还要跟前期检测结果进行对比。倘若所取芯样不能反映道路病害实际状况,调查者就无法作出正确诊断,由此确定的处置技术失去了针对性。

(3)芯样的现场记录

取芯过程的观察描述,取芯位置、取芯坑以及芯样等现场详细的观察描述,全过程的影像记录,都是最珍贵、最直接的病害诊断资料。

2. 芯样试验

常做的试验主要有:芯样回弹模量试验、芯样的密度试验、强度试验、沥青混合料芯样的马歇尔试验等。依据不同的工作要求进行不同的试验。进行芯样试验时,一定要保证芯样符合相关规范的要求。要记录与拍照芯样试验过程中的现象,注重芯样与无损检测结果的对比,形成简明扼要的试验报告供查阅参考。

芯样是病害类型、发生层位以及损坏程度等的直观反映,也是揭示病害机理、发展规律,验证养护维修效果的第一手资料。做好取芯、芯样试验与保存工作具有重要的工程与设计意义。

三、交通量的调查与分析方法

交通流量和交通荷载是道路运营过程中,促使道路病害发生的关键因素。因此,明确交通量的变化规律,可以更好地揭示道路病害的成因,同时也可为路面维修设计提供重要依据。

济青高速公路管理处在过去的15年中,对济青高速公路的交通量进行了详细的观测,并且通过一定的换算原则,换算成统一的车型数量,为整个济青高速公路养护、维修提供了可靠的数据。

1. 交通量的调查内容

交通量是指一定时间间隔内各类车辆通过某一道路横断面的数量。交通量的调查有间歇式调查和连续式调查两种。在调查过程中,除了对调查路段通行车辆的数目进行统计外,还应按车辆轴重区别车辆类型,汇总通行车辆的轴数和轴载大小。

2. 轴载组成与换算方法

不同重力的轴载给路面结构带来的损伤程度是不同的。对于路面结构设计,除了设计期限内的累计交通量之外,另一个重要因素便是各级轴载所占的比例,即轴载谱。由交通调查得到某类车辆的每日通行的轴载数乘以相应的轴载谱百分率,即可推得所有车辆各级轴载作用次数。

道路上行驶的汽车轴载与通行次数可按照等效换算原则换算为标准轴载的作用次数。我国路面设计采用双轮组单轴载100kN作为标准轴载,以BZZ—100表示。各种车型的不同轴载应换算成BZZ—100标准轴载的当量轴次。具体的换算原则可参照《公路沥青路面设计规范》(JTG D50—2006)。

3. 交通流的横向分布

车辆在道路上行驶时,车轮的轨迹总是在横断面中心线附近一定范围内左右摆动,由于轮迹的宽度远小于车道的宽度,因而总的轴载次数既不会集中在横断面的某一固定位置,也不可能平均分配到各点上,而是有规律的分布在车道的横断面上。这就是交通流的横向分布。根据规范的要求,在进行路面设计时,各车道对于交通流的分担情况见表4-12。

按标准轴载统计的车道系数推荐值 表4-12

道路类型	车道及系数			
双向四车道	行车道	超车道		
	0.84	0.16		
双向六车道	慢车道	主车道	超车道	
	0.71	0.24	0.05	
双向八车道	慢车道	外侧主车道	内侧主车道	超车道
	0.56	0.23	0.18	0.03

4. 交通量调查组织管理

以济青高速公路为例,其交通量调查自1994年5月开始,每月由管理处养护科派专人负责调查一次,具体工作如下:

(1)交通量调查的时间和人员配置。每月15日早8:00~16日早8:00持续24小时调查,由养护科组织3班人员,每班3人进行。

(2)观测点的位置和记录设备。每个管理处在所辖路段设观测点一处。济青高速公路各管理处具体观测点的位置见表4-13。

济青高速公路交通量观测点汇总　　表 4-13

管理处	济南	滨州	淄博	青州	潍坊	高密	青岛
观测点	1K +490	69K +400	97K +800	138K +150	186K +824	262K +200	311K +010

自 2008 年济青南线开通以后，观测地点有稍微变动，见表 4-14。

济青高速公路交通量观测点汇总（变动后）　　表 4-14

观测地址	济南 小许家西	济南 章丘西	淄博 滨博西	淄博 服务区	青州 服务区	高密	潍坊 西立交	高密 江庄立交	青岛 同三西
观测点	K7 +000	K44 +600	K78 +950	K96 +500	K138 +150	K262 +200	K184 +970	K262 +300	K286 +300

（3）现在记录设备主要为计数器。

（4）各管理处将每月的交通量调查数据于 18 日前报公司养护基建部，然后进行汇总，根据需要报各级领导和有关部门。

5. 数据整理

交通量调查完成后，可使用间隙交通量报表对数据进行整理，具体内容见表 4-15。

间隙式交通量报表　　表 4-15

管理处名称		小型载货汽车（辆）	中型载货汽车（辆）	大型载货汽车（辆）	小型客车（辆）	大型客车（辆）	载货拖挂车（辆）	小计（辆）	合计（辆）	折合中型车（辆）	系数	高峰小时交通量		低峰小时交通量	
												时间	交通量（辆/h）	时间	交通量（辆/h）
济南管理处	左行	2 111.6	1 540	3 712	4 422	1 056	694	13 535	26 763	22 707	0.848	16:00 ~ 17:00	786	3:00 ~ 4:00	136
	右行	1 999	1 297	3 620	4 931	835	546	13 228				16:00 ~ 17:00	711	23:00 ~ 24:00	153
淄博管理处	左行	2 153.8	1 132	2 183	5 135	863	502	11 969	24 963	20 354	0.815	9:00 ~ 10:00	617	3:00 ~ 4:00	148
	右行	2 039.4	985.6	2 767	5 554	680.4	968	12 994				15:00 ~ 16:00	654	3:00 ~ 4:00	215
平均数															

注：1. 济青高速公路车辆换算系数：一类车为 1.0，二、三、四类车为 2.0，五、六类车为 3.0，小货、中货、大货、大客的折算系数为 1.0，小客车为0.5，拖挂车为 1.5。

2. 系数为中型车数与混合车辆数之比。

6. 交通量调查分析

轴载与交通量是路面病害发生、快速发展的关键影响因素。通过轴载与交通量的调查与分析而获得的轴载谱、年平均日交通量、交通量增长率和累计当量轴次是路面养护技术选择与预防性养护决策的根本依据。轴载与交通量的分析目前主要采用统计方法。其中，利用统计软件进行分析比较简单直观，它将交通量调查的实际数据通过统计软件（如 EXCEL）整理为图 4-15、图 4-16 等柱状图的形式，这样可以清晰地看出交通量变化规律。

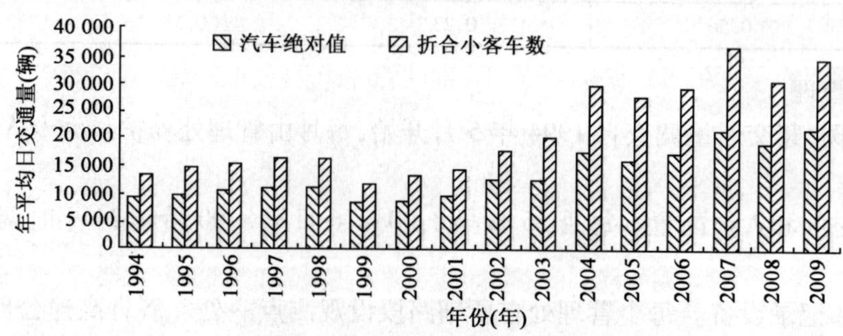

图 4-15　全线平均日交通量随时间的变化图

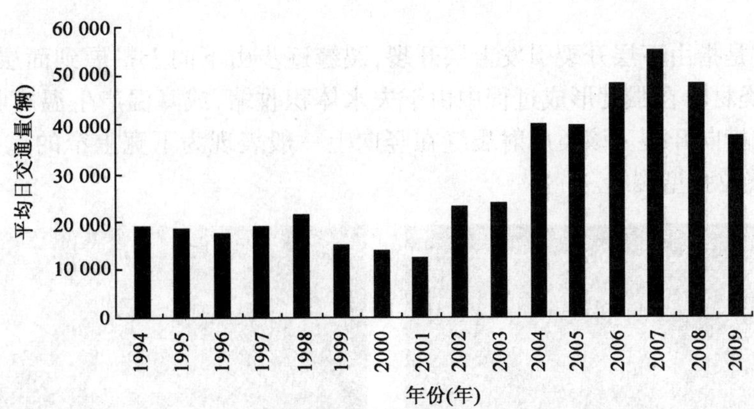

图 4-16　济南管理处平均日交通量随时间的变化图

第三节　高速公路沥青路面病害的特征

济青高速公路的病害类型以裂缝类病害、车辙、沉陷为主。这些病害中，车辙主要发生在中上面层；裂缝以温度 + 荷载 + 反射 + 水综合因素作用下的疲劳剪拉型横向开裂为主。运营后期，轮迹带上出现了疲劳剪拉型纵向裂缝及结构疲劳纵缝。沉陷、网裂的产生除局部基层碎裂外，主要是水损坏导致上、中面层层间结合不良而产生的疲劳性病害而非结构性网裂。

一、裂缝类病害

裂缝是沥青路面最普遍的损坏现象之一。从形态上可分为四大类型：横向裂缝、纵向裂缝、块状裂缝、龟裂，如图 4-17 ~ 图 4-20 所示。裂缝虽然在发展初期对路面的行车功能还未产生大的影响，但在交通荷载、雨水和温度等因素的综合作用下，裂缝必将进一步发展成不同形态的裂缝。若不及时修复，便会造成路面整体承载能力下降，结构抗疲劳寿命降低。

图 4-17　横向裂缝

图 4-18　纵向裂缝

1. 横向裂缝

横向裂缝是与道路中线近于垂直的裂缝，有时伴有少量支缝。横向裂缝主要可分为两类：一是温度裂缝，它是由于温度较低、骤降或者气温反复升降而形成的沥青面层的开裂；二是反射裂缝，它是由于基层的收缩开裂而导致的面层开裂。横向裂缝的表现形式极为相似，现场要严格区分温缩裂缝和反射裂缝是十分困难的。实际上，大部分横向裂缝往往是基层反射、温度收缩、荷载作用的综合结果，只不过是哪一种影响起了更为关键的作用。

（1）反射裂缝

横向反射裂缝通常是指由下层开裂引发上层开裂，裂缝逐步由下向上扩展到面层。当用无机结合料半刚性材料做基层时，该类材料在强度形成过程中由于失水体积收缩，或降温产生温度收缩开裂，然后裂缝再由基层反射到面层形成横向开裂。该类反射裂缝在竖向上一般表现为下宽上窄的重要形态特征（图4-21、图4-22），力学性质上属拉张型裂缝。

图4-19 块状裂缝

图4-20 龟裂

图4-21 反射裂缝

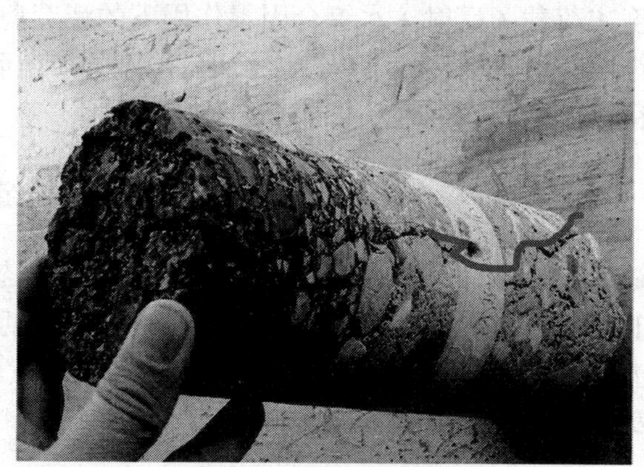

图4-22 反射裂缝芯样

图4-23、图4-24是济青高速某处一横缝，从取芯的情况看，上面层裂缝较窄，裂缝宽度随深度增加，芯样下层已经碎裂，可见已经开裂多时。该图为典型的反射裂缝。

图4-23 横缝取芯前

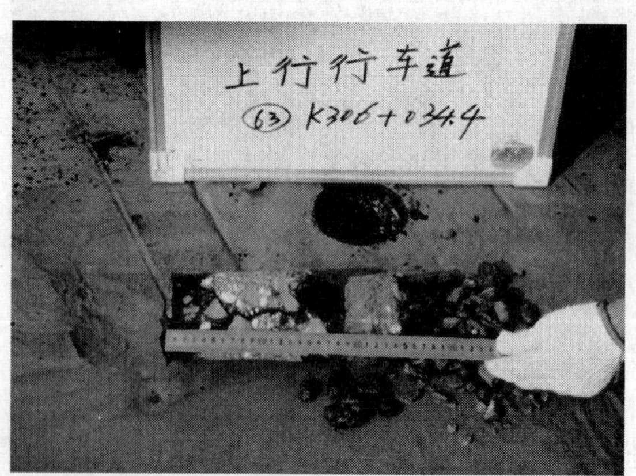

图4-24 横缝芯样

（2）温度裂缝

沥青路面的温度裂缝是横向裂缝的一种重要形式，包括低温收缩裂缝和温度疲劳裂缝。开裂有两种机理：一是气温骤降，造成沥青层内温度收缩应力超过材料本身的抗拉强度而形成开裂，或气温骤降时沥青混合料的应力松弛赶不上温度应力的增长，超过混合料的极限拉伸应变；二是气温的反复升降导致沥青混合料的温度应力疲劳，以及混合料的极限拉伸应变减小，应力松弛性能下降，抗温度开裂能力降低。温缩裂缝是目前尚无法避免和根治的裂缝，从严格意义上来说，它属于正常的力学损伤。温度裂缝一般自上而下发展，其典型特征是沿着道路行驶方向，较规律地近乎等间距分布，在竖向上一般表现为上宽下窄的重要形态特征，力学性质上属拉张型裂缝。

图 4-25 和图 4-26 为高密段某行车道横缝，路面结构为 4cm 中粒式沥青混凝土（LH-20I）+5cm 中粒式沥青混凝土（LH-25II）+6cm 粗粒式沥青碎石（LS-30）+1cm 二灰碎石。从铣刨前后情况来看，路表面有横向裂缝，但铣刨后外露的基层基本完好，说明裂缝自面层表面发生，是典型的温缩裂缝。

图 4-25　铣刨前横缝（右幅 K248+880，行车道，横缝唧浆）

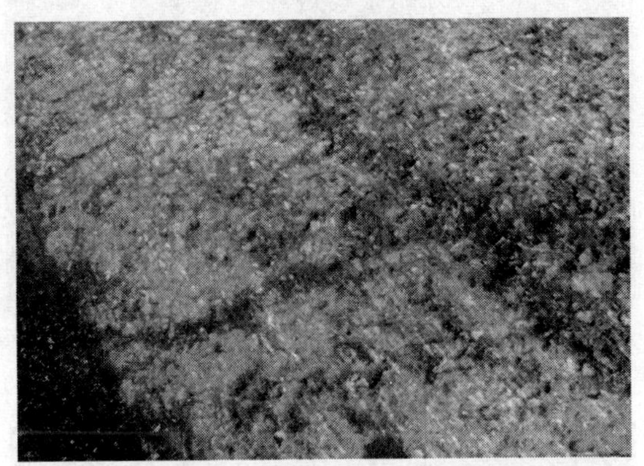

图 4-26　铣刨后出露的基层（右幅 K248+880，行车道）

2. 纵向裂缝

纵向裂缝是与道路中线大致平行的裂缝，有时伴有少量支缝。纵向裂缝可分为沉降裂缝、搭接裂缝和疲劳裂缝及表面裂缝四类。

（1）沉降裂缝

沉降裂缝是由于路基不均匀沉降而引起的开裂。图 4-27、图 4-28 为铣刨了 15cm 面层前后的对比图。从中可看到，面层可看到横缝而还没有表现出明显的纵缝，而基层已有很长的纵缝。这说明该纵缝是由下而上发展的。该处路基发生了不均匀沉降，这是典型的沉降裂缝。该沉降裂缝是由于路肩带和行车道下的路基压实不均，进而导致路基发生不均匀沉降，在基层中产生剪切应力和拉应力，导致基层在硬路肩与行车道结合部发生纵向开裂。图 4-29 所示为纵向开裂且局部沉陷。图 4-30 为开挖后见基层纵裂且局部沉陷。

图 4-27　铣刨前横缝

图 4-28　铣刨后出露的基层

沉降缝的特点：纵向呈宽缓的 U 字形，伴随路面沉陷变形且常伴有圆形开裂（图 4-31），力学性质上属拉张型裂缝。

（2）搭接裂缝

搭接裂缝的形式可分为两种：一种为纵向；另一种为横向。高速公路路面较宽，沥青混凝土面层摊铺时一般分幅摊铺，可采取冷接缝或热接缝的方式。采用热接缝时，两台摊铺机进行梯队作业，因为前后相距较近，从而使摊铺的两幅能完好地搭接在一起，这种接缝将来一般不会发生开裂。但如果采用冷接缝的方式施工，则接缝处先后摊铺的热拌沥青混合料可能由于搭接不好，在行车荷载的作用下发生纵向开裂，即纵向搭接裂缝(图 4-32)。另外一种是横向搭接裂缝，即横向施工缝处是由于新旧沥青混合料的衔接不足造成的裂缝。但随着施工工艺的改进，新建道路中搭接裂缝基本消失了。

图 4-29　纵向开裂且局部沉陷

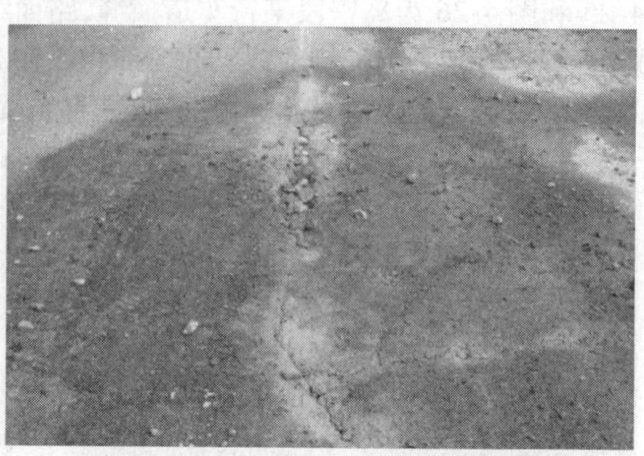

图 4-30　开挖后见基层纵裂且局部沉陷

图 4-31　纵向开裂(伴随沉陷及圆形开裂)

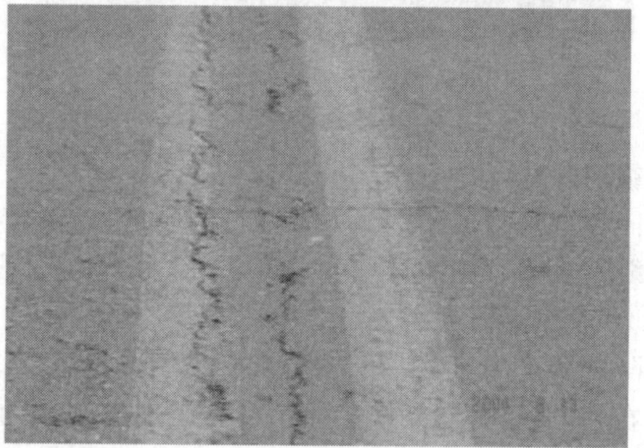

图 4-32　两幅摊铺的交界处产生纵缝

(3)表面裂缝

表面裂缝是一种剪胀型纵缝(图 4-33、图 4-34)，从路表面开始逐渐向下发展形成。该类裂缝在竖向上一般表现为上宽下窄的重要形态特征，力学性质上属剪张型裂缝。

图 4-33　表面裂缝芯样

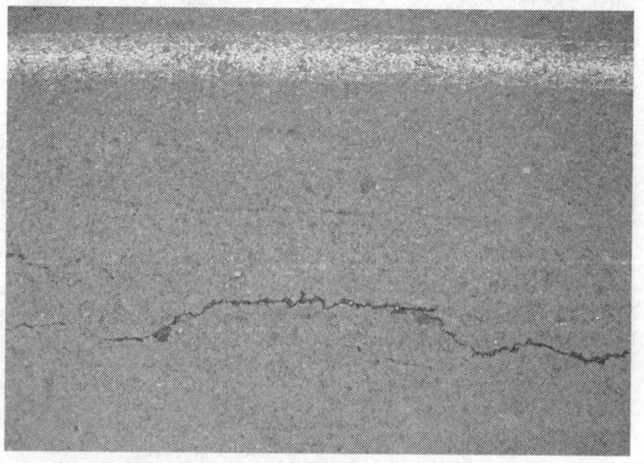

图 4-34　表面裂缝

产生表面裂缝的原因主要是重载作用下车轮对路面的水平剪切作用。荷载与路面的接触压力通常被假定为圆形均布。随着重型车辆的增加，均布的假设造成了较大的偏差。同济大学的研究结果显示，在超载作用下，尽管轮胎的中心触地压力接近额定值，但轮胎边缘的触地压力可高达额定压力的 3 倍以上，这就形成了车轮对路面的水平剪切作用，形成剪张型开裂。

(4)结构疲劳裂缝

纵向结构疲劳裂缝(图 4-35)的特点是先出现较短的纵向开裂，开裂从层底向上发展，继而逐渐扩展为网状开裂。随着裂缝的出现，水分沿裂缝进入基层、垫层和路基，使之变软而产生较大的弯沉，进而加速裂缝的发展。该类裂缝在竖向上一般表现为下宽上窄的重要形态特征，力学性质上属弯拉型疲劳开裂，是沥青路面结构性疲劳裂缝。

疲劳裂缝的形成原因：路面结构层受到车轮荷载的反复弯曲作用，使结构层底面产生的拉应变(或拉应力)值超过材料的疲劳强度(它较一次荷载作用的极限值小得多)，底面便产生开裂并扩展到表面。

3. 块状裂缝

一般认为裂缝间距为 0.3 ~ 3m、面积为 0.1 ~ 10m^{2}的裂缝为块状裂缝。块状裂缝也是路面常见的一种病害，常见于运营多年的道路。对半刚性路面，其发生的主要原因可分为两类：一是因为基层强度较低，荷载作用导致基层破碎，破碎后的基层在荷载的作用下变形较大，反映到了面层就会导致面层发生块状裂缝，同时还会伴有沉陷病害发生(图 4-36)；二是基层整体性完好，但沥青面层本身因配合比设计不合理或施工压实不良或碾压时温度低等原因造成强度不足，这种情况同样可导致块状裂缝的发生。

图 4-35　纵向疲劳裂缝

图 4-36　块状裂缝

4. 龟裂

龟裂是在路面局部区域内发生的类似龟纹状的裂缝。龟裂往往伴有沉陷和唧浆现象。

龟裂大致可分四种类型：路面结构强度不足、层间黏结不良等原因造成的疲劳损坏龟裂、半刚性强度太高可能引发的龟裂、沥青老化脆性龟裂及水损坏型龟裂。

(1)路面结构强度不足、层间黏结不良等原因造成的疲劳损坏龟裂

该病害发生的主要原因是由于路面结构在重复荷载作用下的剪切疲劳破坏叠加水的作用，是结构强度不足的体现。其初期阶段表现为相互交错的裂缝，继而发展为锐角多边形裂块。

另一类龟裂的发生是由于层间黏结不良造成的，即由于沥青层间黏结不好，上下层脱开，导致表面层的沥青混合料单独承受荷载和温度的作用，从而发生轻微龟裂。这类裂缝仅发生在面层上部，沥青中下面层及基层完好。

(2)半刚性基层强度太高可能引发的龟裂

半刚性基层强度高、刚度大，一方面不仅干缩裂缝严重且对超载敏感，易于断板，反射裂缝更易发生；另一方面，由于刚度大不能吸收与消减应力，导致沥青面层剪拉应力集中在沥青表面层造成开裂。这类因基层强度高而发生的龟裂，开裂时首先从路面表层开始，然后向下发展。开裂的基层在行车荷载的作用下，其裂缝向上反射。判定时不能单凭外观形态，还需要结合弯沉测试及钻芯取样予以判断。

(3)沥青老化脆性龟裂

这类龟裂(图4-37)是路面运营若干年后,路面经受行车荷载和温度升降的反复作用,导致沥青结合料老化、沥青混合料脆性增大、抗疲劳性能下降而导致的。这种龟裂是因沥青结合料性能下降造成的疲劳损坏。龟裂缝隙大、碎块明显老化是其形态特点,再结合室内延性、针入度等试验分析判断。

图4-37 沥青层老化脆性龟裂

(4)水损坏型龟裂

水损坏型龟裂(图4-38、图4-39)分两种情况:一种多发生在行车道轮迹带局部沉陷部位,主要是因基层局部损坏所致;另一种发生在上面层,是水损坏导致层间结合不良而产生的疲劳非结构性龟裂(网裂)。

图4-38 水损坏行车道轮迹带唧浆

图4-39 水损坏形成的沥青面层局部龟裂

二、车 辙

车辙是轮迹处深度大于10mm的纵向带状凹槽。按照《公路技术状况评定标准》(JTG H20—2007),按辙槽的深度,车辙可分为轻车辙和重车辙两种。轻车辙槽深在10~15mm;重车辙槽深大于15mm。形成车辙的影响因素主要有沥青混合料的性能(体积性质)、交通和气候条件与施工质量及路面结构体系的抗压缩变形能力等。沥青混合料的性能主要是沥青性质、沥青用量和集料的级配类型,即体积性质(孔隙率、矿料间隙率与沥青饱和度);交通和气候条件主要是轴载、交通组成与交通量、纵坡影响和温度的影响;施工质量主要是压实度和层间黏结状况等的影响。

1. 轻度车辙

轻度车辙主要是压密型车辙,是由施工质量原因造成的。其横断面一般呈V字形,分布在轮迹带附近。其形成示意图如图4-40所示。

2. 重度车辙

重度车辙一般兼有结构型车辙和流动型车辙。结构型车辙是由于路面结构在交通荷载作用下产生整体永久变形而形成,它主要是发生在沥青面层以下包括路基在内的各结构层的永久性变形。流动型车辙是由于沥青路面结构层高温时在车轮碾压的反复作用下,荷载产生的剪应力超过沥青混合料的抗剪强度,使流动变形不断积累形成。其横断面一般呈W字形。其形成示意图如图4-41所示。

有两种手段来判断车辙的成因、范围与程度:一是直接测量盆底深与盆形;二是钻芯观察沥青层厚度变化、基层情况,发生的部位、程度及成因一目了然。若车辙盆的横断面呈V字形,其主要原因可能是由于施工时压实不充分造成的。而对于横断面呈W字形的车辙盆,主要是沥青路面结构层在车轮碾压的反复作用下,荷载产生的剪应力超过沥青混合料的抗剪强度,使流动变形不断积累而形成的流动性车辙。如果车辙呈宽缓的U字形,伴随纵向开裂,可能是路基或基层强度不足造成的结构性车辙(路基或整个承重层强度不足)。图4-42为三种车辙示意图。

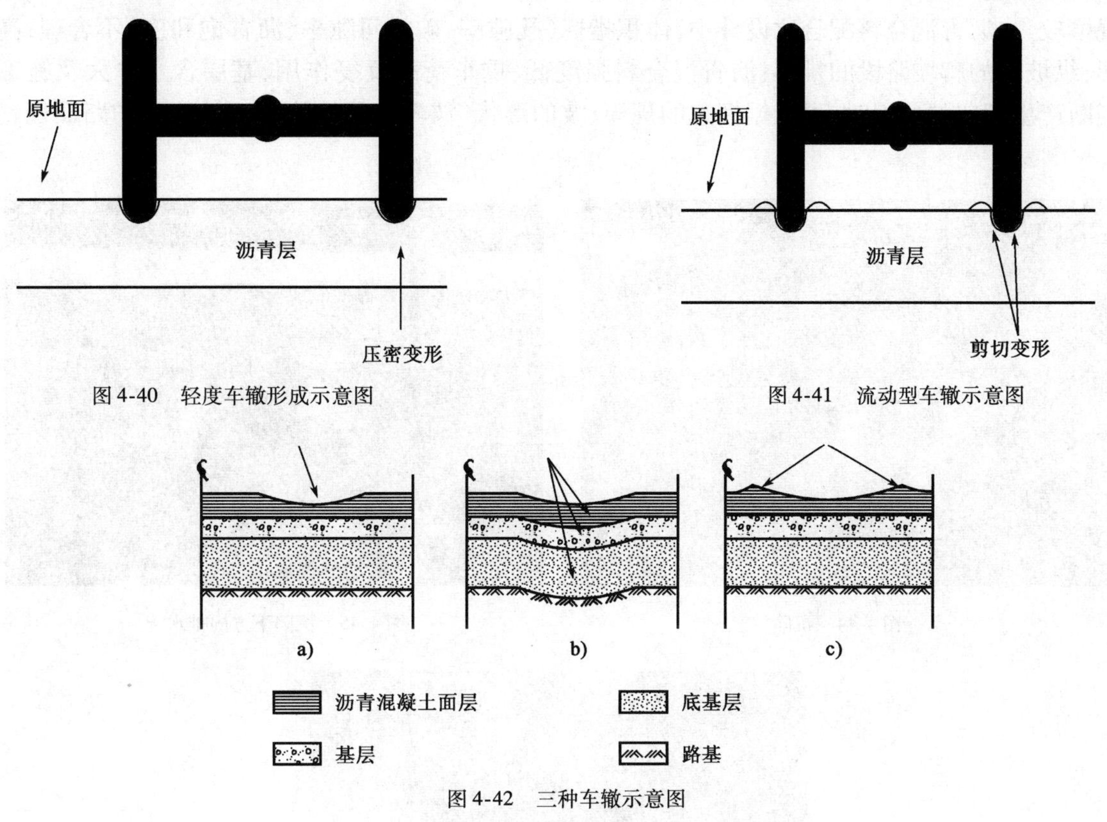

图4-40　轻度车辙形成示意图

图4-41　流动型车辙示意图

图4-42　三种车辙示意图

a)压密型车辙;b)结构型车辙;c)流动型车辙

三、沉　　陷

沥青路面下凹平均深度在1.5cm以上的局部凹陷称为沉陷。沉陷主要包括网裂沉陷和路基不良引起的沉陷。

1. 网裂沉陷

网裂沉陷多发生在行车道的轮迹带处,在沉陷处多伴随网裂。

图4-43是济青高速公路右幅K255+103处铣刨前的网裂沉陷情况,沉陷处有积水。网裂沉陷的原因主要有两个:一是由于行车荷载的作用,路面出现裂缝,雨水下渗后在轮胎泵吸作用下,半刚性基层的灰浆被吸出,导致基层破碎松散,沥青层破坏而下陷;二是基层局部成型不好、强度不足,在行车荷载的反复作用下路面发生网裂,雨水下渗后灰浆被吸出而下陷。

图4-43　K255+103处右幅网裂沉陷

2. 基础不良导致的沉陷

图4-44、图4-45为路基不良导致的沉陷。路面出现沉陷的主要原因是地下暗流的影响,此处布设有横向排水管,排水管在路基内部有水流出,不断侵蚀路基,水流将部分路基土带出,导致路基脱空,路面沉陷即随之发生。

除了路基脱空导致的沉陷之外,在济青高速上还有因软基和路基填料复杂导致的沉陷,如K186+880附近原为池塘,道路运营多年后因不均匀沉降多发沉陷。

四、拥　　包

拥包是在道路的纵向发生位移或是在车辆荷载作用下路面向前滑动而出现的路面变形,如图4-46所示。路面产生拥包的原因很多,可能有:层间黏结不好,在行车水平力作用下被拥起,这种原因产生的拥包表现为规模较大;沥青混合料配合比设计中,体积指标(孔隙率、矿料间隙率、沥青饱和度)不合理;高温下的流动变形;纵坡大的爬坡路段的推移;沥青混合料强度低、重车荷载反复作用、基层含水率大及施工质量等原因。判断产生拥包的原因时,可依据拥包的规模、波的形状(波峰波谷的陡缓)、波产生的路面位置等进行判断。

图4-44 沉陷

图4-45 沉陷下方的排水管

图4-46 济青高速公路某处拥包

第五章　济青高速公路沥青路面预防性养护

影响道路工作性能的因素是多方面的（图 5-1）。结构层所用的道路材料质量是否满足要求、材料组成设计与结构组合是否与交通轴重和交通量相适应、层间界面状态与连接程度、施工质量是否良好、路基支撑刚度是否与结构层应力相协调、地基承载能力与固结沉降的均匀性，这都属于道路的先天之本，决定与影响着抗轴载与环境作用的能力及病害类型。实际通行的轴载、交通量是道路病害发生原因、发生时间、发生部位的关键外部条件。而气候、环境作用（主要是水、温度与冰冻）是病害发展速度及破坏能力的催生与加速器，若养护不及时，将直接导致病害的快速恶化。预防性养护的核心是依据上述道路材料、结构、施工因素与交通条件及气候环境，在不同的时间、不同的路段，针对不同的病害，实施合理的养护维修技术，以优良的路面功能养护达到保护与延长道路结构使用寿命的目的。

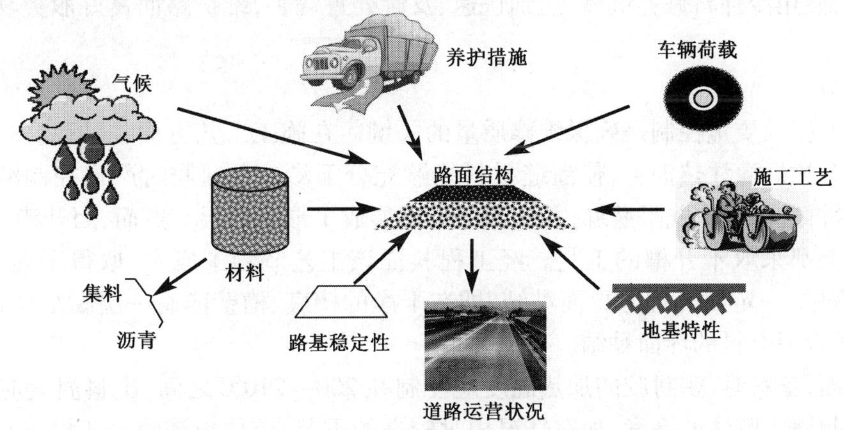

图 5-1　影响道路工作性能的因素图

沥青路面破坏类型呈现多样化，有些情况下同根病源却以不相同的破坏形式出现。诊断与判断病因、影响因素、养护维修效果及决策多阶段预防性养护技术十分重要。

对轴载大交通量的半刚性沥青路面，重载、超载问题仍是路面损害的主要原因，而重载车辆作用下的水损坏仍是路面预防性养护各个阶段必须注重的问题。因此，需要从路面结构工作特点与演变特性、材料和施工等多方面综合考虑预防性养护的决策和技术。

济青高速公路的预防性养护着重研讨与实践三个方面的问题，即适合济青高速公路沥青路面结构特征的预防性养护技术、路况评价方法及评价指标；不同路况下与最佳养护时机相适应的养护措施的确定；预防性养护策略与多阶段决策的养护方案选择。在确定预防性养护措施时，始终注重依据评价指标、考虑病害原因与路面结构体系工作特点确定预防性养护方案。不同路况条件下使用不同的预防性养护处置技术，获得了良好的预防性养护效果。

第一节　预防性养护的阶段性

预防性养护策略与多阶段决策的养护方案选择，贯穿了济青高速公路整个养护管理历程。道路运营的初期阶段主要预防早期损坏，封堵开裂，防止水损坏；随着道路平整度、抗滑系数等指标的下降，路面预防性养护进入路面功能修复阶段；当路面由结构疲劳导致路面综合服务水平严重下降时，采用以“局部预防性养护，逐步推进”的维修方式，进行专项维修工程来护持道路结构寿命。

一、第 一 阶 段

济青高速公路建成运营初期，在行车荷载与水的作用下，沥青面层追密、地基工后固结沉降、路基自密实与趋向平衡含水率的刚度波动、半刚性层强度生长过程中干缩开裂，使路面结构体系初期自身调整趋于稳定过程中，发生了横、纵向裂缝、唧浆泛油、局部车辙、沉陷等病害。养护管理工作以封缝堵水，根治与防止水损坏为预防性养护的重点。要及时封缝、修补坑槽、根治局部因施工质量造成的网裂。处置裂缝、坑槽这些“小”问题的施工工艺与施工质量的严格、精细，避免了因修补工艺、质量不精良产生新的“易损”创伤面。因此，此时小修保养工作的精细，裂缝和坑槽处置过程中修补技术、性能优良修补材料的选用，工艺研究及质量环节控制成为遏制路面早期水损坏与路面功能性损坏的关键。

1. 修补材料的应用

在济青高速公路早期的裂缝处置工作中，主要采用乳化沥青灌缝。乳化沥青具有较好的流动性和渗透性，有利于填充和治愈沥青路面的裂缝，提高沥青路面的密实性和防水性。2002 年后灌缝材料转为克莱福密封胶，该密封胶黏结能力强、弹性好、拉伸量大、不溶水、不渗水、高温不流淌、低温不脆裂、耐久性好，经工程实践证明是一种很理想的灌缝材料。

在处置坑槽时，使用冷补料修补坑槽，达到快速、及时处置病害，维护路面良好服务功能，保障行车安全的目的。

2. 质量控制环节

精细的工艺和严格的质量控制是确保维修质量的关键。在施工工艺方面，济青高速公路早期灌缝采用开槽机沿裂缝方向开槽后灌注热沥青，使灌缝材料能够充分下渗。在灌胶时严格控制灌缝机的走向，在灌好第一遍的 5min 后再进行一次找平灌缝，并使裂缝表面形成 T 形密封层。然而，因开槽会使裂缝缝隙扩大，近几年的灌缝基本上都采取不开槽的工艺。经工程验证该工艺节约了成本，取得了良好的灌缝效果。此外，在修补坑槽过程中，一定要处理好界面黏结，即在干净的槽底、槽壁薄刷一层黏结沥青（乳化沥青）作为黏层油，增加新旧沥青混合料的界面黏结。

在质量控制方面，备料时，密封胶的加热温度应控制在 200 ~ 210℃之间，出料温度应高于 180℃。而在灌缝时特别注意控制灌入胶体的高度，如在气温相对较高的季节，胶体应该略高于路面（高出 0.5 ~ 1mm），气温低的季节，胶体应该略低于路面（0.5 ~ 1mm）。

在路面整体保养工作中，春末夏初雨季到来之前灌缝，以封堵雨季雨水下渗。秋末的 10 月底至 11 月初灌缝，以封堵雨雪下渗。济青高速公路选择在每年的春秋两季进行全线灌缝，在保证灌缝材料充分填充的同时封堵了水、雨雪沿缝隙的下渗，保证了灌缝质量。

二、第 二 阶 段

济青高速公路在运营多年后，随着面层功能性病害的发生，道路平整度和抗滑性能降低，路面行驶质量下降，因此，这一阶段的主要任务是恢复路面功能。

济青高速公路每年都按计划采用先进检测设备对路面结构和功能指标进行检测，通过对检测数据的分析及时了解把握路面状况与路面结构性能的变化情况，为养护维修方案的制订提供根本依据。在这一阶段，济青高速公路采用的预防性养护是强调及时、精细的小修保养，局部路段采用封层、薄层罩面技术。维修时尽量不采取大动作，不创造新的结构薄弱面，维护路面结构的稳定性。这些处置措施都有效地提高了路面的防渗水能力并恢复了路面功能。例如 2004 年在济青高速公路青岛段实施了微表处，有效地防止了水的下渗，维护了路面结构的整体稳定，恢复了路面使用功能。

三、第 三 阶 段

路面结构带伤工作多年后，路面表观病害严重，路面整体刚度下降。由于结构层内部自身调整，结构体系仍基本处于较均匀的支撑状态。这一阶段的主要任务是恢复路面功能、防止水损坏，局部根治病害，延长道路的使用寿命。

济青高速公路在预防性养护工作中，适时科学地实施了局部挖补、整体罩面的维修方案，从济南至青岛逐步推进专项罩面维修工程，并且在维修过程中尽量不采取大动作，保证路面结构处于稳定的工作状态。

在具体的维修过程中，局部挖补，补强后摊铺沥青混凝土罩面。通过对铣刨到基层路段设置横向顶管，在凹曲线底部进行人井顶管等方式，完善防排水设施；对水损坏严重的碎裂基层路段，挖除后采用大粒径沥青碎石柔性基层。中下面层采用 AC—20、AC—25 改性沥青混合料，面层采用 SMA—13 改性沥青马蹄脂碎石混合料。

在材料使用上，充分考虑沥青面层的抗滑、耐磨、密水性和抗车辙能力，柔性基层较好地解决与延缓反射裂缝问题。

在预防性养护中，始终注重新技术、新材料的应用，这对确保预防性养护维修质量至关重要。例如在处理济青高速高密段刚性基层病害时，首次使用了断裂稳固技术，经过一个雨季的验证，昔日路面病害多发区现在路况稳定，维修效果显著。在维修罩面材料方面：

(1)罩面材料采用具有耐久性、抗疲劳和抗车辙性能的 SMA—13 密级配改性沥青混凝土。

(2)中面层采用沥青黏度大、高温稳定性能好的天然岩沥青改性沥青混凝土，提高沥青混合料的抗水损害、抵抗车辙变形的能力。

(3)封层材料采用 SBS 改性沥青，既能够加强不同结构层间的结合，改善结构层之间整体受力的工作状态，预防面层产生对应裂缝，又能有效防止雨水下渗，避免沥青面层产生水损坏，以及避免沥青面层产生水损坏后，大量水分继续下渗到土基造成土基湿软、路基路面整体强度降低，产生结构破坏。

(4)当必须铣刨基层时，铣刨后上基层采用 LSPM—30 铺筑。LSPM—30 具有优良的透水性能，进入路面结构内的水经过 1 ~2h 就可排出结构外，可以避免路面结构内部长期积水和动水压力的产生，减少路面结构水损坏。

济青高速公路预防性养护过程中，结构工作演变特点与病害发生机理及病害演变历程始终是进行预防性养护决策与技术选择的依据，防止重载车作用下的水损坏引发结构水损坏始终是注重的技术策略。因而能在不同路龄、路况下适时把握与最佳养护时机相适应的养护措施的确定。

第二节　预防性养护评价指标与养护时机

一、预防性养护评价指标的选用

济青高速公路在预防性养护路况评价中，对评价指标的使用也进行了研究。因为在预防性养护检测与维修过程中发现，有的路段弯沉代表值与方差较小，但路面水损害严重，出现坑槽、唧浆、纵横向开裂，采用局部挖填后薄层罩面获得了良好效果；有的路段弯沉代表值偏大，路面出现纵裂与沿轮迹带的浅形沉陷变形，综合路面状况指数 PCI 却并不是很大，这时采用薄层罩面，亦取得了良好运营效果。

在使用这些指标的工程实践中，养护工作者不断思考着一个问题：弯沉可以反映路面结构当前的工作状态，是路面结构潜在问题的一个反映信号。应把弯沉所反映的结构工作状态与路面功能状况评价指标结合考虑，分析路面功能衰减的因素、速率，依此抉择预防性养护技术。

济青高速公路在预防性养护路况评价中，首先使用多功能检测车进行路面状况评价。然后，依据路面状况指数 PCI 进行路段划分，有侧重地进行弯沉检测以判断结构支撑强度的均匀性。在确定维修路段后，重新使用自动弯沉车、必要时采用 FWD 落锤式弯沉仪实测弯沉盆，进行弯沉值、盆形及结构反演计算分析，预测结构破损、结构能力与结构稳定性，分析结构工作状态与路面功能损坏的关系。

采用弯沉并结合路面状况指数 PCI、行驶质量指数、抗滑系数、车辙等指标，加之徒步观察判断，综合考虑后决定预防性养护时机的把握和技术的抉择。

二、预防性养护时机的把握

预防性养护临界状态的基本含义，国外一般认为，当路面质量下降40%、路面使用年限达到路面寿命的75%时的状态称为临界状态。此后，随着轴重的累积，路面的服务状况急剧下降，路面的裂缝、坑槽增多增大，路面颜色变浅。为了及时遏制沥青路面状况的进一步恶化，可在临界点之前进行预防性养护，使路面的服务水平一直维持在较好的水平，延长路面使用寿命，减少养护成本。

对半刚性基层沥青路面，预防性养护的临界状态与交通轴重、交通量和原路面的结构组合、界面连接、施工质量及自然气候环境有关。济青高速根据代表弯沉值与弯沉分布的变异性大小及弯沉盆形状来判断结构工作状态，预估结构寿命；依据路面状况综合评价指数来分析路面的破损状况与程度；再根据路面实际状况的目测、芯样与必要的模拟计算，分析路面病害原因、路面质量下降的程度及路面寿命状况来把握预防性养护技术实施的最佳时机。在合适的时机选择合适的预防性养护技术以遏制病害的发生，预测预防性养护的效果及后续预防性养护的成本。

适时把握预防性养护措施的使用条件与时机是道路预防性养护的重要理念和抉择。在进行预防性养护时，依据路面实际的破坏状况，进行预防性养护的临界破坏状态分析，才能科学地确定预防性养护的最佳时机。

第三节　预防性养护新技术、新材料的应用

一、微表处的应用

1. 工程概况

济青高速公路青岛段自建成至2003年年底，已经通车运行整十年，随着通行交通量逐年增加，车辆荷载类型趋于多样化、大型化，青岛段路面病害已显现出频发征兆，如部分沥青路面及桥面先后出现了裂缝、坑槽、松散、麻面、车辙等病害，根据病害发展状况判断青岛段路面已经进入养护周期，需要进行预防性养护延长路面使用寿命，节约养护成本。

根据2003年度路况调查和养护质量评定资料分析，青岛段路面结构整体情况稳定，路面病害多为季节性和荷载综合作用所致，可以采用微表处工艺对青岛段沥青路面及桥面进行养护罩面，以恢复路面的使用功能。具体调查数据汇总如下：

(1)2003年第二季度，济青高速青岛段MQI为96.9，其中路面养护质量指数PQI略低，K284～K286、K302(下行)路面现场检查发现路面坑槽及横向裂缝较多，产生原因为车辆荷载综合作用所致，属季节性常发损害。

(2)2003年第三季度，济青高速青岛段MQI为96.4，其中路面养护质量指数PQI上行为95.9，下行为94.7，平均值为95.3。其中K292～K298(双向)路面养护评定数值PQI较低，现场检查发现路面坑槽及横向裂缝较多，产生原因为夏季雨水渗透所致，同二季度一样属季节性常发损害。

(3)2003年第四季度，济青高速青岛段MQI为96.7，其中路面养护质量指数PQI上行为96.2，下行为95.2，平均值为95.7，略高于第三季度的原因是雨季结束后对路面坑槽进行了细致彻底的修补，同时路面病害频发现象随着雨季结束大为减少，反映在评价指标上略高于三季度。病害类型也由坑槽、拥包类变为裂缝类，K295(下行)路段现场检查发现有纵向及横向裂缝较多，产生原因为行车荷载作用下而产生的结构破坏裂缝，处理结果为针对冬季施工特点因地制宜，利用现有灌缝设备作业修补。

根据对2003年三个季度的路况调查和质量评定对比，可以得出结论：青岛段路面具备进行微表处的技术条件和施工条件，作为一项预防性养护技术在省内初次工程使用。

2004年济青高速青岛段进行了微表处处置，工程桩号范围为济青高速公路K282+503.83～K318+299.19(左侧)，总计长度为35 795.37m，工程量277 414.12m^2，设计厚度为1cm。

2. 施工材料及设备选择

(1)材料种类

矿料：采用山东昌乐产玄武岩。

改性乳化沥青：采用壳牌成品 SBR 改性乳化沥青。

水泥：淄博产 P.O32.5 普通硅酸盐水泥。

水：料场饮用水。

(2)材料要求

①对矿料的要求见表 5-1。

集料主要技术指标　　表 5-1

	指　标	技术要求	结　果	试验方法
粗集料	压碎值(%)	≤20	19	JTJ 058—2000(T0316—2000)
	洛杉矶磨耗值(%)	≤30	28	JTJ 058—2000(T0317—2000)
	视密度(t/m^3)	≥2.5	2.6	JTJ 058—2000(T0304—2000)
	吸水率(%)	≤2.0	1.9	JTJ 058—2000(T0308—2000)
	黏附性	≥4 级	≥4 级	JTJ 058—2000(T0616—2000)
	针片状(%)	≤12	10	JTJ 058—2000(T0312—2000)
	含泥量(%)	≤1	0.7	JTJ 058—2000(T0310—2000)
	磨光值(BNP)	≥42	42	JTJ 058—2000(T0321—2000)
细集料	砂当量(%)	≥65	67	JTJ 058—2000(T0334—2000)
	细集料紧固性(%)	≤12	12	JTJ 058—2000(T0314—2000)
	视密度(t/m^3)	≥2.5	2.6	JTJ 058—2000(T0329—2000)

②集料级配范围及与标准配合比容许偏差范围见表 5-2。

集料级配范围及与标准配合比容许偏差范围　　表 5-2

筛孔尺寸(mm)	9.5	4.75	2.36	1.18	0.6	0.3	0.15	0.075
通过率(%)	100	70~90	45~70	28~50	19~34	12~25	7~18	5~15
容许偏差(%)	5	5	5	5	5	4	3	2

③改性乳化沥青的要求见表 5-3。

改性乳化沥青的主要技术指标　　表 5-3

测试项目		技术要求	结　果	试验方法
破乳速度		慢	慢	JTJ 052—2000(T0658—1993)
剩余残留物(1.18mm),%		<0.1	0.015	JTJ 052—2000(T0652—1993)
沥青标准黏度 C25.3(s)		12~60	20	JTJ 052—2000(T0621—1993)
恩格拉黏度 E25(25℃)		3~30	4.9	JTJ 052—2000(T0622—1993)
存储稳定性(1d),%		<1	0.2	JTJ 052—2000(T0655—1993)
裹附试验		>2/3	>2/3	JTJ 052—2000(T0654—1993)
电荷		阳离子	阳离子	JTJ 052—2000(T0653—1993)
蒸发残留物性质	蒸发残留物含量	60~65	63	JTJ 052—2000(T0651—1993)
	针入度 25℃,0.1mm	40~90	70	JTJ 052—2000(T0604—1993)
	软化点,℃	≥57	58.5	JTJ 052—2000(T0606—1993)
	延度 5℃,cm	≥20	>60	JTJ 052—2000(T0605—1993)
	溶解度(三氯乙烯),%	>97.5	>99	JTJ 052—2000(T0607—1993)

(3)设备选择

微表处施工选用GYXF-1235B型改性稀浆封层摊铺机摊铺,该设备装有强力双轴搅拌系统,物料配比PC程序控制准确,搅拌均匀,混合料质量稳定,可与国外同类产品相媲美,是微表处施工摊铺的专用设备。

3. 施工配合比设计

按照《公路沥青路面施工技术规范》(JTG F40—2004)和招标文件的要求,采用监理工程师认可的方案,根据实验室的试验数据和工程材料的实际情况,以及试验段的试验数据,来确定实际的施工情况和施工方案,指导实际的施工,确定材料的用量和配比。

在施工前进行配合比优化设计,设计结果报质检工程师审批。配合比设计完成以下试验:

(1)拌和试验

拌和试验用于检验稀浆混合料破乳速度和可拌和时间,要求对应施工环境温度下的可拌和时间不小于120s,测试方法ISSA TB113。

(2)稠度试验

稠度试验用于检验稀浆混合料的用水量是否合适。用水量过少会造成摊铺困难,过多则造成稀浆混合料离析流淌和延迟开放交通时间。对于现场稠度的检测可以采用如下两种方法:

①如果备有锥体稠度仪,则从拌和箱内取样后立刻进行稠度试验,当稠度仪为2~3mm,表明用水量合适;

②如果没有锥体稠度仪,则可采用如下方法,即用一根细棍(直径约2mm),在刚铺的封层上划一条细痕,若细痕慢慢愈合,则表明用水量过多,如果细痕保持不变,则表明用水量合适。

(3)黏聚力试验

黏聚力试验是确定稀浆混合料的初凝时间和开放交通时间,确保微表处的早期养护和封闭交通的时间。对于微表处,要求初凝时间小于30min,黏聚力大于120N·cm;固化开放交通时间小于60min,黏聚力值大于200N·cm。

(4)湿轮磨耗试验

主要用来控制改性乳化沥青的最小用量,防止施工后集料脱落,浸水1h、6d的要求磨耗值小于538 g/m^2、807 g/m^2。

(5)负荷车轮试验

为防止微表处实施后的泛油,采用负荷车轮试验控制最大沥青用量。采用ISSA TB109规范方法测试,粉砂量测试值小于538g/m^2。

4. 施工准备

对各种原材料进行试验,并经目标配合比设计确定集料配合比和油石比。对用于施工的各类机械做全面的检查、调试,使之处于良好状态,重要的机械设备备用配件。

在微表处施工前首先要对原路面病害进行预处理,根据不同病害破损的特征及产生原因制订行之有效的处理措施,及时消除质量隐患和防止病害的扩大,从而保证微表处施工的质量和路面使用期限。

(1)裂缝的处理

裂缝的处理采用科乐福道路密封胶与灌缝设备进行沥青路面灌缝,其施工工艺如下:

①用专用路面开槽机切出宽15~20mm,深约20mm的缝;

②用吹风机将碎料及杂物清理干净;

③将灌缝用的道路密封胶用灌缝机的加热设备加热至170~190℃;

④用灌缝机将道路密封胶灌入裂缝内,每边宽出10mm,高出原路面3mm,撒少量砂或石屑后开放交通。

(2)坑槽的处理

施工准备:修补前对需修补路线的路况进行详实调查,准确掌握路面的结构、厚度及产生病害的原因与机理,从而制订相应的修补方案。

坑槽处置的施工工艺:

①施工放样:开槽前进行放样,按"圆洞方补,斜洞正补"原则,画出大致与路中心线平行或垂直的挖槽修补轮廓线(长方形或正方形),放样大小比已损坏部分每边放出10cm。

②开槽按顺序进行,先开需修补基层的坑槽,在基层补强养生期满后,铺筑面层前要用割缝机切齐面层部分,开槽槽壁要垂直,槽底、槽壁应清除干净。

③将乳化沥青均匀涂抹于槽底和槽壁,待破乳后倒入热沥青混合料,摊铺厚度略高于原路面。

④利用小型压实设备反复碾压,待表面降温后开放交通。

(3)路面存在严重车辙时应先进行车辙处理,再进行微表处施工

(4)其他类型病害处理按照规范要求进行修补

修补完成后,对需要加铺封层的路面应事先将所有的杂物、灰尘、松动的材料、泥块等任何障碍物加以清除。应在人工清扫或机械清扫后进行高压气吹或水冲。当原路面空隙率很大或透水性很强时,应避免用水冲洗。原路面有大块油污时,应将其清除,以免影响微表处与路面的黏结。

5. 施工流程

施工流程如图5-2所示。

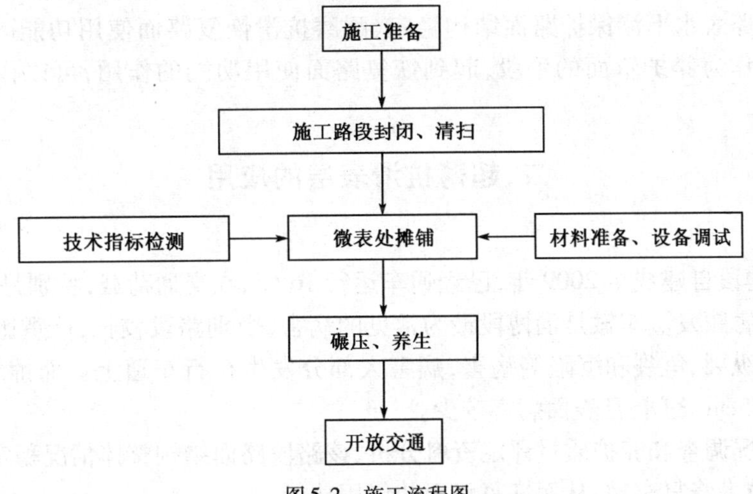

图5-2　施工流程图

6. 质量检测

质量检测见表5-4及表5-5。

稀浆混合料性能检测要求　　表5-4

序号	项目	要求或允许误差	检测频率		检验方法
			范围	次数	
1	矿料质量	符合规范要求	批次/200t	1	见表5-6、表5-8
2	改性乳化沥青	符合规范要求	批次/50t	1	
3	矿料裹覆性	>2/3	每车料	1	目测
4	油石比	±0.5%(单次) ±0.2%(日均)	一天施工段	1	抽提法、计算法
5	矿料级配	见表5-10	一天施工段	1	筛分法
6	水泥用量	±1%	一天施工段	1	计算法
7	摊铺量	±1kg/m²	一天施工段	1	计算法

此外还需进行外观鉴定:

(1)表面平整、密实、无松散、无轮迹;

(2)纵横缝衔接平顺,外观色泽均匀一致;

(3)与其他构造物衔接平顺;

(4)摊铺范围以外无流出的稀浆混合料;

(5)表面粗糙,无光滑现象;

(6)微表处厚度应不小于10mm,或根据监理工程师指示控制。

微表处面层实测项目 表5-5

项次	检查项目		规定值或允许偏差	检查方法
1	平整度		比原路面提高	3m直尺法
2	抗滑	摩擦系数	≥50	摆式仪:每200m每车道测1处
		构造深度	≥0.6mm	砂铺法:每200m每车道测1处
3	厚度		不小于要求厚度	每200m每车道测1处
4	渗水		0	每200m每车道测1处

7. 维修效果

济青高速公路青岛段2004年实施微表处,至2005年年底经过一年多的运行发现,微表处表现出良好的路用性能,达到了防止路表水下渗保护路面结构稳定、耐磨抗滑恢复路面使用功能的效果。在路面结构整体稳定的前提下,可以作为养护罩面的手段,起到恢复路面使用功能的作用,可以作为中期养护措施加以推广。

二、超薄抗滑表层的应用

1. 工程概况

济青高速公路淄博段自建成至2009年,已经通车运行16年,在交通荷载,特别是重载、超载交通的反复作用下,淄博段路面病害频发。车辙是淄博段最为常见的病害,个别路段较长,严重影响了该路段的服务水平。部分路段有横裂、纵裂、龟裂和沉陷等病害,病害大部分发生在行车道上。而铺筑超薄抗滑表层路段,车辙深度约在1.5~2.5cm之间,且表面病害较少。

根据2009年度路况调查和养护质量评定资料分析,该路段路面结构整体情况稳定,病害主要是车辙,因此采用超薄抗滑表层技术修复车辙,从而恢复路面的使用功能。

2010年在淄博段K52+532~K52+980、K58+410~K58+690和K95+550~K96+305等13km路段铺筑了超薄抗滑表层(BBTM—10)。在对病害进行局部处置后,铣刨掉表层2cm,洒布黏层沥青,重铺2cm改性沥青超薄抗滑表层。

2. 施工材料及设备选择

(1)材料种类

集料:采用山东章丘十九郎产玄武岩。

沥青胶结料:采用山东省高速公路建设材料有限公司产SBS改性沥青。

纤维稳定剂:采用山东日照宏祥有限公司产木质素纤维。

填充料:采用济南产石灰岩质矿粉。

(2)材料要求

①集料。所有的矿料必须无塑性,矿料中小于0.075mm的部分塑性指数小于4。

细集料采用由反击式或锤式破碎机生产的硬质岩集料经过筛选的小于3mm的部分,其具有较好的角砾性,可以作为人工砂使用。其他指标参见《公路沥青路面施工技术规范》(JTG F40—2004)。本工程对集料的要求见表5-1,本工程集料级配范围及与标准配合比容许偏差范围见表5-2。

②沥青胶结料。薄层磨耗层混合料采用SBS改性沥青,应满足《公路沥青路面施工技术规范》(JTG F40—2004)中SBS改性沥青I-D的技术标准要求。SBS的掺量最好在5.0%以上,考虑原料造价和剪切加工水平,SBS的加入量最好控制在5.0%~6.0%。

本工程对SBS改性沥青的主要技术要求见表5-6。

SBS 改性沥青主要的技术要求　表 5-6

技术指标		试验方法
针入度 25℃,100g,5s(0.1mm)最小	60	JTJ 052—2000
软化点,TR&B(℃)最小	65	JTJ 052—2000
运动黏度 135℃,(Pa.s)最大	3	JTJ 052—2000
闪点(℃)最小	230	JTJ 052—2000
溶解度(%)最小	99	JTJ 052—2000
旋转薄膜烘箱试验(RTFOT)后残留物		JTJ 052—2000
质量损失(%)最大	1.0	JTJ 052—2000
针入度比 25℃(%)最小	60	JTJ 052—2000

③纤维稳定剂

木质素纤维的质量应符合《公路沥青路面施工技术规范》(JTG F40—2004)表 4.11.1 规定,掺加量是沥青混合料的 3‰(外掺),掺加比例以质量计。本工程对木质素纤维的质量技术要求见表 5-7。

木质纤维质量技术要求　表 5-7

项　目	指　标	试验方法
纤维长度,不大于 mm	6	水溶液用显微镜观测
灰分含量%	18 ±5	高温 590 ~600℃燃烧后测定残留物
pH 值	7.5 ±1.0	水溶液用 pH 试纸后 pH 计测定
吸油率,不小于	纤维质量的 5 倍	用煤油浸泡后放在筛上经振敲后称量
含水率(以质量计),不大于	5	105℃烘箱 2h 后冷却称量

④填充料

填充料采用石灰岩质矿粉。为了提高沥青混合料的抗水损害能力,矿粉在生产过程中加入混合料总量为 1.3% ±0.3% 的生石灰粉。混合料中生石灰粉与矿粉的质量比为 15 ±5 : 85 ±5。小于 0.075mm 部分细料含量的多少对沥青混合料的体积性能有较大的影响,集料筛分采用水筛法,合成级配必须考虑控制细集料本身带有的小于 0.075mm 粉尘部分的含量。本工程对矿粉的质量技术要求见表 5-8。

沥青混合料用矿粉质量技术要求　表 5-8

项　目	规定值	试验方法
表观密度,不小于(t/m^3)	2.5	T 0352
含水率,不大于(%)	1	T 0103 烘干法
粒度范围 <0.6mm(%)	100	
外观	无团粒结块	—
亲水系数	<1	T 0353
塑性指数(%)	<4	T 0354
加热安定性	实测记录	T 0355

(3)施工设备

维特根 W2000 型铣刨机;

封层沥青洒布车;

石屑洒布车　斯太尔-25t;

宝马振荡压路机 BW203AD-4AM 13t。

3. 施工配合比设计

标准配合比按照目标配合比、生产配合比、生产配合比设计验证三个阶段进行,并已委托有相应资质的实验、科研机构进行配合比设计和施工技术咨询。生产过程中以批准标准配合比设计为依据,按照不同粒径规范允许的允许偏差进行控制。级配控制根据工程实际所采用的矿料可能进行下一步的调整。

(1)目标配合比设计阶段:对工程采用的原材料通过适当的矿料结构设计确定适宜的矿质混合料配合比,通过马歇尔试验确定最佳沥青含量,根据确定的矿质混合料配合比和最佳沥青含量进行沥青混合料试拌,对混合料的水稳定性、高温稳定性、低温抗裂性和渗水系数进行检验。各种性能都合格,便确定了目标配合比,否则继续调整。根据目标配合比设计所确定的矿料级配组成和最佳沥青含量作为目标配比,供沥青拌和站确定各冷料仓的供料比例、进料速度及试拌使用。

(2)生产配合比设计阶段:沥青混合料的生产应采用间歇式拌和站。调整冷料仓进料速度以后,对拌和站热料仓取样筛分。调整热料仓比例,由于拌和站取样误差以及除尘设备回收细料滞后等方面的影响,通常需要分成调成集料级配和确定沥青含量两步骤进行,并需多次调整。首先确定热料仓比例,分别取三种热料仓配合比加沥青拌和,混合料级配以从拌和站连续生产时取的沥青混合料抽提结果为准,分析调整这三个级配,确定出最好的配合比。然后,取目标配比的最佳沥青含量、最佳沥青含量 ±0.3% 等三个沥青含量进行试拌,进行抽提和马歇尔试验,确定出生产的最佳沥青含量确定。

(3)生产配合比设计验证阶段:对反复调整确定的拌和站热料仓比例和最佳沥青含量进行试拌、铺筑试验,并对生产的沥青混合料取样抽提和马歇尔试验。试验段取样不少于三次,取样以从拌和站直接接取的样品为准。根据试验路确定的热料仓比例和最佳沥青含量为生产的标准配合比。满足各项要求的试验段抽提平均的各筛孔通过率为用于生产控制的标准级配曲线。

(4)确定施工级配允许波动范围。根据标准配合比和质量管理要求中各筛孔的允许波动范围,制订施工级配控制范围,用以检查混合料的生产质量。

薄层磨耗层混合料的技术指标要求见表 5-9。

混合料马歇尔试验技术要求 表 5-9

技术指标	单位	要求值	试验方法
击实次数	次	两面各 75	T 0702
空隙率	%	3.5~4.5	T 0708
矿料间隙率 VMA	%	≥17	T 0708
沥青饱和度 VFA	%	75~85	T 0708
谢伦堡析漏试验结合料损失	%	≤0.1	T 0372
肯塔堡飞散试验混合料损失	%	≤15	T 0733
冻融劈裂残留强度比	%	≥80	T 0729
车辙动稳定度 DS(60℃)	次/mm	≥3 000	T 0719
车辙作用 2 000 次后相对变形系数	%	≤15%	—
渗水系数	mL/min	≤80	T 0730
表面构造深度 TD	mm	0.6~0.8	T 0961
车辙作用 2 000 次后辙槽构造深度变化	%	≤50%	—

4. 施工准备

铺筑超薄抗滑表层路段,施工前应先对路面出现的横裂、纵裂、龟裂、沉陷、唧浆、泛油、坑槽、麻面、烧伤等病害进行处理,将病害层位铣刨或挖除,原则是损坏到哪层就处理到哪层,产生病害的软弱层位需彻底处理后方可铺筑超薄抗滑表层。

5. 施工流程

施工流程如图 5-3 所示。

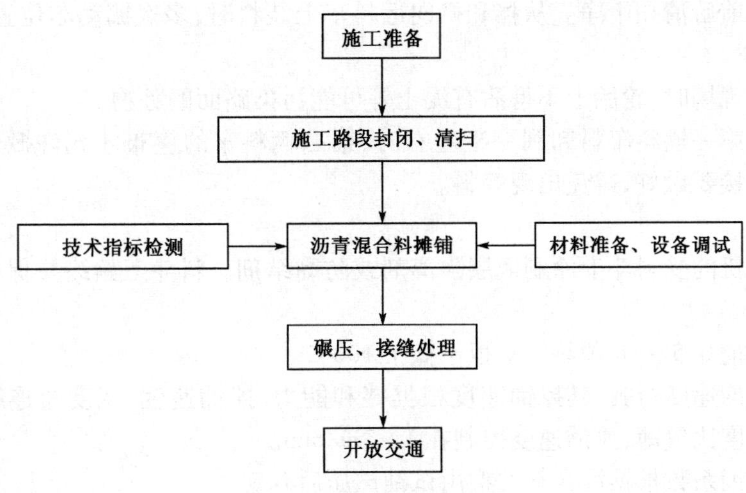

图5-3　施工流程图

(1)料堆

料堆应有硬化的倾斜铺面,并且有足够的排水系统以帮助从料堆中排水,装载机驾驶员应从有太阳的倾斜面对上取料,并避免使用料堆底部的集料。避免不同类型的集料混放。并避免细集料过湿影响,从料斗中自由下落。为了避免因含水率的不同造成冷料仓进料比例变化,细集料料堆应架设防雨棚。

(2)混合料的拌和

沥青混合料其质量控制主要指标宜采用总量控制与动态变化图控制指导生产。总量控制是根据每天拌和站各热料仓实际生产量计算合成级配和沥青用量与抽提结果相配合作为沥青混合料级配的质量控制手段。主要控制指标有:马歇尔空隙率、矿料间隙率 VMA、沥青含量、0.075、2.36、4.75 和最大工程尺寸的通过率。拌和场混合料的控制偏差允许范围见表5-10。

拌和站试拌混合料允许偏差　　表5-10

混合料组成性质	允许偏差极限		
	逐盘监测	抽提筛分	总量检验
沥青胶结料用量(P_b)	±0.30%	±0.30%	±0.1%
≥4.75mm	±5%	±4%	±2%
≤2.36mm	±3%	±3%	±2%
0.075mm	±2%	±2%	±1%
空隙率(V_a)		±1%	
矿料间隙率(VMA)		±1%	

本工程沥青胶结料采用 SBS 改性沥青,沥青混合料的出料温度一般应控制在 170~180℃,沥青加热温度一般控制在 160~170℃。矿料加热温度一般控制在 175~185℃,混合料的废弃温度一般为 190℃。考虑到薄层混合料摊铺厚度比较薄,施工过程中温度损失较快,可根据现场温度情况适当上调 5℃。BBTM 混合料生产不允许使用回收粉。

(3)混合料的运输

①运料车必须加盖篷布和箱板双层棉进行保温覆盖。

②车厢底板应涂刷油水隔离剂。

③本工程投入沥青混凝土运输车辆的数量为 30 辆,已充分考虑了拌和机的产量、摊铺速度、运距、等候卸料时间等问题。

④连续摊铺过程中,运料车在摊铺前 10~30cm 处停下,不得撞击摊铺机。卸料时运输车挂空挡,靠摊铺机推动前进。

⑤运料车每次使用前后清扫干净。从拌和机向运料车上装料时,多次挪动车位置,平衡装料,以减少混合料的离析。

⑥运料车进入摊铺现场时,轮胎上不得沾有泥土等可能污染路面的脏物。

⑦现场摊铺过程中第一辆料车料卸到一半左右时,第二辆料车的篷布才允许掀开,做好卸料准备。空料车与后一辆料车的衔接要做好,避免出现等料。

(4)混合料的摊铺

①沥青摊铺前摊铺机的受料斗上涂刷薄层隔离剂或防黏结剂。料斗上始终要保持有存料,以确保路面铺筑的连续性。

②摊铺机开工前提前0.5~1h预热熨平板不低于100℃。

③摊铺机应以均匀的速度行驶,其摊铺速度根据拌和能力、摊铺速度、宽度及连续摊铺的长度而定,考虑到薄层混合料摊铺厚度比较薄,摊铺速度控制在1~2m/min。

④沥青混合料的松铺系数根据混合料类型由试铺试压后确定。

⑤摊铺机的螺旋布料器相应于摊铺速度调整到保持一个稳定的速度均衡地转动,两侧保持有不少于送料器的2/3高度的混合料,以减少在摊铺过程中混合料的离析。

⑥在机械正常摊铺过程中,不宜用人工反复的修整。只有在特殊情况下,如离析、边部缺料的缝隙或局部缺陷,才需要人工处理。

⑦如已摊铺的沥青层因遇水未行压实的应予铲除。

⑧为了保证混合料的初始压实,摊铺机熨平板应具有合适的振捣频率和振幅。摊铺过程应注意减少离析现象;对于纵向接缝的处理,第一是保证摊铺出的沥青混合料不离析,第二是避免使用冷接缝。在摊铺过程中绞笼中的混合料不得少于2/3。混合料摊铺后温度要求不低于165℃。

⑨在雨季铺筑沥青路面时,加强与气象台(站)的联系,已摊铺的沥青层因遇水未行压实的将予铲除。

(5)混合料的压实

为达到良好的压实效果,在本工程中使用较大吨位的高频振动压路机,不采用胶轮压路机,基本配备如下:

10~16t双轮振动压路机　　2台

7~11t钢轮压路机　　2台

碾压应该按照"紧跟、慢压、高频、低幅"的原则进行,压路机通常应紧跟摊铺机,振动压路机应尽可能地减少撒水量以不粘轮为宜,保持合理的压实速度。

①初压:采用振动压路机高频低幅强振碾压4遍,紧跟摊铺机后,驱动轮面向摊铺机,从外侧向中心碾压,在超高路段则由低向高碾压,在坡道上应将驱动轮从低处向高处碾压。压实速度控制在3~5km/h,后退时轮迹应与前进时重合,相邻应使轮迹重合20cm左右。

②复压:紧跟初压后开始,不得随意停顿。采用钢轮压路机,慢速碾压3遍,相邻碾压带应重叠1/3~1/2的碾压宽度。

③终压:紧跟复压之后进行,采用钢轮压路机关闭振动碾压2遍,至无明显轮迹为止。

(6)接缝处理

沥青路面接缝,均采取毛茬热接的施工方法。上面层的侧面喷涂3~5mm厚改性沥青聚合物密封材料,以防止雨水渗入。上面层侧壁喷涂改性沥青聚合物密封材料,用量根据现场试验确定,一般控制在0.3~0.5kg/m。

(7)开放交通

当新铺的沥青层温度低于50℃时,方能允许车辆在上面行驶。

6. 施工中的质量控制

(1)在沥青拌和过程中沥青拌和厂应按以下步骤进行沥青混合料生产过程质量控制:

①从料堆和皮带运输机随时目测各种材料的质量和均匀性,检查泥块及超粒径碎石,检查冷料仓有无

串料。

②检查控制室拌和机各项参数的设定值、控制屏的显示值，核对计算机采集和打印记录的数据与显示值是否一致。

③检测沥青混合料的材料加热温度、混合料出厂温度，取样抽提、筛分检测混合料的矿料级配、油石比。

④取样成型试件进行马歇尔试验，测定空隙率、稳定值、流值，计算合格率。

(2)沥青路面摊铺过程中必须随时对铺筑质量进行评定，压实度应采取重点对碾压工艺进行过程控制：

①碾压工艺的控制包括压路机的配置(台数、吨位及机型)、排列和碾压方式、压路机与摊铺机的距离、碾压温度、碾压速度、压路机洒水情况、碾压段长度、掉头方式等。

②压路机碾压时前进与后退的轮迹重合，严禁猛打方向，相邻轮迹要保证重合20cm以上，振动开启与关闭在行进中操作，以防压出坑槽。

③对于薄层磨耗层混合料摊铺后温度要求不低于170℃，初压结束温度控制在165℃左右，终压温度控制在110～120℃左右。

④控制好摊铺和碾压温度，及时调节施工速度保证混合料在最佳温度碾压。

⑤施工过程中应随时对路面进行外观(色泽、油膜厚度、表面空隙)评定，尤其特别注意防止粗细集料的离析和混合料温度不均，造成路面局部渗水严重或压实不足，酿成后患。如果确定该路段严重离析、渗水，且经2次补充钻孔仍不能达到压实度要求，精确施工质量差的，应予以铣刨或局部挖补，返工处理。

⑥施工过程中必须随时用3m直尺检测接缝及构造物连接处的平整度。

⑦对于薄层磨耗层混合料的压实度要求大于98%。压实度采用空隙率作为补充控制指标，要求压实后路面空隙率的平均值为4%～6%，极限值为3%～7%。最大理论密度的确定以计算法为准。另外，铺筑后的成品路面应当进行渗水试验，渗水系数不大于200mL/min。

7. 质量检测

质量检测内容见表5-11。

热拌沥青混合料路面施工检测标准　　表5-11

项目		检查频率及单点检验评价方法	质量要求或允许误差	试验方法
外观		随时	表面平整密实，不得有明显的轮迹、裂缝、推挤、油丁、油包缺陷，且无明显离析	目测
接缝		随时	紧密平整、顺直、无跳车	目测
		逐条缝检测评定	3mm	T 0931
施工温度	摊铺温度	逐车检测评定	符合规范要求	T 0981
	碾压温度	随时	符合规范要求	插入式温度计实测
厚度	每一层次	随时，厚度50mm以下 厚度在50mm以上	设计值的5% 设计值的8%	T 0912
	每一层次	1个台班区段的平均值 厚度50mm以下 厚度50mm以上	-3mm -5mm	附录G总量检验
	总厚度	每2 000m² 一点单点评定	设计值的-5%	T 0912
	上面层	每2 000m² 一点单点评定	设计值的-8%	
压实度		每2 000m² 检查一组，逐个试件评定并计算平均值	试验室标准密度的97%(98%) 最大理论密度的93%(94%) 试验段密度的99%(99%)	T 0924 T 0922 规范附录E
平整度(最大间隙)	上面层	随时接缝处单杆测定	3mm	T 0931
	中、下面层	随时接缝处单杆测定	5mm	T 0931

续上表

项目		检查频率及单点检验评价方法	质量要求或允许误差	试验方法
平整度（标准差）	上面层	连续测定	1.2mm	T 0932
	中面层	连续测定	1.5mm	
	下面层	连续测定	1.8mm	
	基层	连续测定	2.4mm	
宽度		检测每个断面	不小于设计宽度	T 0911
横坡度		检测每个断面	±0.3%	T 0911
沥青层层面上的渗水系数，不小于		每公里不少于5点，每个点3处取平均值	300mL/min（普通密级配混合料）	T 0971

8. 维修效果

超薄抗滑层是近年来采用的一种预防性养护措施，具有良好的抗滑性能和高温稳定性、水稳定性。利用该超薄抗滑面层，能够节约自然资源、降低工程造价，可提高沥青路面的表面功能，具有显著的社会经济效益和良好的推广应用前景。由于面层厚度较薄，可大大降低工程造价，同时在防水、抗滑、整平、减噪等使用功能上又有良好的表现。从目前道路运营状况来看，比较理想，暂无较大问题。

三、LTC 沥青再生养护剂的应用

1. 施工前的准备工作

（1）工具：长刷、大搅拌桶、小桶、小毛刷、搅拌木棍、水瓢、扫把。

（2）材料：LTC 沥青再生养护剂、0.2～0.5mm 细砂、胶纸。

（3）用于封闭施工路段的安全锥、标志牌、旗子等安全标志。

2. 轻微网裂病害与桥面防水处理施工工序

（1）按照公路养护安全施工的有关规定，设置安全施工标志牌。

（2）如果路面尘土大，需要用水清洗路面至干净。

（3）用胶纸保护非施工面，如标线、路缘石、桥面防撞栏等。

（4）根据路况决定用量，可采用2∶1、1.5∶1、1∶1（原液∶水）。通过做小样试验，测试有关数据，确定混合比例和最佳用量。

（5）充分搅拌均匀 LTC 再生养护剂。可滚动桶，也可木棍搅拌。

（6）对微裂缝和松散严重的路面先用压缝带进行预处理，然后涂刷再生养护剂（图5-4、图5-5）。

图5-4 LTC 处置裂缝

图5-5 预处理裂缝

（7）对施工路段进行涂刷（图5-6）。

（8）根据路况要求，确定是否在施工后的沥青再生路段铺撒石屑。石屑应在 LTC 沥青再生养护剂由棕色变成黑色之前铺，每平方米铺砂0.2kg 左右（图5-7）。

图 5-6　现场涂刷 LTC 养护剂

图 5-7　铺撒石屑

(9)清理施工垃圾,待路面变黑变干(不沾手)后可开放交通,一般 2h 左右。经 LTC 沥青再生养护剂的涂刷,取得了封堵裂缝、防治水下渗的良好效果,见图 5-8。

a)

b)

图 5-8　LTC 养护剂处置网裂施工前后对照图

a)施工前;b)施工后

3. 非网状裂缝的冷灌缝修补施工方法

清理缝中垃圾后,灌入再生养护剂原液,然后将填充料(石屑或细砂)填入裂缝内至水平,缝表面再涂刷一遍再生养护剂,待干燥后即可开放交通。

4. 注意事项

(1)LTC 沥青再生养护剂应在 10℃的气温以上施工。

(2)不可在雨天或完工后出现雨水冲洗的天气施工。

(3)LTC 沥青再生养护剂在使用前应搅拌均匀后取出,混合液也应搅拌均匀后使用,混合多少用多少,不要隔天使用混合液。

(4)LTC 沥青再生养护剂需在 6℃以上的环境下存放。

5. 病害处理综合成本分析比较与应用推广意见

(1)结合管理处对轻微网裂(路面基层稳定、面层表面平整)的维修处理经验,认为轻微网裂病害的发展相对较慢,如果采取坑槽挖补工艺处理成本较高,利用沥青再生养护剂处理轻微网裂病害切实可行,该材料有一定的推广价值。

(2)桥面渗水病害的处理非常必要,但如果对现有出现渗水情况的沥青混凝土桥面铣刨后重做类似 SBS 防水层,施工成本较高且影响车辆正常通行的时间较长,而利用沥青再生养护剂解决沥青混凝土桥面面层渗水病害试验取得了较好效果,该工艺已在潍莱高速公路实施推广。

四、STAR-SEAL 桥面防水的应用

由于济青高速公路通车时间较长,桥梁普遍存在铰缝渗水、泛白等病害,但桥面铺装尚好,鉴于 STAR-

SEAL Supreme 耐磨性、防水性、摩擦系数、美化性能等诸多优点和功效，针对济青高速青岛段桥梁较为突出的水损坏现状，2010 年桥面维修时对 38 座桥 4 万 m^2 桥面铺装采用了 STAR-SEAL Supreme 封涂层防水处理。

1. STAR-SEAL 简介

STAR-SEAL 是一种重质精炼煤焦油封层材料。其混合料又称为"美国 1 号配方"。由于其含有煤焦油沥青、矿物填料和表面活性剂，在沥青路面上喷涂 STAR-SEAL 后，会在表面形成一层精炼煤焦油沥青乳胶保护层，坚韧、耐用且有弹性，将极其重要的油分和增塑剂锁定在沥青混凝土中，从而保护沥青路面不受气候、水、盐、气体和其他石化制品等有害因素的破坏。其主要功能有：保护沥青不受强紫外线侵蚀而老化；保护沥青混凝土不受水侵蚀；阻止汽油、柴油和其他石化制品侵蚀沥青路面；便于沥青 STAR-SEAL 路面的清洗；恢复路面抗滑性能到优良状况；均一的深炭黑色，明显改善了路面视觉效果。

2. 施工介绍

（1）试验

在大面积开展前，分公司首先在 K262 + 645 姜庄互通立交桥左侧进行了试验，并对试验路的防渗、抗滑效果进行了检验和评价，以便为今后大范围应用提供技术支持。STAR-SEAL 的喷洒厚度两层相加大约是 1.1mm，体积轻薄不会增加桥梁恒载；经检测，渗水系数由施工前的 20mL/min 几乎下降到为 0，而摩擦系数（BPN）由 38 提高到 84.8，大大提高了防渗性能和抗滑效果，试验效果良好（图 5-9）。

a)

b)

图 5-9　现场试验

a）摩擦系数试验；b）渗水试验

STAR-SEAL 是一种沥青路面预防性养护技术，欧美国家应用较为广泛。为延长沥青路面使用寿命，验证 STAR-SEAL 封层在高速公路预防性养护方面的效果，根据 STAR-SEAL 的特性，选择相应路段进行封层处理。

（2）施工设备

STAR-SEAL 沥青路面封涂层施工采用机械喷涂方法进行。主要设备有：STAR-SEAL 专用喷洒设备（美国进口）1 套（图 5-10）；洒水车 1 辆，用于路面清洗和降温；森林灭火机 2 台，用于路面除尘；大小货车各 1 辆，用于工具及材料搬运。

（3）施工参数

①配合比：美国 1 号配方原材料有：STAR-SEAL、水、砂。STAR-SEAL 必须符合美国产地标准，提供质量保质书；水必须是干净的饮用水；砂采用 30 ~ 70 目的石英砂。配合比为 STAR-SEAL：水：砂 = 3 000kg：1 200kg：600kg（图 5-11）。

②喷洒量：封层分两层施工，下层 0.55 ~ 0.65kg/m^2，上层 0.45 ~ 0.55L/m^2。

③施工过程中有以下几个时间要求,对封层质量有较大的影响:

STAR-SEAL 混合料在运输过程中,搅拌器电源需关闭,在施工之前必须重新接通搅拌器电源继续搅拌10min 以上,将混合料搅拌均匀后,方可喷涂。

图 5-10　STAR-SEAL 专用喷洒设备

图 5-11　配制 STAR SEAL Supreme 混合料

有油污污染区域,先用 STAR ONE STEP(是一种专用涂层,可以清除油污,并作为黏结层让 STAR-SEAL 与沥青路面有较牢固的黏结)进行涂层处理,风干 1h 后喷涂第 1 层混合料,第 1 层 STAR-SEAL 风干后(1h 左右),喷涂第 2 层,第 2 层 STAR-SEAL 喷涂结束 4～6h 后即可开放交通。

相对于其他预防性养护措施来说,STAR-SEAL 的养护时间较短,减轻了高速公路养护作业带来的交通拥挤的负担。

(4)注意事项

①准备阶段必须对人员进行培训和技术交底,使其了解工作意图和注意事项。先在线外路面上进行试验、试铺,直至符合要求。

STAR-SEAL 在冬天储存时应注意采用保温措施,防止材料受冻影响性能。路面温度在 10℃以下不得施工,路面温度在 32℃以上,必须用洒水车洒水降温并待路面干燥后方可施工。雨天和雾天不得施工。

喷涂前必须先清洁道路表面,去除所有异物碎屑和灰尘(图 5-12)。对有油污污染的区域,先用 STAR ONE STEP 进行处理。路面有裂缝和坑槽的区域,须提前按原路面结构修复处理。

②施工过程中保持搅拌机连续不停地工作,使混合料始终处于悬浮状态,保证混合料的均匀性。

3. 路面变化分析

(1)抗滑性能分析

经检测,使用 STAR-SEAL Supreme 封涂层后,路面的抗滑系数明显上升。施工前摆值平均值为49.36,施工后为 59.44,增加 10.08,上升幅度达 20.4%;施工 60 天后为 59.06,不仅有效保持施工后的摩擦系数水平还有所上升。相邻的未使用封涂层的路段的摩擦系数摆值平均值没有提高的过程,而是随着时间的推移,行车碾压次数的增多,摩擦系数有减小的趋势。因此,STAR-SEAL Supreme 封涂层对提高路面的抗滑性能有显著作用。

(2)渗水性能分析

施工前渗水系数平均值为 28mL/min,施工后则为 0,施工后 60 天为 0,说明 STAR-SEAL Supreme 封涂层防渗水效果明显。STAR-SEAL Supreme 封涂层密封了沥青路面,阻止了水分的进入,起到了良好的防渗水功能。

4. 工程应用效果 (图 5-13)

STAR-SEAL Supreme 是一种极其有效的预防性养护措施,STAR-SEAL Supreme 涂层在路面表层形成一层致密的高抗滑性能和防水性能的隔离层,从而有效阻止水、盐、汽油、溶剂等物质深入路面,阻隔太阳辐射,起到提高路面使用性能、延缓路面老化速率的作用。STAR-SEAL Supreme 封层对路面抗滑性能和防渗水性能的提高效果显著,可作为预防性养护技术,进一步推广应用到路面养护工作中。

图 5-12　清洁桥面铺装

图 5-13　喷涂 STAR-SEAL 后的效果图

第六章　济青高速公路沥青路面小修保养

小修保养是高速公路日常维护最基础、最根本的工作。对局部、轻微的初始破损与裂缝能及时、快速、正确地修补,对于控制与遏制病害在水与动载综合作用下的快速发展至关重要。小修保养可分为日常保养和小修两项工作内容。

日常保养包括清扫路面泥土及杂物,排除路面积水、积雪、积冰、积砂、铺防滑料等,拦水带(路缘石)的刷白及清理,边沟清理,护坡道维修,培土等。

小修的内容有修补路面的泛油、拥包、轻微裂缝、横向裂缝、坑槽、沉陷、波浪、局部网裂、松散、车辙、麻面、啃边等病害。

济青高速公路的小修保养工作具有及时性、季节性、日常性及精细化的特点。济青高速公路养护中,养护人员始终秉承"心在路上,路在心中"的责任意识,小修保养重要性意识的强化、责任意识的培养、详细有效日常巡查制度的制订、材料与技术的合理应用与创新等,将精细化的养护管理理念贯彻于日常小修保养工作中。小修保养的精细化,不仅为驾乘人员提供畅、洁、舒、美、安的行车环境,而且有效地遏制了路面结构病害的发生,延长了济青高速公路的结构使用寿命。

第一节　济青高速公路沥青路面日常小修保养

一、裂缝类病害的小修保养

对沥青路面、特别是半刚性基层沥青路面,开裂仍然是主要的损坏形式。无论何种形态、何种原因的裂缝,采用合适的材料、及时的封缝、精细的封缝工艺是小修保养最关键的工作,也是路面结构免遭水损坏的保障。

1. 裂缝处置的材料及机械

(1)灌缝机械

灌缝机械一般包括沥青灌缝机、高压热空气吹风机、开槽机、石屑撒布机和小型压实机,而沥青灌缝机常见的有手推式灌缝机、拖式灌缝机、自行式灌缝机。

(2)灌缝材料

灌缝材料的选择是保证沥青路面修补质量的关键之一。好的修补材料不仅具有优良的施工特性、对环境无污染,而且可以使修补后的沥青路面很快恢复其使用性能。

沥青路面的灌缝材料主要有沥青、乳化沥青、改性沥青等材料,各种规格的粗细集料、填充料等砂石材料,以及由这些材料组成的混合料。其必须具有足够的强度、耐久性和稳定性,以承受车辆荷载的作用和抵抗自然环境的影响。养护材料必须进行必要的检验,不符合要求者不得采用。

①沥青。一般选用较高针入度、较好延度的道路石油沥青来灌缝。如缝较宽(大于10mm)且较深(大于10cm)可分层灌注,裂缝底部选用高针入度的沥青,上层采用黏结性能好、劲度模量较高的沥青。对于成熟的裂缝,用热沥青灌注效果更佳。灌缝沥青一般用导热油加热保温,沥青中可掺入适量细砂,形成沥青砂浆。

②乳化沥青。一般选用慢或中裂阳离子乳化沥青,用乳化沥青来灌注初期效果比较好。与沥青相比,乳化沥青具有以下优点:

a. 节约能源,保护环境。乳化沥青在制作时只需加热到120~140℃,然后在常温或较低温度下使用,节约能源。常温下使用现场不需支锅熬油,减少环境污染。

b. 延长可施工时间。几乎可以不受阴湿低温季节的影响,可随时施工。

c. 提高沥青路面服务质量。具有较好的流动性和渗透性,有利于填充和治愈沥青路面的裂缝,提高沥青路面的密实性和防水性。

③改性沥青。改性沥青是在沥青中掺加橡胶、树脂、高分子聚合物、天然沥青、磨细的橡胶粉,或者其他材料等外掺剂制成的沥青结合料。改性沥青可单独或复合采用高分子聚合物、天然橡胶等材料制作。最常用的改性剂是聚合物,如 SBS、SBR、EVA、PE 等。

④改性乳化沥青。改性乳化沥青是在制作乳化沥青的过程中加入聚合物胶乳,或将聚合物胶乳与乳化沥青成品混合,或对聚合物改性沥青进行乳化加工得到的乳化沥青产品。改性乳化沥青是一种高温抗流变、低温抗脆裂,耐候性、耐磨性、防水性、抗老化性能优良的材料,弹性好、凝固快,非常适合裂缝修补。

⑤密封胶。选用加入多种高分子聚合物等成分加工而成的沥青橡胶类、树脂类密封胶,具有黏结能力强、弹性好、拉伸量大、不溶水、不渗水、高温不流淌、低温不脆裂、耐久性好等性能,在美国已得到广泛应用。

密封胶的密封机理是:通过对沥青路面进行开槽、清理,选用道路密封胶进行灌填、修补,使密封胶与原沥青路面渗透融合,产生高黏结力,依靠较强的弹性,随裂缝胀缩产生弹性变形,始终保持其密封作用,从而封闭路面雨雪水及杂物侵入,达到优良养护效果。

2. 开槽灌缝处置

(1)裂缝设计处置方案

在济青高速的裂缝类病害修补设计中,对线状裂缝(横缝、纵缝)和面状裂缝(块状裂缝、龟裂)给出了指导性修补方案。对线状裂缝的处置,均采用图 6-1 所示方案。对面状裂缝的修补又分为行车道、超车道面状裂缝修补和硬路肩面状裂缝修补两种,分别采取的方案见图 6-2 ~ 图 6-3。

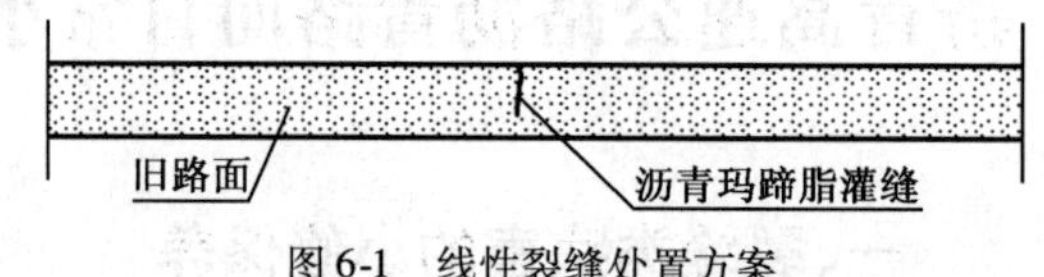

图 6-1　线性裂缝处置方案

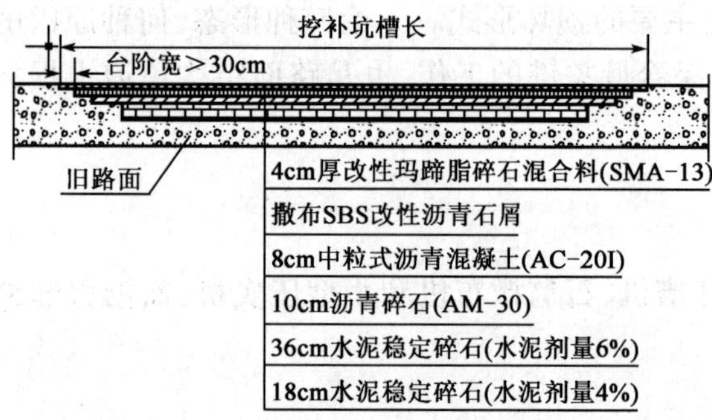

图 6-2　行车道、超车道面状裂缝处置方案

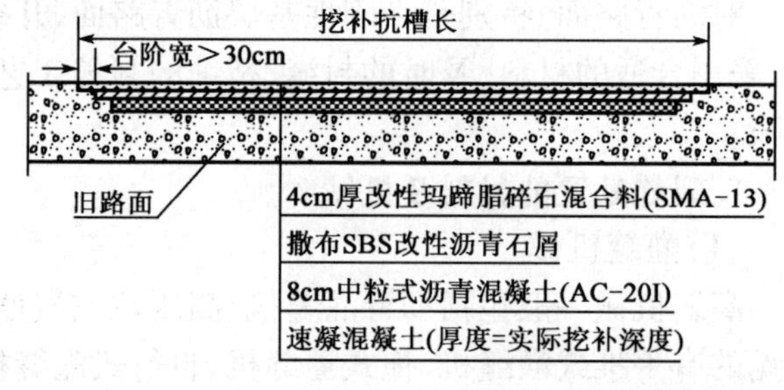

图 6-3　硬路肩面状裂缝处置方案

对线状裂缝的处置,设计方案提供了填缝材料,对填缝机械、工艺、开槽参数等需根据路面具体病害加以确定。在实际工程中,各分公司一般采用热沥青和克莱福密封胶作为填缝料。

对面状裂缝的处置,设计方案充分考虑了对上层破损部分的挖除填补,也考虑到挖补台阶的重要性。实际工程中,均依据病害确认的思想,根据肉眼观察的路面结构损坏程度确定挖补深度,填补材料分冷补料(临时)和热补料(材料根据原料情况临时确定)。近几年,济青高速公路济南段和青岛段在处理轻微网裂(路面基层稳定、面层表面平整)时采用了 LTC 沥青再生养护剂。经工程实践证明:该工艺修补轻微网裂效果良好,比采取坑槽挖补工艺处理的成本低,能最大限度地缩短施工时间,极大地减小施工对行车的影响,具有很好的经济效益和较大的推广价值。

(2)裂缝处置施工工艺

在此只介绍线状裂缝处置的施工工艺,面状裂缝的处置按照坑槽标准进行。开槽灌缝的施工工艺为:

①开槽:开槽机的锯片应调整到适当高度,确保切入深度在1.5～2cm以内,开槽时必须沿着裂缝的走向进行切缝,槽口应保持规则形状。

②清槽:开槽扩缝后应进行清缝处理,最好使用鼓风机并配合钢丝刷把槽口内的灰尘和松散的碎料清理干净,以提高黏结力。

③烘槽:必要时须用火焰枪对槽口进行烘烤,烘烤时的温度一般不得超过7℃。

④备料:密封胶的加热温度应控制在200～210℃之间,出料温度应高于180℃,温度过高或过低均对处理效果不利。

⑤灌胶:胶体灌入时应控制好灌缝机的走向,在灌好第一遍的5min后再进行一次找平灌缝,并使裂缝表面形成T形密封层。注意控制灌入胶体的高度,如在气温相对较高的季节,胶体应该略高于路面(高出0.5～1mm),气温低的季节,胶体应该略低于路面(0.5～1mm)。

⑥开放交通:施工结束后开放交通时间一般为30min后。

(3)影响灌缝质量的因素

①开槽的形式。对于沥青路面产生细小、不规则的、难以直接灌入材料的裂缝,一般沿着裂缝开一条U形凹槽,使填缝材料免受过分的拉压力及交通荷载的作用。特别是因温度变化而产生较大水平位移的裂缝(横向裂缝),必须进行开槽,以适应水平位移而产生对填缝材料的应力。开槽尺寸以裂缝宽度和严重程度为依据,开槽宽度应达到将裂缝破损的松散壁面材料切割掉,直至露出坚实部分为止,然后再确定一个适当的开槽宽深比,一般开槽宽深比为1:(1.2～1.5)。当采用硅酮等高性能密封料时,可取1:(1.5～2.0),此时应在槽底加背衬。背衬直径应比槽宽大25%,槽深应大于2倍的背衬直径。

②施工季节。济青高速公路除了通过日常巡查及时发现及时封灌裂缝外,每年都进行两次大规模的灌缝,并选择春秋两季进行施工。此时,环境温度处于年平均气温5～15℃,路面裂缝最为明显。因此,春秋两季施工既有利于将材料灌至最深处,可以填充足够的材料,又有利于选择填缝材料,并使填缝材料与路面结构更好的黏为一体,保证灌缝质量。

③裂缝的清理和干燥。未清洁和潮湿的裂缝壁面会导致填缝材料黏附性能下降,易造成材料脱落而使填缝失效。清洁和干燥工作的常用方法为高压空气吹扫法和热空气吹扫法。

(4)效果追踪

济青高速纵缝和横缝的灌缝处理按材料和施工机械可分为两个阶段,2002年前使用热沥青灌缝较多,没有专门的灌缝机械,2002年后转为克莱福密封胶,并使用了专业灌缝机,前者一般可持续一年,后者可持续两年以上。

在材料费用方面,所用密封胶价格一般为热沥青的2倍,成本较高,但是有效期较长,有效减少了日常的养护工作,保障了济青高速大交通量的畅通。

块状裂缝和龟裂的修补按照坑槽标准进行,一般有冷补料和热补料两种材料,冷补料只用于临时性的填补,材料与原路面黏结不良,有效期极短,仅1月左右,热补料持续时间较长,一般在1～2年。

3. 不开槽灌缝处置

开槽处置裂缝过程中存在开槽与裂缝不一致、扩大裂缝的问题(图6-4),并且封缝后会在路表面形成宽度较大的裂缝处理带,也影响路面的美观。针对这些问题,济青高速公路在近几年的裂缝处置工作中尝试了不开槽直接灌注密封胶的处置方法。

图6-4　虚线为原裂缝线,粗线为开槽线

(1)不开槽施工工艺

①封闭交通,按照规定摆放安全标志,设专人指挥交通,并根据工程进度随时移动标志牌。

②先用4～6MPa的压缩空气对着裂缝从一端吹至另一端,一般需吹2遍。

③用竹片或铁铲清除缝中剩余杂物。

④对灌缝材料进行现场加热,一般采用重交通道路石油沥青AH-90或掺加改性剂的沥青,温度控制在150～160℃。

⑤用铁壶或专用容器将加热的灌缝材料灌入缝内,一般需浇灌 2～3 遍,将筛好的细砂撒到灌缝表面,待灌缝材料温度下降至常温后即可开放交通。

(2)效果评价

济青高速公路近几年的灌缝主要采用了不开槽灌缝的工艺,此种方法灌注的裂缝具有较好的低温稳定性、渗透性,设备比较简单,节约了成本,灌缝效果较好。

二、变形类病害的小修保养

1. 变形类病害种类

变形类病害主要指车辙、沉陷、拥包。

2. 处置措施

(1)车辙

目前常用的车辙养护措施主要有:铣刨拉毛、微表处、超薄磨耗层罩面、沥青混凝土罩面、热再生等。济青高速养护维修中,对范围较小的车辙病害,一般按照坑槽进行挖补处置;对较大范围的车辙病害,一般采用较大范围铣刨重铺的处置方式,其处理措施为:铣刨原路面至稳定结构层,用中粒式沥青混凝土(AC—20)或粗粒式沥青混凝土(AC—25)铺筑,上面层用 4cm 改性沥青玛蹄脂碎石混合料(SMA—13)罩面。

(2)沉陷

对于程度较轻的沉陷病害,一般都是按照坑槽进行处置,即开挖至一定层位,然后重铺。当沉陷较严重且范围较大时,需注浆加固处置。2000 年前后,潍坊段 K186 处的池塘软基曾发生不均匀沉降,路面沉陷严重,采用压密注浆技术进行了处理。

(3)拥包

济青高速公路拥包病害按照坑槽标准进行处置。

3. 效果追踪

(1)车辙

根据 2006、2007、2008 年的车辙检测情况(图 6-5～图 6-7),总体来说,铣刨重铺并罩面后,除淄博段外,车辙都得到了较好的控制,车辙深度及总长度增长缓慢。2004 年、2005 年对淄博段进行了维修罩面,从接下来三年的车辙演变中可看出,淄博段的车辙深度增加很快,短短两年内,从 2006 年的基本无重型车辙演变到 2008 年的全段基本都是重型车辙。

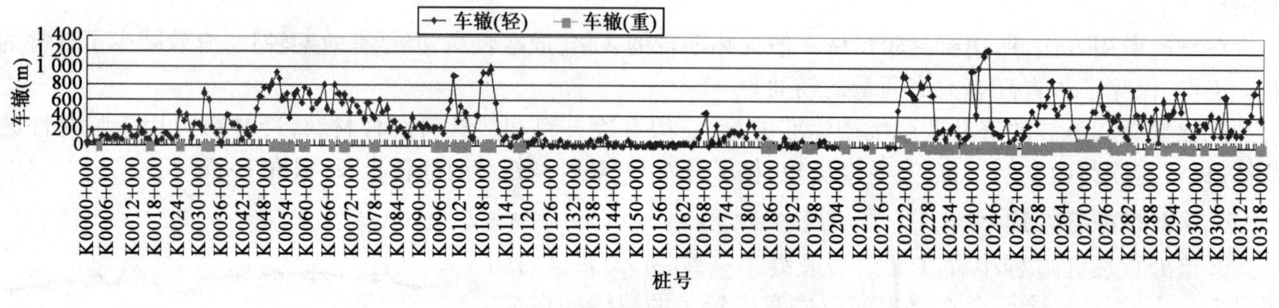

图 6-5 2006 年车辙分布图(右幅)

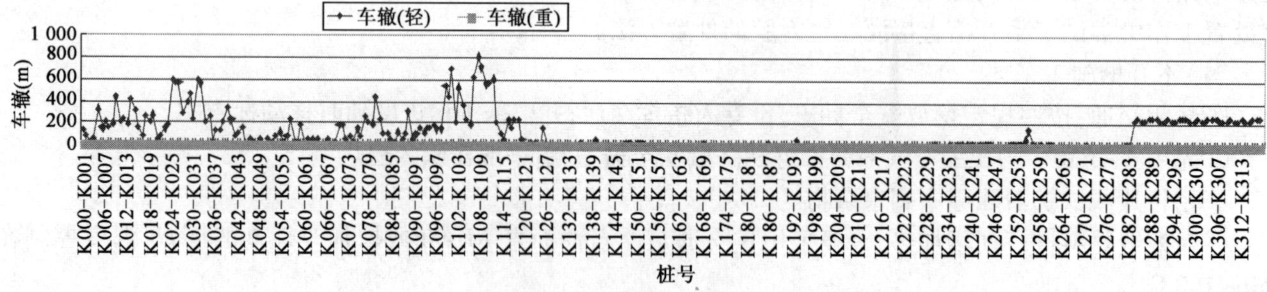

图 6-6 2007 年车辙分布图(右幅)

淄博段维修方案是根据路表强度状况结合路面病害而确定的。通过车辙变化规律可知,强度起着很重要的作用。在路面强度较高,病害较少的路段,只进行简单的微表处或直接罩面处理,即可有效控制车辙的发生。而强度较低,病害严重路段,即使把面层全部铣刨重铺,车辙再次发生、发展速度也较快。淄博段的车辙发生主要原因是淄博段重车、超限车多,流量大。车辙严重的路段主要发生在爬坡段。因此,在这类车辙维修中,要充分考虑车辙产生的原因、原路面结构层破损情况进行车辙处理技术的确定。

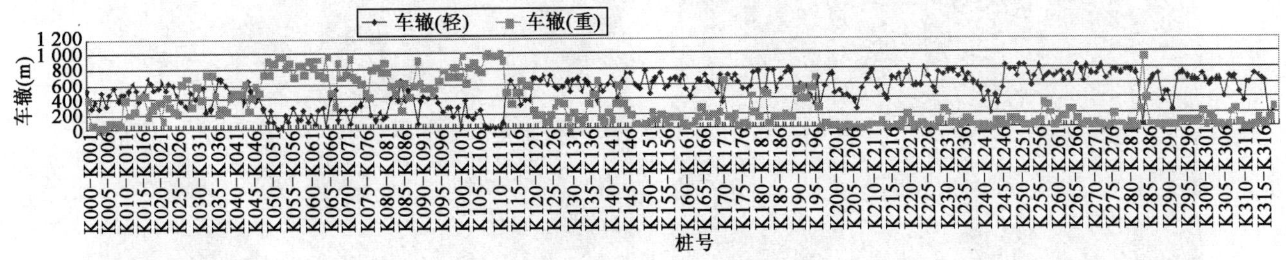

图 6-7 2008 年车辙分布图(右幅)

(2)沉陷、拥包

沉陷、拥包按照坑槽标准修补后,修补效果一般可持续 2 ~ 3 年。较严重沉陷经压密注浆技术处理后,沉陷病害得到了较有效的控制(图 6-8)。

三、松散类病害的小修保养

1. 松散类病害种类

松散类病害包括坑槽、麻面、脱皮、啃边、松散。

(1)坑槽

坑槽是指路面破坏成坑洼状,平均深度大于 1cm,面积在 30cm^2 以上的坑洞。坑槽通常是松散龟裂等其他损坏进一步发展的结果。坑槽较轻的表现为坑浅,面积较小(小于 1m^2);坑槽较重的表现为坑深,面积较大(大于 1m^2),图 6-9 是青岛段某处坑槽。

图 6-8 济青高速公路 K186 软基注浆处理 10 年后的路面

图 6-9 坑槽

(2)脱皮

脱皮是由于沥青面层与上封层之间黏结不好,或初期养护不良引起。一般出现在微表处或超薄封层处置过的路段,图 6-10 为青岛段微表处处置后路面出现的脱皮现象。

(3)麻面、松散(图 6-11、图 6-12)

松散和麻面产生原因类似,是指路面结合料失去黏结力,集料松动,面积在 0.05m^2 以上。松散、麻面较轻的表现为细集料散失,路面磨损、路表粗麻;较重的表现为粗集料散失,大量微坑、表面剥落。

(4)啃边

啃边指路面边缘破碎脱落,破损宽度在 10cm 以上的病害。在高速公路上,啃边一般都是由水损害导致的:道路横向排水不畅,部分水在硬路肩边缘积存,使路肩沥青层下的路基土变得湿软,甚至在水流作用下被冲下边坡,导致路肩边缘强度降低,在少量车辆荷载作用下即可断裂,形成啃边。图 6-13 是济青高速济南段某处的啃边现象。

图 6-10　脱皮

图 6-11　麻面

图 6-12　松散

图 6-13　啃边

2. 处置措施

(1)坑槽

济青高速公路坑槽的处置方案采用冷修补工艺,根据填补料可分为两种,即冷补料和热补料修补。

①冷料冷补工艺。该工艺主要用于快速应急性修补,通常先画施工轮廓图,用切割机开槽成型,用液压镐开挖,然后用吹风机将待补坑槽松散物、灰尘或淤泥清除干净,加入冷补料,摊铺均匀,然后用压实机械压实。深度在 6cm 以上的坑槽必须分层投料压实。修补完毕 10min 即可开放交通。

②热料冷补工艺。该工艺适用于高温季节沥青路面病害的集中修复和雨后抢救性修复,这是目前普通公路病害修补较常采用的方法。其施工工艺如下:

a. 施工标志设置。在作业现场严格按照《公路养护安全作业规程》(JTG H30—2004)设置齐全醒目的施工标志,并有专人指挥交通。

b. 画轮廓线。按"圆洞方补,斜洞正补"的原则,对需要开槽的路面画出坑槽轮廓线,轮廓线必须与路中心线平行或垂直,形状为正方形或长方形,大小适中。

c. 开槽清理。沿轮廓线内侧 1cm 处顺线用切割机开槽,用动力镐开挖(面层应分层开凿,呈阶梯形,上层开槽深度不超过 1.5cm);开槽的四个叉角在切割时不得过线,四壁要垂直,槽内松动部分、槽壁、槽底必须清除干净(用铁刷或吹风机清理),无粉尘、杂物(如基层损坏要深挖至槽底稳定部分,先处理好基层);挖出的旧油层及灰土分开置于坑槽一边,堆放整齐,等待运出场地。

d. 油层摊铺。首先刷边油、浇底油,要求油量适中、抹油均匀;将沥青混凝土均匀摊铺到槽内,找平,新填补部分压实后应略高于原路面(高出量应根据坑槽深浅、用料粗细及压实程度确定)。如果坑槽较深(7cm

以上)，应将沥青混凝土分粗料、细料两次或三次摊铺。

e. 压实。压实应由外及里分层压实，压实一般不少于三遍(第一遍静压、第二遍振压、第三遍静压，由边缘向内重叠1/3轮宽依次碾压，压实厚度每层不超过7cm，碾压至无明显轮迹为止)，注意边角压实度(可用人工夯实)。面层材料级配一般应与原沥青路面相同。

f. 现场清理。面层碾压完毕后立即将现场清理干净，然后逆交通流方向撤除施工作业区安全设施，恢复正常交通。

质量控制：济青高速公路的坑槽处置原则是及时发现，及时处理。挖补时，坑槽内的面层、基层、底基层各结构层间应开挖成台阶式，并且沥青层槽壁应涂刷黏层沥青，以提高新旧沥青混合料之间的黏结强度。

(2)脱皮、松散、麻面

在济青高速公路上，当脱皮、松散、麻面等程度较轻时，不做专门处置。对较严重的情况，按照坑槽的标准进行修补。

(3)啃边

因路面边缘沥青面层破损而形成的啃边应将破损的沥青路面挖除，在接茬处涂刷适量的黏层沥青，用沥青混合料进行填补，再整平压实。修补啃边后的路面边缘应与原路面边缘齐顺。

因路基松软、沉陷而形成的啃边，应先对路面边缘基层局部加强再恢复面层。同时应加强路肩的养护工作，保持路肩稳定。随时准备填补路肩上的车辙、坑洼或沟槽。经常保持路肩与路面衔接平顺，并保持路肩应有的横坡，以利排水。

3. 效果追踪

冷补料修补坑槽、松散等病害，一般只用于紧急临时性修补，一般在失效以前就重新采用热补料进行重新修补，所以冷补料的持续效果难以把握，一般为一至两个月。热补料的修补效果比冷补料要好得多，大多可持续两年以上。

啃边的修补效果与修补后的排水情况密切相关，故需特别注意啃边处的排水问题。

四、其他病害的小修保养

1. 种类

除以上几种病害外，还有泛油、磨光、修补损坏。

(1)泛油

泛油是指高温季节路面混合料中的沥青向上迁移到路表面或表面被沥青膜覆盖形成发亮的薄油层现象。泛油表现为路表呈现沥青膜、发亮、有轮印(图6-14)。

(2)磨光

磨光即在交通车辆作用下路面抗滑力下降，最终导致路面抗滑力不足。

路面抗滑性能是影响交通安全最重要的性能，良好的抗滑性能为高速行驶的车辆提供路面与车轮之间良好的附着性，提供轮胎与路面之间在安全距离内刹车所需要的摩阻力，减少交通事故的发生。根据《公路沥青路面养护技术规范》(JTJ 073.2—2001)规定：高速公路的抗滑能力不足，即SFC小于40的路段，应采取加铺罩面层等措施提高路表面的抗滑能力。

图6-14　泛油

目前高速公路随着交通量的快速增加，加剧了对路面的磨耗作用，致使路面的抗滑能力不足。抗滑不足(磨光)表现为路面原有粗(宏观)构造衰退或丧失，路表光滑。

(3)修补损坏

修补损坏是因破损或病害而采取修复措施进行处置，在路表外观上，已修补部分与未修补部分明显不同,在行车舒适性上也有差别。

2. 处置措施

(1)泛油

修复泛油病害通常采取表面加铺或表层铣刨加铺的措施来处理,一般称作矫正性处理。

①只有轻微泛油的路段,可撒上3~5mm粒径的干净石屑或粗砂,并用压路机碾压。

②泛油较重的路段,一般会伴有车辙现象的发生,因此采用微表处或者超薄磨耗层进行处理比较适合。

③面层含油量高,且已形成软层的严重泛油路段,将含油量过高的软层铣刨清除后,重做面层。

此外,在济青高速的养护工作中,对泛油较严重但范围较小的路段,直接采取坑槽修补措施对泛油区进行挖补处理。

(2)磨光

为改善路面抗滑性能,可以采用预防性养护措施,也可以采用矫正性措施。

①路面石料棱角被磨掉,路面光滑,抗滑性能低于要求值时,即抗滑系数SFC<40,应采用微表处或者薄层沥青混合料加铺。

②对表面过于光滑,抗滑性能特别差的路段,应做罩面处理。罩面前,应先处置好原路面上的各种病害,若原路表有沥青含量过多的薄层,应将其刮除掉后洒黏层油。罩面的技术要求应符合现行《公路沥青路面施工技术规范》(JTG F40—2004)。

济青高速在改善路面抗滑性能的尝试中,曾铺筑过超薄抗滑表层。2000年在K21+900~K23+500和K36+200~K37+700的行车道上铺筑了2.0~2.2cm厚的超薄抗滑表层试验段,采用了连续级配和间断级配两种级配,取得了不错的处置效果。

(3)修补损坏

处置修补不良病害通常采取铣刨沥青混凝土面层后重新铺筑面层的措施来处理,并根据上基层的状况决定基层处理措施。

①对路面修补不良较为集中的路段,若基层强度良好,采取连续铣刨沥青混凝土面层并铺筑新面层进行处理,新面层材料与级配尽量与原路面相同。

②对路面修补不良较为集中的路段,若基层已损坏,则应铣刨至基层,而后铺筑新基层与面层。

3. 效果追踪

对泛油的处置,挖补后一般可持续两年。使用超薄抗滑表层可较好地解决路面抗滑力过低的问题。对于修补损坏的铣刨重铺,改善了路面的行驶质量,恢复了路面的使用性能。

第二节 济青高速公路沥青路面特殊情况下的保养

一、雨雪天气下的小修保养

雨雪天气下的高速公路,一方面抗滑性能大大降低,严重影响着行车安全;另一方面引发路面水损坏及雨水对路基的冲刷。因此及时、精细的防汛、除雪防滑工作成为高速公路小修保养的最关键工作之一。为保证高速公路安全、舒适、畅通,为驾乘人员的人身安全及路上车辆的行驶安全提供安全保障,树立济青高速公路优质服务的形象,消除不安全因素,股份公司有针对性地制订了《防汛抢险救灾交通保障预案》和《冬季除雪防滑保障预案》,努力做好济青高速公路的安全畅通工作。

济青高速公路防汛与除雪防滑工作的主要措施详见第八章第二节。

在济青高速公路防汛及除雪防滑工作中,股份公司逐步完善了相关的应急预案,进一步细化防汛和除雪防滑工作实施细则,科学合理安排工、料、机的使用,并实行24h值班制度,增加巡视密度,随时报告路况和灾情程度,随时做好封闭道路的准备工作,高效、及时地做好防汛和除雪防滑工作,确保了雨雪天气下道路的安全畅通。

二、路面油污染的小修保养

1. 路面油污染的来源

高速公路上污染路面的柴(汽)油主要来源于行驶车辆。一小部分来源于行驶车辆油箱或其他部件的漏油,这部分漏油相对较少,可以忽略不计;另一部分是由于高速公路行车速度快,不可避免的要发生交通事故,事故车辆油箱内柴(汽)油撒落路面,此等情形油量一般不会很大,对路面的危害相对较小。造成高速公路油污染的主要来源是运油的油罐车发生交通事故,使得油罐内的柴(汽)油流向路面,此等情形一般来说油量大,对高速公路造成的危害也大得多。油罐车发生交通事故泄漏柴(汽)油污染路面的情形见图6-15。

2. 路面油污染的危害

高速公路路面油污染的危害巨大,概括起来有以下几点:

(1)在发生后较短的时间内,泄漏的柴(汽)油有可能引起火灾,火灾除了烧毁路面和烧坏肇事车辆本身外,还可能给过往车辆及驾乘人员造成危害。

(2)流向路面的柴(汽)油会使路面变滑,降低路面的摩擦系数,这会给后面驶来的车辆造成极大的安全隐患,后续车辆会因来不及刹车造成连锁事故。因柴(汽)油洒落路面使路面变滑造成的交通事故见图6-16。

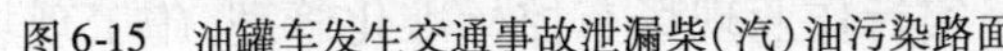

图6-15 油罐车发生交通事故泄漏柴(汽)油污染路面

图6-16 因柴(汽)油洒落路面使路面变滑造成的交通事故

(3)泄漏的柴(汽)油如果流向公路边坡或流向公路旁边的农田会侵蚀边坡上的种植物或庄稼,如果事故发生在通道桥附近,泄漏的柴(汽)油会流向通道桥底,可能会引起通道桥下部可燃物的燃烧,从而引起通道桥结构物的破坏和中央分隔带内所铺设管线的破坏,进而造成更大的经济损失。油污染引起火灾烧坏通道桥的情况见图6-17。

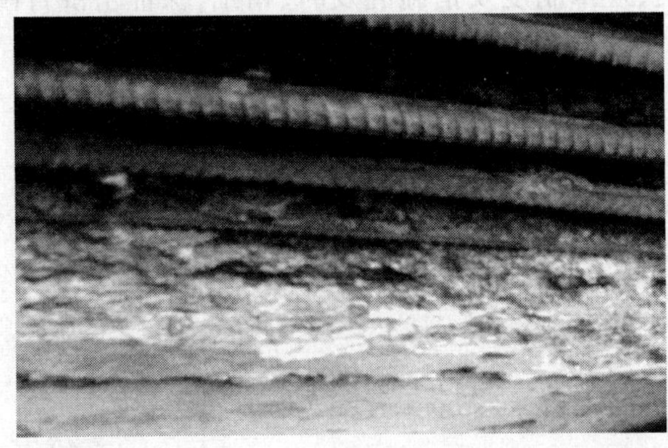

图6-17 泄漏的柴油流入通道桥下引起火灾烧坏通道桥的情况

(4)流向路面的柴(汽)油会腐蚀沥青路面,柴(汽)油会和沥青中的油分发生反应,使得沥青混凝土中的沥青对集料的附着力降低,颗粒容易脱落,路面病害提前发生,造成路面使用性能特别是耐久性的急促下降。

3. 油污染处置措施

(1)建立健全应急联动机制。制订专门针对油污染的预案,对油罐车发生的油污染事件还应制订相应的应急预案,并在平时加强演练,以便在事件发生后能迅速有效的处理。平时应加大除油物资的储备,有条件的高速公路管理部门应储备化学溢油处理吸附剂或硅藻土等吸油物资;同时还应备有数量不等的消防车,以便能够在发生油罐车泄漏柴(汽)油的事故后第一时间赶到现场,并采取积极的消防措施,以防止火灾的发生或在最短的时间内扑灭火灾。

(2)处理完交通事故后及时处理受柴(汽)油污染的沥青混凝土路面。因汽(柴)油对沥青具有腐蚀性,如不及时处理沥青路面,此处路面会迅速发展成路面病害,影响行车舒适性。对腐蚀较轻的可在拉毛后去除上层沥青混凝土,然后作罩面处理,对腐蚀严重的要将面层铣刨掉,重新铺筑面层。

(3)如果污染事件发生在通道桥附近,为防止流入通道桥内的柴(汽)油引起火灾,除了要将油污尽量清除干净外,还要清除通道桥下及一定范围附近的可燃物,如堆落的农作物秸秆等。

高速公路上油污染事件的发生是不可避免的,养护管理人员只能通过各种方法,对驾乘人员加强宣传教育,尽量减少其发生的次数;采取积极有效的处理措施,将油污染的危害降到最低。

第三节　济青高速公路沥青路面小修保养的施工现场管理

为确保小修保养顺利进行,需对施工现场进行科学管理,其具体措施体现在:

(1)增强责任心,分析管辖段车流量情况,据此细化施工方案,在保证质量的前提下加快施工进度。工作安排以保畅通为出发点,精心组织,确保辖段路桥畅通。

(2)在完善应急预案的同时要求施工单位完善应急管理,细化自查内容,股份公司采取现场排查和重点检查的方式对作业现场的主要控制环节和各项安全隐患进行一一排查,做到横向到边,纵向到底,从细节入手,不留死角,不留后患。

(3)现场安排专职安全员,要求施工单位选拔素质高、反应灵敏的人员担任,加强培训教育,使其具备一定的应急处置能力。

(4)加大施工现场管控力度,保证施工现场管理有序。实行作业现场布控标准化管理,施工现场指示标志牌和锥形标统一样式和摆放标准。加强施工期间跟踪管理,督促施工单位严格执行安全操作规程,落实安全防范措施。

济青高速针对病害原因确定小修保养的材料、技术及施工工艺。修复病害时,特别注重工序的合理,工艺的精细,并在处置时尽量避免因施工过程不精细而留后患的问题。

雨、雪天气下的小修保养,防汛、除雪防滑应急预案、规章制度及措施的及时、精细,保证了济青高速公路特殊情况下的安全、舒适与畅通。

第七章　济青高速公路沥青路面专项维修工程

专项养护工程的定义：对高速公路及其工程设施的集中性缺陷、局部损坏或普遍性病害所进行的有针对性的专门处理加固，以基本恢复原状或使用效果，并在一定程度上提高高速公路抗病害能力，美化路容路貌的小型工程项目称为专项维修工程。此外，对原高速公路缺乏或不完善的设施进行增补的养护项目及水毁修复项目亦称为专项养护。

专项养护与维修保养相比具有计划性、针对性、复原性、补强性、时效性、安全性等特点。

济青高速在进行专项养护工程中，创立了四步动态工作法，即：进行路况及道路病害的详细现场踏勘、测试、探坑及芯样等调查分析，作出病害诊断（即第一次病害确认）。依据调查研究结果进行专项工程的初步方案设计与方案审查。路面维修施工前，为验证一次病害调查可靠性和设计方案合理性，现场对维修路段病害的再次确认（即第二次病害确认）。根据各路段病害程度及铣刨过程中的第三次病害确认，及时调整、修改设计方案。

济青高速自1993年12月通车至2003年为路面运营状态良好的阶段。2003年之后，超载车、重载车与交通量激增，路面工作状态急剧发生变化。综合考虑交通量、分项路况评价结果及半刚性沥青路面的结构工作特点，结合建设工期和养护资金情况，公司制订了严谨科学的维修原则和维修规划，并以路面的功能恢复为主要维修目的，局部路段进行结构补强。以弯沉值作为维修设计的主要控制指标，并结合车辙、龟裂、沉陷、裂缝等路面病害调查和芯样分析的结果，确定铣刨层次，通过"三次病害确认"实现专项工程设计的动态化，确保了维修工程病害处置程度与范围界定的准确性、病害处置方案确立的针对性、病害处置技术选择的合理性和经济性、病害处置的彻底性。专项维修工程效果的跟踪观察，为探讨预防性养护时机把握与技术的确定提供着工程实证。

2003年之后，济青全线各段陆续进行了路面专项维修工程。各分公司根据各自辖段内的具体病害情况采取了相应的维修方案。全线的代表性维修方案见表7-1。

济青高速公路专项维修工程典型维修方案　　表7-1

维修方案	桩　号	所属路段	施工时间（年）	原路面结构	病害描述	方案描述
局部挖补+罩面	K0+000~K15+600	济南段	2003	4cmLH-20+6cmLH-30+8cmLS-30	坑槽、严重裂缝、沉陷、拥包、松散、车辙	先将病害处原路面铣刨8cm至稳定结构层，喷洒乳化沥青并重新铺筑8cmAC—20，找平后洒布SBS改性沥青，整体4cmSMA—13罩面
	K46+380~K52+200	淄博段	2010	4cmSMA-13+4cmLH-20+5cmLH-25+6cmLS-30	沉陷、唧浆、裂缝	铣刨4cm+7cm+8cm至稳定结构层，喷洒乳化沥青重新铺筑7cmAC—20中面层与8cmAC—25下面层，洒布SBS改性沥青，整体4cmSMA—13罩面
	K52+200~K54+600				唧浆、车辙	铣刨2cm，面层采用BBTM—5超薄抗滑层，黏层油为SBS。病害处理：铣刨7cm+8cm至稳定结构层，喷洒乳化沥青并重新铺筑7cmAC—20中面层与8cmAC—25下面层
	K55+800~K57+000				车辙	铣刨2cm，洒布SBS改性沥青，面层采用BBTM—5超薄抗滑层

续上表

维修方案	桩　　号	所属路段	施工时间（年）	原路面结构	病害描述	方 案 描 述
局部挖补+罩面	K65+600~K66+400	淄博段	2010	4cmSMA-13+4cmLH-20+5cmLH-25+6cmLS-30	车辙、裂缝	铣刨4cm，洒布SBS改性沥青，整体4cmSMA—13罩面
	K115+200~K119+700				车辙、裂缝	铣刨4cm+7cm至稳定结构层，喷洒乳化沥青，重新铺筑7cmAC—20中面层，洒布SBS改性沥青，整体4cmSMA—13罩面
面层补强+罩面	K120+910~K122+060	潍坊段	2006	4cmLH-20+5cmLH-25-I+6cmLS-30	裂缝、唧浆、拥包、车辙、沉陷	铣刨5cm+10cm至稳定结构层，喷洒乳化沥青，重新铺筑10cmATB—30下面层、5cmAC—20中面层，洒布SBS改性沥青，整体4cmSMA—13罩面
	K168+360~K171+860			5cmLH-20+6cmLH-25-I+7cmLS-30		铣刨11cm至稳定结构层，喷洒乳化沥青，重新铺筑11cmAC—25中面层，洒布SBS改性沥青，整体4cmSMA—13罩面
	K176+563~K177+414					铣刨5cm+13cm至稳定结构层，喷洒乳化沥青，重新铺筑13cmAC—25下面层、5cmAC—25中面层，洒布SBS改性沥青，整体4cmSMA—13罩面
	K182+320~K182+994					铣刨5cm至稳定结构层，喷洒乳化沥青，重新铺筑5cmAC—25中面层，洒布SBS改性沥青，整体4cmSMA—13罩面
	K253+400~K256+000	青岛段	2007	4cmLH-20－I+5cmLH-25-II+6cmLS-30	坑槽、裂缝等	铣刨4cm至稳定结构层，喷洒乳化沥青，重新铺筑4cmAC—20中面层，洒布SBS改性沥青，整体4cmSMA—13罩面
	K274+900~K276+700				坑槽、裂缝等	铣刨4cm+11cm至稳定结构层，喷洒乳化沥青，重新铺筑11cmAC—25下面层、4cmAC—20中面层，洒布SBS改性沥青，整体4cmSMA—13罩面
	K286+330~K296+160		2008	4cmLH-20-I+6cmLH-30-II+8cmLS-30	纵横裂缝、龟裂等	铣刨原路面微表处后洒布SBS改性沥青，整体4cmSMA—13罩面
	K297+607~K315+693				坑槽、裂缝等	铣刨10cm至稳定结构层，喷洒乳化沥青，重新铺筑10cmAC—25中面层，洒布SBS改性沥青，整体4cmSMA—13罩面
基层补强+罩面	K117+713~K118+767	潍坊段	2006	4cmLH-20+5cmLH-25-I+6cmLS-30+18cm二灰碎石基层	裂缝、唧浆、拥包、车辙、沉陷	铣刨5cm+10cm+18cm至稳定结构层，喷洒透层油，重新铺筑18cmATB—30基层，喷洒乳化沥青，再铺筑10cmATB—30下面层、5cmAC—20中面层，洒布SBS改性沥青，整体4cmSMA—13罩面
	K190+995~K193+983					铣刨5cm+13cm+20cm至稳定结构层，喷洒透层油，重新铺筑20cmATB—30基层，喷洒乳化沥青，再铺筑13cmAC—25下面层、5cmAC—25中面层，洒布SBS改性沥青，整体4cmSMA—13罩面
	K232+400~K235+000	青岛段	2007	4cmLH-20-I+5cmLH-25-II+6cmLS-30+20cm水泥稳定碎石砂基层	车辙、坑槽、网裂、纵裂、横裂、局部沉陷、唧浆	铣刨9cm+26cm至稳定结构层，喷洒透层油，重新铺筑26cmLSPM—30，喷洒乳化沥青，再铺筑9cmAC—25，洒布SBS改性沥青，整体4cmSMA—13罩面

第一节　局部挖补＋罩面维修案例

一、工 程 概 况

济青高速公路青岛段起止桩号为 K282＋500～K318＋780，2007 年对其进行了检测，其中部分路段路面强度检测结果为优良，只是局部出现病害。为保持罩面层下路面结构层的稳定，需对路面现有局部病害采取开挖面层至病害影响深度的处置方案。

二、维 修 方 案

1. 局部挖除面层和上基层

（1）病害特征：局部横、纵缝已进行过灌缝处理的、未处理比较严重的或两侧伴有沉陷的；局部横缝间距比较密集；局部龟裂、沉陷、唧浆的。

（2）处理方案：局部处理按铣刨面层和上基层，最小长度按 10m 考虑，挖除断面为台阶式，横向加排水管，对基层裂缝用热沥青进行封闭，基层和面层侧壁喷涂热 SBS 改性沥青，在铣刨面洒布透层油和喷洒 SBS 改性沥青下封层后，新做路面结构为新铺 20cm 厚的沥青稳定碎石混合料（LSPM—30），再重新铺筑 10cm 厚的沥青混凝土（AC—25），再洒布黏层油，其上新作 8cm（5cm）厚的岩沥青混凝土（AC—25 或 AC—20），与罩面路段全幅喷洒 SBS 改性沥青防水黏结层，全幅加铺厚度 4cm 改性沥青玛蹄脂碎石混合料（SMA—13）。

2. 局部挖除面层

（1）病害特征：局部横纵缝并伴有重度斜向裂缝的；局部坑槽、车辙比较严重的。

（2）处理方案：沿裂缝轮廓线分台阶切除 5～18cm（上面层、两个面层或三个面层）深的面层，宽度不低于压路机的轮宽，基层或面层裂缝用热沥青进行封闭，挖除三个面层的再横向加排水管，基层和面层侧壁喷涂热 SBS 改性沥青，在铣刨面洒布透层油和喷洒 SBS 改性沥青下封层，再重新铺筑 10cm（9cm）厚的粗粒式沥青混凝土（AC—25），再洒布黏层油，其上新作 8cm（6cm）厚的岩沥青混凝土（AC—25 或 AC—20），与罩面路段全幅喷洒 SBS 改性沥青防水黏结层，全幅加铺厚度 4cm 改性沥青玛蹄脂碎石混合料（SMA—13）。

3. 局部铣刨微表处后处理病害

（1）病害特征：局部无支缝的轻度顺直裂缝。

（2）处理方案：采用热沥青灌缝处理，与罩面路段全幅喷洒 SBS 改性沥青防水黏结层，全幅加铺厚度 4cm 改性沥青玛蹄脂碎石混合料（SMA—13）。

三、材料及机械

1. 上面层 4cm 改性沥青玛蹄脂碎石混合料（SMA—13）各项材料要求

（1）沥青

为提高上面层沥青混合料的使用性能，根据工程所在地的气候、分区及交通等使用要求，按照《公路沥青路面施工技术规范》（JTG F40—2004）的规定，选择采用 SBS 聚合物作改性剂的改性沥青，重交通道路石油沥青 70 号作基质沥青。制备改性沥青时，应采用适宜的生产条件和方法进行，通过试验确定合理的改性剂剂量和适宜的加工温度（表 7-2）。改性剂在基质中应分散均匀并达到一定的细度。

（2）粗集料

粗集料应采用石质坚硬、清洁、不含风化颗粒、近似立方体颗粒的碎石。粒径大于 4.75mm，宜采用玄武岩集料和辉绿岩集料，其规格应符合《公路沥青路面施工技术规范》（JTG F40—2004）表 4.8.3 规定。粗集料的质量技术要求在《公路沥青路面施工技术规范》（JTG F40—2004）表 4.8.2、表 4.8.5、表 4.8.7 规定的指标基础上，作适当提高，其各项指标要求见表 7-3。

SBS 改性沥青需经试验确定各项指标符合要求　　表 7-2

指　　标	SBS	试验方法
针入度(25℃、100g、5s)	40～60	T 0604
延度 5℃5cm/min 不小于	50	T 0605
软化点 TR&B 不小于	45	T 0606
运动黏度 135℃不大于	3	T 0625
闪点不小于	230	T 0611
溶解度不小于	99	T 0607
储存稳定性离析 48h 软化点差不大于	2.5	T 0661

上面层集料质量技术要求　　表 7-3

指　　标	技术要求	试验方法
石料压碎值不大于(%)	20	T 0316
石料高温压碎值不大于(%)	24	
洛杉矶磨耗损失不大于(%)	28	T 0317
表观密度不小于(t/m³)	2.6	T 0304 T 0328
吸水率不大于(%)	2	T 0304
对沥青的黏附性不小于	5 级	T 0616 T 0663
坚固性不大于(%)	12	T 0314
针片状颗粒含量(混合料)不大于(%) 其中粒径大于 9.5mm 不大于(%) 其中粒径小于 9.5mm 不大于(%)	12 12 18	T 0312
软石含量不大于(%)	3	T 0320
石料磨光值不小于(BPN)	42	T 0321
石料冲击值不大于(%)	20	
抗压强度不小于(kPa)	120	
细集料砂当量不小于(%)	60	T 0334
细集料含泥量不大于(%)	3	T 0333
细集料亚甲蓝值不大于(g/kg)	25	T 0346
棱角性(流动时间)不小于(s)	30	T 0345

注:吸水率不宜大于 2.0%,细集料砂当量宜不小于 70%。

(3)细集料

采用坚硬、洁净、干燥、无风化、无杂质并有适当颗粒级配的人工轧制的玄武岩、辉绿岩或石灰岩细集料,不能采用山场的下脚料。其规格应符合《公路沥青路面施工技术规范》(JTG F40—2004)表 4.9.3 中砂的级配要求。

(4)矿粉

沥青混合料的矿粉必须采用石灰岩或岩浆岩中的强基性岩石等憎水性石料经磨细得到的矿粉,原石料中的泥土杂质应除净。矿粉应干燥、洁净,能自由地从矿粉仓流出。矿粉质量技术要求见表 7-4。不得将拌和机回收的粉尘作为矿粉使用,以确保沥青面层的质量。

(5)木质素纤维

采用优良的木质素絮状纤维作为稳定剂,掺加比例以沥青混合料总质量的 0.3% ~0.4%。木质素絮状纤维技术指标应满足表 7-5 中的要求。

沥青面层用矿粉质量技术要求　　表7-4

指标		技术要求	试验方法
表观密度不小于(t/m^3)		2.5	T 0352
含水率不大于(%)		1	T 0103 烘干法
粒度范围	<0.6mm(%)	100	T 0351
	<0.15mm(%)	90~100	T 0351
	<0.075mm(%)	75~100	T 0351
外观		无团粒结块	—
亲水系数		<1	T 0353
塑性指数		<4	T 0354
加热安定性		实测记录	T 0355

木质素纤维质量标准　　表7-5

试验			指标
筛分析	冲气筛分析	纤维长度	<6mm
		通过0.15mm筛	(70±10)%
	普通筛分析	纤维长度	<6mm
		通过0.85mm筛	(85±10)%
		通过0.425mm筛	(65±10)%
		通过0.106mm筛	(30±10)%
灰分含量			(18±5)%,无挥发物
pH值			7.5±1.0
吸油率			纤维质量的(5.0±1.0)倍
含水率			<5%(以质量计)

2. SBS改性沥青防水黏结层材料要求

SBS改性沥青采用Ⅰ—D级,应采用专用设备喷洒,沥青洒布用量控制在1.8~2.2L/m^2,并同时均匀撒布一层单一粒径为9.5~13.2mm的机制碎石,碎石表面应干燥、洁净,撒布碎石数量约为布满面积的50%,用轻型压路机稳压一遍。

3. 机械要求

间歇式沥青混合料拌和机,产量大于320t/h。全部生产过程由计算机自动控制,配有良好的打印装置。拌和机应配备良好的二级除尘装置和木质素纤维添加装置。

沥青混合料摊铺机三台(其中一台备用)。

非接触式平衡梁装置两套(4只)。

压路机:静重不小于10t双钢轮压路机4台(其中带振动压路机不少于3台),小型手扶振动压路机1台。

载质量15t以上的自卸汽车宜备20辆左右。

小型沥青洒布车1辆。

另外必须配备性能良好、精度符合规定的质量检测仪器,并配备足够的易损部件。主要仪器设备如下:针入度仪、延度仪、软化点仪、沥青混合料马歇尔试验仪、马歇尔试件击实仪、试验室用沥青混合料拌和机、脱模器、沥青混合料离心抽提仪(带矿粉离心加速沉淀仪)、沥青路面用标准筛(方筛孔)、集料压碎值试验仪、烘箱(至少2台)、试模(不少于12只)、恒温水浴、冰箱、路面取芯机、路面平整度仪、砂当量仪。

四、施 工 工 艺

1. SMA 沥青混合料施工

(1)施工机械与质量检测仪器的准备工作

SMA 上面层采用机械化连续摊铺作业,必须配备齐全的施工机械和配件,做好开工前的保养、调试和试机。

(2)原沥青面层的检查、清扫与喷洒黏层沥青

对原面层表面的污染物必须清扫干净,必要时用水冲刷,对于局部被水泥等杂物污染冲刷不掉的,应用人工将表面水泥砂浆凿除。

对原面层表面,清扫干净、冲洗的水迹晾干后喷洒黏层沥青,施工工艺按有关规定执行。以浇洒均匀,不流淌不粘轮为准。黏层沥青喷洒后应进行交通管制,禁止任何车辆通行和人员踩踏,不粘车轮时才可摊铺上面层。

(3)铺筑试铺路段

改性沥青 SMA—13 上面层施工开工前,均需先做试铺路段。每个面层施工单位,通过合格的改性沥青 SMA—13 组成设计,拟订试铺路段铺筑方案,经总监代表和总监助理审查报总监批准后,铺筑试铺路段。试铺路段宜选在直线段,长度不少于 300m。

试铺路段施工分为试拌和试铺两个阶段,需要决定的内容包括:根据各种机械的施工能力相匹配的原则,确定适宜的施工机械,按生产能力决定机械数量与组合方式。

①通过试拌决定:

a. 拌和机的操作方式,如上料速度、加料程序、矿粉的加料方式、拌和数量与拌和时间、拌和温度等。

b. 验证改性沥青 SMA—13 的生产配合比,决定正式生产用的矿料配合比和油石比。

c. 木质素纤维添加方式和计量检验。

②通过试铺决定:

a. 摊铺机的操作方式,摊铺方法、摊铺温度、摊铺速度、初步振捣夯实的方法和强度、自动找平方式等。

b. 改性沥青 SMA—13 路面的压实是一道关键工序,要在试铺段试铺过程中,通过试压获得所要求压实度而制订适宜压实工艺与压实程序:明确具体的碾压时间,压实顺序,碾压温度,碾压速度,静压与振压最佳遍数,压路机类型组合,压路机型号与吨位,压路机振幅、频率与行走速度的组合等。

c. 施工缝处理方法。

d. 松铺系数(约为 1.08 ~ 1.20)。

确定施工产量及作业段的长度,修订施工组织计划。

全面检查材料及施工质量是否符合要求。

确定施工组织及管理体系、质保体系、人员、机械设备、检测设备、通讯及指挥方式。

试铺段的铺筑,严格按标准《公路沥青路面施工技术规范》(JTG F40—2004)规定操作。

(4)改性沥青 SMA—13 的运输

采用数字显示插入式热电偶温度计(必须经常标定)检测沥青混合料的出厂温度和运到现场温度。插入深度要大于 150mm。在运料载货汽车侧面中部设专用检测孔,孔口距车箱底面约 300mm。

拌和机向运料车放料时,汽车应前后移动,分三堆装料,以减少粗集料的分离现象。

沥青混合料运输车的运量应较拌和能力和摊铺速度有所富余,摊铺机前方应有五辆运料车等候卸料。

运料车应用完整无损的双层篷布覆盖,以保温防雨或避免污染环境。

连续摊铺过程中,运料车在摊铺机前 10 ~ 30cm 处停住,不得撞击摊铺机。卸料过程中运料车应挂空挡,靠摊铺机推动前进。

(5)改性沥青 SMA—13 的摊铺

连续稳定的摊铺,是提高路面平整度最关键的环节。宜采用两台摊铺机梯队摊铺,以提高摊铺层均匀性

和压实度。摊铺机的摊铺速度应根据拌和机的产量、施工机械配套情况及摊铺厚度，按 2～3m/min 左右予以调整，通常不超过 3m/min，容许放慢到 1～2m/min，做到缓慢、均匀、不间断地摊铺。

改性沥青 SMA 沥青混合料上面层宜采用非接触式平衡梁装置控制摊铺厚度。由两台摊铺机联合作业实施摊铺，前摊铺机过后，摊铺层纵向接缝上应呈斜坡，后面摊铺机应跨缝 5～10cm 摊铺。两台摊铺机距离不应超过 10m。

摊铺机应调整到最佳工作状态，调试好螺旋布料器两端的自动料位器，并使料门开度、链板送料器的速度和螺旋布料器的转速相匹配。螺旋布料器的料量应高于螺旋布料器中心，使熨平板的挡料板前混合料在全宽范围内均匀分布，并在每天起步前就应将料量调整好，再实施摊铺，避免摊铺层出现离析现象；并随时分析、调整粗细料是否均匀，检测松铺厚度是否符合规定。摊铺前应将熨平板预热至规定温度（不低于 100℃），摊铺时熨平板应采用中强夯等级，使铺面的初始压实度不小于 85%。摊铺机熨平板必须拼接紧密，不许存有缝隙，防止卡入粒料将铺面拉出条痕。

摊铺应选择在当日高温时段进行，路表温度低于 15℃时不宜摊铺。摊铺遇雨时，立即停止施工，并清除未压实成型的混合料。遭受雨淋的混合料应废弃，不得卸入摊铺机摊铺。

(6)改性沥青 SMA—13 的压实

改性沥青 SMA—13 的初压、复压宜用钢轮振动压路机碾压，碾压应遵循紧跟、慢压、高频、低幅的原则进行。混合料摊铺后必须紧跟着在尽可能高温状态下开始碾压，不得等候。不得在低温状态下反复碾压，防止磨掉石料棱角、压碎石料，破坏石料嵌挤。碾压温度应符合表 7-6 的规定。必须有足够数量的压路机，初压和复压均不宜少于两台。碾压段的长度控制在 20～30m 为宜，改性沥青 SMA—13 严禁使用轮胎压路机。

改性沥青 SMA—13 的碾压温度　　表 7-6

初压开始温度(℃)	不低于 150	碾压终了温度(℃)	不低于 110
复压最低温度(℃)	不低于 130		

注：1. 所有检测用温度计应采用半导体数显温度计并及时送当地计量部门检定，或在监理监督下用标准温度计标定。
2. 所有温度检测均应按正确的方法操作，避免温度计探头位置不当使测得温度不真实。
3. 碾压温度是指碾压层内部温度。

在初压和复压过程中，宜采用同类压路机并列成梯队压实，不宜采用首尾相接的纵列方式。采用振动压路机压实改性沥青 SMA—13 路面时，压路机轮迹的重叠宽度不应超过 20cm，当采用静载压路机时，压路机的轮迹应重叠 1/3～1/4 碾压宽度。不得向压路机轮表面喷涂油类或油水混合液，需要时可喷涂清水或皂水。

压路机应以均匀速度碾压。压路机适宜的碾压速度随初压、复压、终压及压路机的类型而别，可参照表 7-7 通过试铺确定。

压路机碾压速度(km/h)　　表 7-7

压路机类型	初　压	复　压	终　压
静载钢轮压路机	2～3	2.5～5	2.5～5
钢轮振动压路机	2～4	4～5	—

改性沥青 SMA—13 路面摊铺后应抓紧碾压，由专人负责指挥协调各台压路机的碾压路线和碾压遍数，使摊铺面在较短时间内达到规定压实度。压路机折返应呈梯形，不应在同一断面上。

对松铺厚度、碾压顺序、碾压遍数、碾压速度及碾压温度应设专岗检查。改性沥青 SMA—13 路面应严格控制碾压遍数，在压实度达到马歇尔密度的 98% 以上，或者路面现场空隙率不大于 6% 后，不再作过度碾压。如碾压过程中发现有沥青玛蹄脂上浮或石料压碎、棱角明显磨损等过碾压的现象时，应停止碾压。

路面压实完成 24h 后，方能允许施工车辆通行。

(7)施工接缝的处理

纵向施工缝：对于采用两台摊铺机成梯队联合摊铺方式的纵向接缝，应在前部已摊铺混合料部分留下

10～20cm 宽暂不碾压作为后高程基准面，并有 5～10cm 左右的摊铺层重叠，以热接缝形式在最后作跨接缝碾压以消除缝迹。上中层纵缝应错开 15cm 以上。

横向施工缝：全部采用平接缝。用 3m 直尺沿纵向位置，在摊铺段端部的直尺呈悬臂状，以摊铺层与直尺脱离接触处定出接缝位置，用锯缝机割齐后铲除；继续摊铺时，应将接缝锯切时留下的灰浆擦洗干净，涂上少量黏层沥青，摊铺机熨平板从接缝后起步摊铺；碾压时用钢筒式压路机进行横向压实，从先铺路面上跨缝逐渐移向新铺面层。

横向施工缝应远离桥梁毛勒缝 20m 以外，不许设在毛勒缝处，以确保毛勒缝两边路面表面的平顺。

(8)开放交通及其他

沥青玛蹄脂碎石混合料路面应待摊铺层完全自然冷却到周围地面温度时（最好隔夜），才可开放交通。

当摊铺时遇雨或下层潮湿时，严禁进行摊铺工作，对没经压实即遭雨淋的沥青混合料（已摊铺）应全部清除更换新料。

油斑的形成及防治。在 SMA 路面碾压成型过程中，路面可能会出现油斑，当油斑直径大于 5cm 时，应及时在油斑区域洒机制砂。摊铺后即出现的油斑，应在碾压之前铲除、换填。油斑的产生可能是纤维掺加剂拌和不均匀所致，因此需检查纤维加入量是否正确，拌和时间是否够长；当由于碾压过度产生油斑时，应正确掌握碾压遍数及振动力的大小；过高的用油量也会产生油斑，因此要及时检查拌和楼沥青计量器的准确性；拌和料（特别是纤维掺加剂）及路表含有一定的水分，也会产生油斑，因此掺加剂必须干燥，严禁路表带水施工。

2. SBS 防水黏结层的施工

施工时严格按《公路沥青路面施工技术规范》(JTG F40—2004)关于封层施工的规定执行。

(1)准备工作

①SBS 改性沥青洒布前将工作面内的尘土、烟头、杂物等彻底清扫干净，同时表面处于风干或含水率在不影响沥青的均匀洒布和渗透范围时，才能洒布沥青。

②SBS 沥青提前在拌和站加热到 180℃，运输过程中应继续加热，防止沥青温度降低，影响沥青洒布的均匀性。

③石屑采用单一粒径(9.5～13.2mm)的玄武岩石屑，提前一天在拌和站冲洗干净，泥土含量不超过 1%，石屑用量为布满面积的 60%～70%。

(2)SBS 沥青的洒布

采用全智能洒布车进行沥青洒布，洒布温度控制在不低于 180℃，洒布量控制在 1.8～2.0L/m^2。洒布前检查喷嘴是否有堵塞，有堵塞时应及时疏通；洒布车在靠近路缘石洒布时，应在路缘石旁放挡板，防止沥青污染路缘石和树木；从伸缩缝位置开始洒布时，应在伸缩缝上铺设毛毡，防止沥青污染伸缩缝；路缘石边缘洒不到的地方，可采用人工补洒；控制好中间纵向接茬，避免产生喷洒两遍，导致路面泛油。图 7-1 是 SBS 防水层洒布的工作面。

图 7-1 防水层洒布

(3)石屑撒布

当沥青洒布完成后，洒布车匀速前进撒布石屑，石屑撒布应均匀。在纵向接茬处避免撒布两遍，当撒布石屑较多时，应及时人工清除。石屑撒布完成后用胶轮压路机排压 2～3 遍。

(4)养生

①洒好封层的工作面当出现泛油时，按指定用量补洒吸附沥青材料。

②养生期间，严禁车辆在已洒好的封层上紧急刹车和掉头，防止车轮粘起沥青。

③除运送沥青混合料的车辆外，任何车辆不得在完成的封层上通行。

五、维 修 效 果

2008 年青岛段罩面维修工程中对部分路段的局部病害进行挖补处理，全段进行加铺罩面，现路况良好。

第二节 面层补强 + 罩面维修案例

一、工 程 概 况

济青高速公路淄博段为重车多、超载严重路段，在车辆荷载的反复作用和自然因素的影响下，至 2005 年，沥青已逐渐老化，面层产生网裂、龟裂，路面抗滑能力严重降低，车辙、泛油、拥包、唧浆、破碎、坑槽等病害严重影响行车舒适与安全，路面强度薄弱部位导致基层疲劳破坏，尤其是超载超限车辆的迅猛增加，造成路面破损状况明显加重，路面病害逐渐增多，加速了路面的破坏。

二、维 修 方 案

2005 年淄博段路面罩面维修是遵照“预防为主，防治结合”原则，主要对超、行车道严重车辙路段和强度薄弱产生严重病害部位进行车辙处理和挖补，然后通过加铺罩面层来进行维修。根据路面强度评价结果及病害分布情况，强度评价为优良的路段主要病害为车辙，一般以铣刨行车道面层后重铺，然后全幅加铺表面抗滑层为主进行处理；强度评定为中等的路段，车辙比较严重，并伴有纵横向裂缝的路段，一般以铣刨行车道中、上面层后重铺，然后全幅加铺表面抗滑层为主进行处理；强度评价为次、差的路段，一般伴随严重车辙和沉陷等病害，应将行车道沥青面层全部铣刨后，检查基层状况是否可用，对沉陷、唧浆、破碎等病害严重处基层进行挖补处理后重铺，然后全幅加铺表面抗滑层。

具体处置措施为：对路段内行车道与超车道范围沥青面层（上面层或上面层和中面层或上面层、中面层和下面层）进行铣刨至不留夹层并做拉毛处理（对局部基层破损应进行挖补，对纵横向裂缝铣刨到基层用热沥青灌注下部裂缝），当分层铣刨时，每层错台 15cm，在对原路面采取上述措施进行处置后，喷洒黏层油，重新铺筑相应厚度的粗粒式沥青混凝土（AC—25），压实后与原路面齐平，再采用专用设备满幅喷洒 SBS 改性沥青防水黏结层，并同时均匀撒布一层单一粒径为 9.5 ~ 13.2mm 的机制碎石，撒布碎石数量为布满面积的 60%，用轻型压路机稳压一遍，形成上层施工工作平台，再在其上满幅铺筑厚度 4cm 改性沥青玛蹄脂碎石混合料（SMA—13）。

三、材料及机械

1. 中下面层沥青混合料各项材料要求

(1) 沥青

中、下面层沥青混合料主要采用的是 AH-70 号沥青，其指标应符合表 7-8 的质量技术要求：

沥青性能整套检验，每批到货应至少检验一次，对沥青的三大指标应按每 500t（或以下）检验一次。

重交 AH-70 号沥青的技术要求 表 7-8

指 标	技术要求	试验方法	指 标	技术要求	试验方法
针入度 25℃，100g，5s，(0.1mm) 最小	60 ~ 80	T 0604	15℃ 延度 (cm) 不小于	100	T 0605
软化点 (R&B)(℃) 不小于	45	T 0604	闪点 (℃) 不小于	260	T 0611
60℃ 运动黏度 (Pa·s) 不小于	160	T 0620	溶解度 (%) 不小于	99.5	T 0607
10℃ 延度 (cm) 不小于	15	T 0605	密度 (℃) g/cm^3	实测记录	T 0603

(2) 粗集料

粗集料技术指标如表 7-9 所示。

粗集料技术指标　　表 7-9

检验项目	技术要求	检验项目	技术要求
石料压碎值不大于(%)	28	坚固性不大于(%)	12
洛杉矶磨耗损失不大于(%)	30	细长扁平颗粒含量不大于(%)	15
视密度不小于(t/m^3)	2.6	水洗法小于0.075mm颗粒含量不大于(%)	1
吸水率不大于(%)	2.0	软石含量不大于(%)	3.0
对沥青的黏附性不小于	4级		

中、下面层石灰岩粗集料应洁净、干燥、无风化、无杂质,其质量应符合表 7-9 的要求。对进场粗集料每 500t 检验一次,粗集料如选用破碎砾石,则应采用粒径大于 50mm、含泥量不大于 1% 的砾石轧制,且具有一个破碎面的颗粒比例不小于 90%,具有两个破碎面的颗粒比例不应少于 80%。

(3)细集料

细集料采用石灰岩粉碎的机制砂,也可使用天然砂,天然砂的含量不宜大于集料总量的 15%。细集料每 200t 检验一次。使用的细集料应洁净、干燥、无杂质,其质量应符合表 7-10 要求。

细集料主要技术指标　　表 7-10

视密度	坚固性	砂当量	水洗法<0.075mm 颗粒含量
≥2.5/cm^3	不小于12%	不小于60%,宜控制在70%以上	≤15%,宜控制在不大于12.5%

(4)矿粉

沥青混合料的矿粉宜采用石灰岩或岩浆岩中的强基性岩石等憎水性石料经磨细得到的矿粉,原石料中的泥土等杂质应除净。矿粉要求干燥、洁净。不得将拌和机回收的粉尘作为矿粉使用。

2. 施工机械要求

铣刨机 2 台、3 000 型(每小时拌和料 240t)拌和机 2 台、ABG 摊铺机 3 台、双钢轮压路机 8 台、山猫清扫机 2 台、智能 SBS 沥青洒布车 2 套、乳化沥青洒布车 2 台,石子冲洗设备 1 套。

四、施 工 工 艺

1. 沥青中、下面层施工

沥青面层的施工按现行《公路沥青路面施工技术规范》(JTG F40—2004)有关内容规定执行。沥青面层应尽可能连续施工,其时间间隔不要太长,以防止沥青中、下面层受到污染。如果施工时间间隔较长,或下层受到污染,摊铺上一层前应将表面清洁干净后,浇洒黏层沥青后再铺筑。浇洒 SBS 防水黏层沥青后,再铺筑沥青混凝土层。黏层沥青用量 0.3 ~ 0.6kg/m^2。

(1)施工前的质量检查

沥青路面施工前,应对基层和下封层进行检查,当质量符合要求时,方可开始施工。

①检查下封层的完整性和与基层表面的黏结性。对局部基层外露和下封层两侧宽度不足部分应按下封层施工要求进行补铺;对已成型的下封层,用硬物刺破后应与基层表面相黏结,以不能整层被撕开为合格。

②对下封层表面浮动矿料应扫到路面以外,表面杂物亦清扫干净。灰尘应提前冲洗,风吹干净(图 7-2)。

图 7-2　铣刨清扫

(2)准备工作

铺筑中面层前,对下面层表面应进行彻底清扫,清除纹槽内泥土杂物,风干后均匀喷洒黏层沥青,施工工艺按有关规定执行。

①施工前应对进场的材料按批进行抽检,以保证材料质量。

②施工前应对施工机具进行全面检查、调整,以保证设备处于良好状态,特别是拌和机、摊铺机、压路机的计量设备,如电子称、自动找平装置等必须进行计量标定的调校。

③应有充分的电源和备份设备,确保在一个施工工作日不致因停电或某一设备的故障,造成生产的中断。

④各种矿料必须分类堆放,不同集料应分别放置在硬化场地的堆放场,防止被其他颗粒材料污染。

(3)沥青混合料的拌制

①沥青混合料的矿料级配应符合目标配合比及生产配合比的要求。混合料沥青用量控制在生产油石比-0.1%、+0.2%。

②沥青混合料必须在沥青拌和厂采用拌和机械拌制,拌和厂的设置除应符合国家有关环境保护、消防、安全等要求外,还应注意各种矿料应分散堆放,不得混杂,集料(尤其是细集料)、矿粉不得受潮,须设置防雨顶棚储存。

③沥青混合料应采用间隙式拌和机拌和,拌和机应有防止矿粉飞扬散失的密封性能及除尘设备,并有检测拌和温度的装置和自动打印装置。

④沥青混合料拌和时间以混合料拌和均匀、所有矿料颗粒全部裹覆沥青胶结料为度。

⑤拌和厂拌制的混合料应均匀一致、无花白料、无结团块或严重的粗细料分离现象,不符合要求不得使用。

⑥混合料不得在储料仓中储存过夜。

(4)沥青混合料的运输

混合料应采用大吨位自卸车运输(图7-3),为防止沥青与车厢板黏结,车厢侧面板和底板可涂一薄层隔离剂,但不得有余液积聚在车厢底部。绝对不允许使用柴油和水的混合料作为隔离剂。

图7-3　沥青混合料运输

为了保证摊铺温度,运输时必须采取加盖棉被或苫布等切实可行的保温措施。每车到现场均应测量混合料温度,低于摊铺温度时,混合料不得卸车。

为了保证连续摊铺,开始摊铺时,现场待卸料车辆不得少于5辆。

在卸料时,运输车辆不得撞击摊铺机,以保证摊铺出的路面的平整度。

(5)沥青混合料的摊铺(图7-4)

图7-4　沥青混合料摊铺

摊铺前必须将工作面清扫干净,如用水冲,必须晒干后才能进行摊铺作业。

混合料必须采用机械摊铺机,在摊铺前应检查确认下层的质量,质量不合格时,不得进行铺筑作业。摊铺机应调整到最佳状态,使铺面均匀一致,不得出现离析现象。

进行作业的摊铺机必须具有自动调节厚度及找平的装置,必须具有振动熨平板或振动夯等初步压实装置。下面层摊铺应采用钢丝引导的高程控制方式,中面层摊铺宜采用移动式自动找平基准装置。

摊铺机的摊铺速度应调节至与供料、压实速度相平衡,保证连续不断的均衡摊铺,中间不停顿。

改性沥青混合料摊铺温度宜大于150℃,重交通AH—70沥青混合料摊铺温度宜大于140℃,混合料温度在载货汽车卸料到摊铺机上时测量。

沥青路面的松铺系数应根据试铺段确定,摊铺过程中应随时检查摊铺层厚度及路拱、横坡,达不到要求时,立刻进行调整。

(6)沥青混合料的碾压成型

高性能沥青混合料应在摊铺后立即压实,不应等候。

混合料的压实按初压、复压和终压三阶段进行,压路机应以≤5km/h的速度进行均匀的碾压。初压用10t或10t以上钢轮压路机紧随摊铺机碾压,复压应在初压完成后紧接着进行,用16~25t轮胎压路机碾压。终压用较宽的钢轮压路机碾压。压路机的碾压遍数及组合方式依据试铺段确定。

现场混合料压实度不小于实测最大理论密度的93%,不得大于97%,空隙率在3%~7%之间。应采用钻孔法及核子密度仪检测密度。

注意碾压温度和碾压程序,不得将集料颗粒压碎。碾压终了温度应不低于100℃。

为了防止混合料粘轮,可在钢轮表面均匀洒水使轮子保持潮湿,水中掺少量的清洗剂或其他隔离剂材料,不得掺加柴油、机油。要防止过量洒水引起混合料温度的骤降。

压路机静压时相邻碾压带应重叠15~20cm轮宽,振动时相邻碾压常重叠宽度不得超过15~20cm。要将驱动轮面对摊铺机方向,防止混合料产生推移。压路机的起动、停止必须减速缓慢进行。

图7-5 沥青混合料压实

(7)接缝

采用两台摊铺机时的纵向接缝应采用热接缝,即施工时将已铺混合料部分留下10~20cm宽暂不碾压,作为后铺部分的高程基准面,然后再跨缝碾压以消除缝迹。

横向施工缝应采用平接缝,切缝时间宜在混合料尚未冷却结硬之前进行。原路面必须用切缝机锯齐,形成垂直的接缝面,并用热沥青涂抹,然后用压路机进行横向碾压,碾压时压路机应位于已压实的面层上,错过新铺层15cm,然后每压一遍,向新铺层移动15~20cm,直至全部在新铺层上,再改为纵向碾压。如用其他碾压方法,应保证横向接缝平顺,紧密。应特别注意横向接缝处的平整度,切缝位置应通过3m直尺测量确定。在施工缝及构造物两端连接处必须仔细操作保持紧密、平顺。

(8)试铺路段施工

面层正式施工前,各施工单位应进行试铺路面施工,试铺路段长度不小于300m。试铺路面施工分试拌和试铺两阶段。

根据沥青路面各种施工机械匹配的原则,确定合理的施工机械和组合方式,如拌和楼产量与运输车辆配套,摊铺机与压路机配套数量等关系。

通过试拌确定拌和机的上料速度,拌和数量与时间,集料加热温度与拌和温度等操作工艺,验证沥青混合料生产配合比和沥青混合料的性质。

通过试铺确定:摊铺机的摊铺速度和摊铺温度;压路机的压实顺序、碾压温度、碾压速度和遍数,以及确定松铺系数、接缝方式。

试拌试铺后,依据沥青混合料的抽提试验结果、路面外观质量和路面压实度确认生产标准配合比。

通过钻孔法及核子密度仪法测定压实度对比关系,确定碾压遍数与压实度的关系。

检查施工及质检的全过程是否配套进行,试铺段面层质量是否符合规定。

(9)开放交通及其他(图7-6)

图7-6　开放交通

沥青路面应待摊铺层完全自然冷却到周围地面温度时(最好隔夜),才可开放交通。

当摊铺时遇雨或下层潮湿时,严禁进行摊铺工作,对未经压实即遭雨淋的沥青混合料(已摊铺)应全部清除更换新料。

(10)技术使用中施工关键控制点

对新铺沥青结构层,除按照现行《公路沥青路面施工技术规范》(JTG F40—2004)的有关规定执行外,尚应符合下列要求:

①原有沥青路面应露出坚硬的边缘。刨切时,原路面面层和基层的粒料不可松动,并清除干净,保持边缘垂直。

②在接茬处应均匀涂刷一层黏结沥青。

③纵向接茬应与路中心平行,摊铺时应与旧路面重叠5cm,将摊铺在旧路面上的混合料用推板推向新铺路面后开始碾压。

④双层或多层路面接茬时,上下层不宜接在同一垂直面上,应错开15cm做成台阶式;受开槽宽度的影响,不得已而使上下层接茬落在同一垂直面上时,在各层碾压前,应在接茬部位人工撒铺适量混合料,必须使新旧路面在接茬处碾压后处于密实状态。

⑤横向接茬与路中线垂直,上下层不宜接在同一垂直面上,应错开压路机碾压行走所需的长度,做成台阶式;受开槽长度的影响,不得已而上下层接茬落在同一垂直面上时,可做成斜接茬。

2. 黏层施工

(1)总体要求

黏层油沥青材料采用优质快裂阳离子洒布型乳化沥青,沥青含量大于70%;沥青胶油吸附性,较高的强度,合适的厚度、延伸率和蠕变性能以及较好的摩擦性能。乳化沥青的品种及用量符合《公路沥青路面施工技术规范》(JTG F40—2004)表4.3.2、表4.4.1及表4.5.1的要求,乳化沥青洒布量:0.3~0.5kg/m^2。

(2)喷洒工艺

①黏层沥青喷洒前由专人把路面(杂物、落叶、烟头、粉尘等)清扫干净。

②黏层油沥青采用洒布车均匀地洒布,并按《公路路基路面现场测试规程》(JTG E60—2008)中有关要求和方法检测洒布用量,每次检测不少于3处。

③沥青洒布过程中若发现喷嘴堵塞,及时疏通;在沥青洒布机喷不到的地方可采用手工洒布。电脑控制洒布用量,以沥青不流淌、不泛油为宜。喷洒超量用石屑进行吸附;漏洒或少洒的地方人工补洒。

④喷洒区附近的结构物和树木表面用油毡加以覆盖,以免溅上乳化沥青而受到污染。

⑤在温度高于10℃,风力小于4级时进行洒布。

(3)养护

①洒好黏层油的面层当出现泛油,按指定用量补洒吸附沥青材料。

②养生期间,杜绝在已洒好黏层油沥青的路面上开放交通。如果在沥青材料充分渗入之前必须开放交通,为了防止车轮粘起沥青,应撒铺吸附材料,以覆盖未被完全吸收的沥青。

③除运送沥青车外,任何车辆均不得在完成的黏层油上通行。

五、维 修 效 果

2005 年淄博段经面层补强后加铺罩面的维修路段现路况良好,未出现较严重的病害。

第三节　基层补强 + 罩面维修案例

一、工 程 概 况

青岛段 K283 + 550 ~ K283 + 950 左幅经 2007 年检测,路面强度评价为中等以下,纵、横缝及不规则裂缝很多,且横缝间距小,出现坑槽、龟裂、沉陷、唧浆等病害,根据钻芯芯样描述,面层和基层分离,面层不完整或有裂缝,基层部分或全部破碎。

二、维 修 方 案

对上述情况,采用铣刨面层和部分基层后重铺,然后加铺罩面层的处置措施。即对路段内的行车道、超车道的原路面沥青层和水泥稳定碎石基层铣刨至不留夹层(对局部病害按局部方案进行处理)。

(1)基层采用柔性基层沥青稳定碎石混合料(LSPM—30)。在铣刨面洒布透层油和喷洒 SBS 改性沥青下封层后,新做路面结构为新铺一层 20cm 厚的沥青稳定碎石混合料(LSPM—30),其上铺筑 10cm 厚的粗粒式沥青混凝土(AC—25),洒布黏层油,上面新铺 8cm(5cm)厚的粗(中)粒式岩沥青混凝土(AC—25)或(AC—20),全幅喷洒 SBS 改性沥青防水黏结层,全幅加铺厚度 4cm 改性沥青玛蹄脂碎石混合料(SMA—13)。

(2)行车道和超车道同时铣刨面层和基层并且铣刨长度大于 270m 的路段,维持原路面高程和路面厚度,两侧按≤1‰进行顺坡处理,顺坡段上下行硬路肩进行铣刨 4cm 上面层,不留夹层并进行拉毛处理。基层采用柔性基层沥青稳定碎石混合料(LSPM—30)。在铣刨面洒布透层油和喷洒 SBS 改性沥青下封层后,新铺一层 20cm 厚的沥青稳定碎石混合料(LSPM—30),其上铺筑 8cm 厚的粗粒式岩沥青混凝土(AC—25),洒布黏层油,上面新铺 6cm 厚的中粒式沥青混凝土(AC—20),全幅喷洒 SBS 改性沥青防水黏结层,全幅加铺厚度 4cm 改性沥青玛蹄脂碎石混合料(SMA—13)。

三、材　　料

沥青面层材料及 SBS 防水黏结层材料要求详见第七章第一节、第二节。

沥青稳定碎石基层各项材料要求如下:

原路面铣刨水泥稳定碎石砂上基层后,由于受养生时间、交通管制和社会影响的限制,本次设计采用一层沥青稳定碎石混合料(LSPM—30)。

材料技术要求:

(1)粗、细集料

大碎石沥青混合料对粗细集料应满足《公路沥青路面施工技术规范》(JTG F40—2004)对热拌沥青混合料粗、细集料的要求。

(2)填充料

为了提高沥青混合料的抗水损害能力,填充料矿粉宜使用干燥的含有消石灰粉或生石灰粉的石灰岩质矿粉。石灰粉与矿粉质量比为 28 + 5 : 72 + 5。

(3)沥青胶结料

基层大碎石沥青混合料采用的沥青胶结料为 MAC 改性沥青,其技术指标满足《公路沥青路面施工技术规范》(JTG F40—2004)中对麦克改性沥青的相关要求。

四、施　工　工　艺

1. 基层施工工艺

沥青稳定碎石基层的施工严格执行《公路路面基层施工技术规范》(JTJ 034—2000)、《公路沥青路面施工技术规范》(JTG F40—2004)各条文要求。

(1)施工准备

①测量高程,精确挂线:基准线拉到规范要求的拉力,基准线立柱与基准线之间连接牢固,以免发生上下或左右松动现象。

②作业面清理,摊铺前由专人负责清扫尘土及杂物。

③混合料温度,麦克沥青加热到 170~190℃,集料加热到 190~210℃,混合料出厂温度控制在 175~185℃,初压温度不低于 160℃,终压温度不低于 90℃。

(2)摊铺

①在摊铺过程中,保持摊铺机料斗至少半满,这样卸入料斗的每一车混合料都会进入原料中混合料的整体,减少离析。

②摊铺机的螺旋布料器应相应于摊铺速度调整到保持一个稳定的速度均衡地转动,两侧应保持有不少于送料器 2/3 高度的混合料,以减少在摊铺过程中混合料的离析。

(3)压实

①压实机械组合方式应当通过最初的试验段确定。对于 LSPM 混合料而言,先用钢轮压路机振动 2~3 遍,后用胶轮压路机碾压 2~3 遍,最后用钢轮赶光效果较好。由于 LSPM 混合料的松铺系数比传统的混合料小,故虽然先用钢轮压路机初压,也不会产生传统的大轮迹而影响平整度。

②如果首次使用胶轮压路机,压路机的轮胎必须加热到 LSPM 混合料同样的温度,以防止粘轮。通常是在已铺筑的路面上行驶 5~15min,以增加轮胎热量。

③振动压路机在进行初压时,应当采用较低的振幅挡。因为较高的振幅挡容易使 LSPM 中的粗集料大量破碎。

④压实过程中随时检测平整度,局部有缺陷时及时重压或返工处理。

(4)纵、横接缝处理

①横向施工缝全部采用平接缝。用 5m 直尺沿纵向位置,在摊铺段端部的直尺呈悬臂状,以摊铺层与直尺脱离接触处定出接缝位置,人工刨除或风镐刨除;继续摊铺时,涂上少量黏层沥青,摊铺机熨平板从接缝处起步摊铺;碾压时用钢轮压路机进行横向压实,从先铺路面上跨缝逐渐移向新铺面层。

②双层或多层路面接茬时,上下层不宜接在同一垂直面上,应错开 30cm 做成台阶式;受开槽宽度的影响,不得已而使上下层接茬落在同一垂直面上时,在各层碾压前,应在接茬部位人工撒铺适量混合料,务必使新旧路面在接茬处碾压后处于密实状态。

③横向接茬应与路中线垂直,上下层不宜接在同一垂直面上,应错开压路机碾压行走所需的长度做成台阶式;受开槽长度的影响,不得已而使上下层接茬落在同一垂直面上时,可做成斜接茬。

④纵向接缝与路中心线平行,摊铺时应与旧路面重叠 10cm,预热旧沥青混凝土层,碾压前将摊铺在旧路面上的混合料用推板推向新铺路面后开始碾压,形成热接缝。

2. SBS 改性沥青封层、黏层、透层施工

(1)沥青封层施工

SBS 改性沥青封层施工详见第七章第一节。

(2)黏层施工

黏层油的施工详见第七章第二节。

(3)透层施工

严格按照《公路沥青路面施工技术规范》(JTG F40—2004)进行施工。

SBS沥青的洒布:在温度高于10℃,风力小于4级时进行洒布,采用全智能洒布车进行沥青洒布并一次喷洒均匀,洒布温度控制在不高于180℃,洒布量控制在1.5L/m^2。洒布前检查喷嘴是否有堵塞,有堵塞时应及时疏通;洒布车在靠近路缘石洒布时,应在路缘石旁放挡板,防止沥青污染路缘石和树木;从伸缩缝位置开始洒布时,应在伸缩缝上铺设毛毡,防止沥青污染伸缩缝;路缘石边缘洒不到的地方,可采用人工补洒;透层油必须洒布均匀,有花白遗漏应人工补洒,喷洒过量的立即撒布石屑或砂吸油,必要时作适当的碾压。透层油洒布后不得在表面形成能被运料车和摊铺机粘起的油皮,透层油达不到渗透厚度要求时,应更换透层油稠度或品种。

喷洒后通过钻孔或挖掘确认透层油渗入基层的厚度宜不小于5mm,并能与基层联结为一体。

3.沥青面层施工

沥青面层的施工详见第七章第一节、第二节。

五、维 修 效 果

根据近几年国内外的研究和实践,开级配沥青碎石混合料(LSPM)具有结构稳定,空隙率大(不小于18%),排水性能好和消减应力强的特点,可明显消减和阻断下层水平位移对面层造成的拉应力,延缓反射裂缝,由其空隙率大的特点还兼起路面结构层排水作用,同时因其厚度较厚,在路面强度满足要求不需要补强的情况下,该层可起到找平层的作用,可有效控制反射裂缝4~5年。现该维修罩面路段路面状况良好。

第四节 路基填筑原因引起的路面病害维修案例

一、工 程 概 况

至2005年,济青高速公路潍坊段已投入运营12年,沥青已逐渐老化,面层产生网裂、龟裂,路面抗滑能力严重降低,车辙、泛油、拥包、唧浆、破碎、坑槽等病害严重影响行车舒适与安全,尤其是近年超载车辆的迅猛增加,路面破损状况有明显加重趋势,路面病害逐渐增多,加速了路面的破坏。由2005年潍坊段路面检测资料可知,局部路段由于路基填筑原因造成路面沉陷及结构破坏,尤其是路面基层和底基层断裂、破碎严重。

二、维 修 方 案

原设计方案为将路基挖除重新填筑路基和铺筑路面,而山东高速集团没采用此方案,而采用复合式路面,铺筑了刚性基层,利用其板体性支撑路面结构,通过增加路面强度和提高路面整体性等技术措施处理路面病害。具体措施为:对路段内超车道与行车道范围路面结构层铣刨到底基层(对局部底基层破损严重部位进行挖补处理),铺筑一层水泥混凝土(C30,外掺聚丙烯腈纤维1.0kg/m^3)基层,在混凝土强度达到设计强度的70%时纵向中间锯缝,横向每隔5m锯一道横缝,缝宽5mm,缝深50mm,缝内灌注沥青玛蹄脂,其上喷洒黏层油,铺筑沥青碎石混合料(ATB—30),再铺筑中粒式沥青混凝土(AC—20)与原路面齐平,全幅喷洒热SBS改性沥青防水黏结层,加铺4cm厚改性沥青玛蹄脂碎石混合料(SMA—13)。在铣刨后底基层顶面横向钻孔顶PVC管,钻孔直径应与PVC管外径一致,并宜在钻孔内预先灌注部分水泥砂浆后进行顶管,务使排水管外侧密实,横向排水管布设间距一般每10m一道,在有积水处应增设。

三、材 料

水泥混凝土集料公称最大粒径不应大于31.5mm,应采用硅质砂或石英砂,砂的细度模数不宜小于2.5,水泥用量不得小于300kg/m^3,外掺聚丙烯腈纤维1kg/m^3,受工期和交通限制,根据近年维修经验,可掺加经试验符合要求的早强剂。

沥青面层材料及防水层材料要求详见第七章第一节、第二节。

四、施工工艺

1.刚性基层施工

刚性基层的施工流程为：混凝土的拌和与运送→混凝土的摊铺和振捣→混凝土的养生→切缝及填缝。

（1）制备与运送混凝土混合料

混合料的制备采用在工地由拌和机拌制。制备混合料时，拌和机和砂石、水泥等材料的堆放地点要合理布置。同时，在拌制混凝土时要准确掌握配合比，严格控制用水量。每拌材料应过称。拌和时间为90～120s。混合料用自卸汽车运送。运送时间在夏季不得超过30～40min，冬季不得超过60～90min。

（2）摊铺和振捣

在运送混合料的车辆运达摊铺地点后，一般直接倒向路槽内，用人工找补均匀，松铺系数约为1.10。混凝土混合料的振捣，由平板振捣器和扦入式振捣器配套作业。混凝土路面板厚在22cm以内时，可一次摊铺，用平板振捣器振实，凡振不到之处，可用扦入式振实。平板振动器在同一位置停留时间一般为10～15s。

（3）筑做接缝

①胀缝。先浇筑胀缝一侧混凝土，取去胀缝模板后，再浇筑另一侧混凝土。压缝条使用前应涂润滑油，在混凝土振捣后，先抽动一下，最迟在终凝前将压缝条抽出。

②横向缩缝（锯缝法）：在结硬的混凝土中用锯缝机锯割出要求深度的槽口，但要掌握好切割时间。若过迟了，可能在切割前混凝土会出现收缩裂缝；若过早了，混凝土因还未结硬，切割时槽口边缘易产生剥落。合适的时间由气候条件而定，炎热而多风的天气，或者早晚气温有突变时，切缝可在表面整修后4h即可开始。如天气较冷，一天内气温变化不大时，切割时间可晚至12h以上。

（4）养生与填缝

①养生。为防止混凝土水分蒸发过快而产生缩缝，保证水泥水化过程的顺利进行，混凝土应及时养生。

②填缝。填缝工作在混凝土初步结硬后及时进行。填缝前，首先将缝隙内泥沙杂物清除干净，然后浇灌填缝料。

（5）施工温度

混凝土强度的增长主要依靠水泥的水化作用。混凝土应尽可能在气温高于+5℃时进行施工。在持续寒冷和昼夜平均气温低于-5℃或混凝土温度在5℃以下时，应停止施工。在气温超过25℃时施工，应防止混凝土的温度超过30℃，以免混凝土中水分蒸发过快，致使混凝土干缩而出现裂缝。

2.沥青面层的施工

沥青面层的施工工艺详见第七章第一节、第二节并严格按照《公路沥青路面施工技术规范》（JTG F40—2004）进行施工。

3.横向顶管的施工

横向顶管的施工工艺详见第七章第五节。

五、维修效果

采用该维修方案处置软基路段，对路面不均匀沉降起到了较好的改善作用，现路况良好。

第五节　路面水损坏维修案例

一、工程概况

济青高速公路高密段位于济青高速K227+847～K282+503处，主线全长54.66km，路基宽度23m，路面宽度20m。至2007年，济青高速公路高密段已投入运营13年，接近设计年限末期，路面出现严重的唧浆、坑槽等水损病害（图7-7、图7-8），且种类复杂，水损坏占病害总量的74.7%。

图 7-7　层间水冲刷引起的病害

图 7-8　路面唧浆病害

二、水损坏成因分析

济青高速公路高密段属于山东丘陵副区，处于较低洼的地区，地下水埋深浅，一般为 1.5 ~ 4.0m，地质结构为不透水红板岩结构，路面结构层内部积水很难通过路基向下渗出。原路面中央分隔带人井没有防排水设计，中央分隔带人井内的积水沿路面各结构层的层间结合面逐渐向路面渗透，同时路表汇水沿路面裂缝进入路面结构层内部，但是这些水却无法通过路基或路肩部位及时渗出，长期滞留在路面内部，在高速行驶车辆的反复作用下，这部分水反复冲刷路面结构层，从而导致路面唧浆、坑槽等病害的发生。

三、维 修 方 案

2007 年济青高速公路高密段进行路面维修罩面工程，此次维修主要以完善路面排水设计为主。对铣刨到基层的局部路段采取横向顶 PVC 管处置，基层采用沥青稳定碎石，中下面层采用 AC—20、AC—25 改性沥青混合料，表面层采用 SMA—13 改性沥青马蹄脂碎石混合料。

四、材　　料

(1)排水管采用树脂玻璃夹砂管；排水管质量及施工符合图纸要求及国家标准的规定。

(2)施工所用的砂、石、水泥应符合相关技术标准要求并经过实验室检验，施工过程中应制作混凝土试块(150mm × 150mm × 150mm)并做抗压试验。

五、横向顶 PVC 排水管施工

1. 施工原则

(1)横向排水管布设位置根据路面维修铣刨的结构层次而定，主要设置在基层顶面或底基层顶面处，其管顶部嵌入基层或底基层表面以下 1 ~ 2cm。

(2)横向排水管的布设间距为 20m，但在构造物上坡路段调整为 5 ~ 10m。

(3)横向排水管采用专用的设备进行施工，顶管坡度不小于 10%，排水管外端设置在路肩部位 30cm 以下。

2. 排水管施工工艺

(1)横向排水管要配合路面基层的大粒径透水型沥青混合料一起设置。

(2)按照事先选择的顶管位置和坡度不小于 10% 的要求，顶管钻孔直径要确保与 PVC 管材的外径一致。排水顶管施工见图 7-9。

(3)为防止层间水沿管外壁流出，顶管钻孔完成后，在成孔内灌注部分水泥砂浆，再插入 PVC 排水管，使排水管外侧与路堤结合密实，并在进口外侧用砂浆堵塞密实。同时，在排水管进口附近用碎石填塞，预防管口被沥青混合料堵塞。

（4）为预防层间水流出后对边坡的冲刷和防止排水管被盗，将横向排水管出口设置在边坡内，同时在出口附近设置用碎石材料制成的鱼鳞坑，达到分散排水和防盗的效果。排水效果见图7-10。

图7-9　排水顶管施工

图7-10　排水顶管排水效果

3. 横向排水管施工质量检验

（1）基本要求

①横向排水管必须逐根检查，强度、外形尺寸不合格的不得使用；

②横向排水管的孔径、孔距应符合图纸规定；

③排水管应畅通、无堵塞；

④封口砂浆应符合强度等质量要求，以及表观质量要求。

（2）检测项目及要求

横向排水管施工质量检测项目及要求如表7-11所示。

横向排水管施工质量检测项目及要求　　表7-11

序号	检查项目	规定值或允许偏差	序号	检查项目	规定值或允许偏差
1	轴线偏位（mm）	±100	3	管口底高程（mm）	±100
2	孔径（mm）	±10	4	排水管强度	在合格标准内

六、维修效果

2007年8月16日，在经过二次降雨过程后，对层间水外排情况进行了检查，通过实施横向顶管层间水顺利实现外排，排水效果良好。

为有效解决水损坏，延缓病害的发展，延长道路使用寿命，济青高速公路在路面维修过程中采取综合的路面排、防水设计，坚持以排为主、防排结合的原则，除增设横向顶管外，还有以下防排水措施：

（1）施工时要严格控制材料质量，尽可能选择与沥青黏附性好的集料，石屑的质量必须符合新修订的规范要求，减小含泥量，积极使用机制砂，矿粉必须是石灰岩矿粉，不使用酸性石料的石屑，采用改性沥青掺加消石灰等具有长期有效的抗剥落剂；

（2）优化沥青混合料的配合比设计，严格控制沥青混合料空隙率；

（3）施工时尽量避免层间污染，防止沥青混合料离析，做好纵、横向接缝等；

（4）采用防、排水性能好的路面结构形式，表面层采用改性沥青玛蹄脂碎石混合料（SMA—13），基层采用透水性较好的沥青稳定碎石结构，同时采用SBS改性沥青做防水黏结层；

（5）加强中央分隔带的排水设计。中央分隔带路缘石外侧或内侧设置防渗墙，同时对于中央分隔带人井的排水，采用定向钻孔顶管技术，从边坡处定向钻孔至人井后穿排水管，将中央分隔带人井内的水排出。

第六节　断裂稳固技术应用案例

一、工 程 概 况

济青高速高密段 K272 + 530 ~ K272 + 800 左幅路面出现严重纵横向裂缝、唧浆，2007 年 3 月 8 日对该路段进行现场铣刨勘察，铣刨 33cm 至水泥混凝土基层后，发现水泥混凝土板断裂，底部有纵、横向不规则空洞，具体见图 7-11。

水泥混凝土板断裂

底部横向空洞

底部纵向空洞

图 7-11　铣刨后病害症状

2007 年 2 月 25 日调阅济青高速高密段原路面设计时发现中央分隔带及基层自然渗入的汇水没有进行相应排水设计，从而造成层间水滞留水泥混凝土基层，并在汇流过程中形成水凹，导致基层底部出现空洞，密实度降低，然后在汽车荷载的作用下，混凝土板体断裂产生裂缝，裂缝又反射到面层，导致面层开裂，雨水进入引发严重的水损病害，如图 7-12、图 7-13 所示。

图 7-12　基层水泥混凝土板断裂造成面层开裂

图 7-13　自然降水沿裂缝进入基层造成唧浆

二、成因及影响程度分析

为了找到造成刚性基层水损害的主要原因，对基层水损坏的影响因素：层间水滞留、施工质量问题、病害处置措施不当及其他原因进行了统计分析，得到影响程度如图 7-14 所示。通过排列图可以看出，层间水滞留是造成水损害的主要原因，占所有影响因素的 82%。

三、维 修 方 案

针对该路段由于缺少相应的排水设计而造成刚性基层水损坏，导致严重路面病害的问题，经专家召开专题研讨会，确定采用断裂稳固技术消除基层水凹、空洞，同时在底基层顶部设置横向排水管，将渗入基层的水汇集到排水管后实现外排。对水泥混凝土基层进行断裂稳固处理后，洒布透层油和下封层，加铺 10cm 厚沥青稳定碎石混合料（ATPB—30），再洒布黏层油，加铺 5cm 中粒式沥青混凝土（AC—20）与原路面齐平，全幅喷洒 SBS 改性沥青防水黏结层，全幅加铺 4cm 厚改性沥青玛蹄脂碎石混合料（SMA—13）。

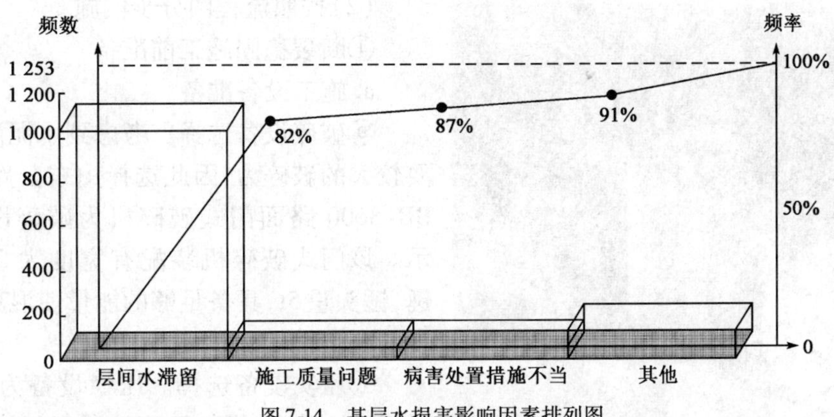

图 7-14　基层水损害影响因素排列图

四、断裂稳固技术的施工

1. 措施理论依据

水泥混凝土属刚性基层，底部出现空洞密实度下降后，在车辆荷载反复作用下必然出现裂缝，并在附近形成最大剪切力促进反射裂缝的形成和罩面层的损坏，从而引起唧浆、坑槽等路面病害（图 7-15）。经过讨论分析认为，如果对刚性基层水泥混凝土板进行断裂稳固处理，即将水泥混凝土板由整体受力划分成多个板块的分散受力，释放其刚性基层应力，提高密实度，就可以起到降低裂缝应力峰值和预防或延缓反射裂缝的作用，从而达到延长、改善路面使用寿命的效果（图 7-16）。

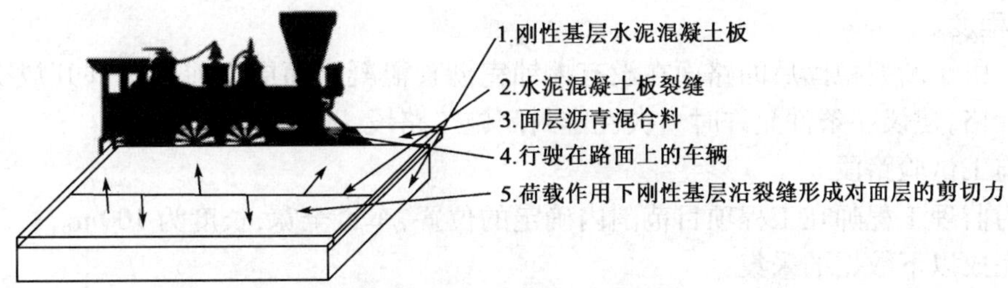

图 7-15　断裂稳固前刚性基层示意图

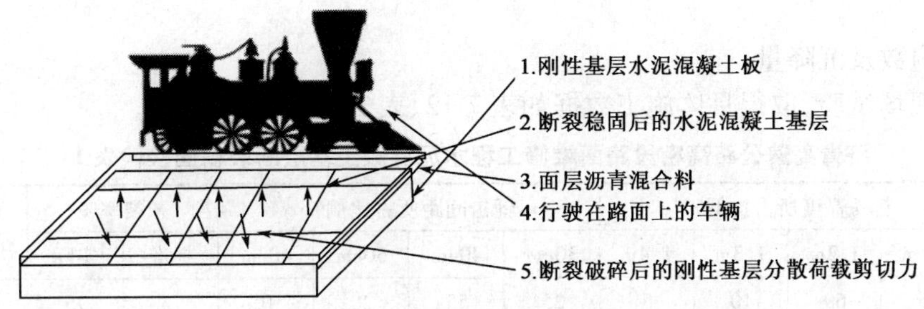

图 7-16　断裂稳固后刚性基层示意图

2. 断裂稳固施工工艺

（1）施工流程（图 7-17）

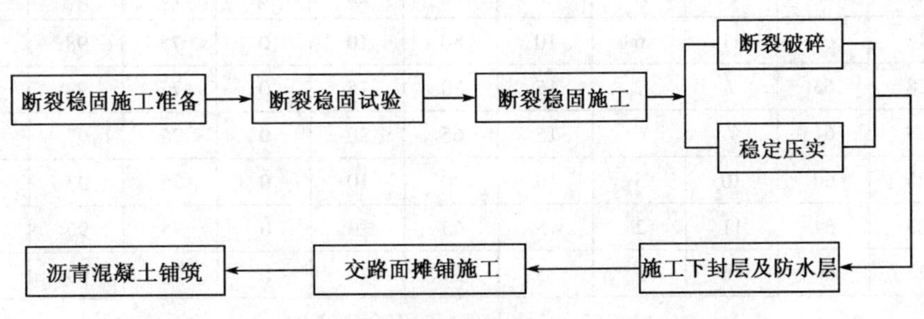

图 7-17　断裂稳固技术施工流程图

图 7-18 门式破碎机(BB-8600)

(2)按照流程图分步实施

①断裂稳固施工前准备

a. 施工设备准备

ⓐ破碎设备选择。考虑到水泥混凝土基层结构需要较大的破碎力,因此选择山东公路养护公司生产的BB-8600 路面门式破碎机为破碎设备,如图 7-18 所示。该门式破碎机装配有宽度为 2.5m 的门式冲击锤,锤头重 5t,具备足够的能量使混凝土路面产生全深度的开裂。

ⓑ压实设备选择。压稳设备为 25t 胶轮压路机。低于 25t 时,应增加压实遍数,以达到规定要求,为沥青罩面提供较为平坦的工作面。

b. 施工前准备

ⓐ清除存在的沥青面层。在断裂稳固施工之前,应清除水泥混凝土基层上的沥青面层,因为这些材料的存在会影响到断裂稳固的效果。

ⓑ隐蔽构造物的调查与标记。结合设计图纸对有关隐蔽构造物如:暗涵、地下管线等的情况进行调查,以确定断裂稳固是否会对这些构造物造成损坏。

ⓒ与桥梁连接段的路面。与桥梁连接段应标明断裂稳固的位置,根据实际情况,可以作业到桥头搭板的后端,或根据路面设计线的高程断裂到监理制订位置。为断裂稳固处理的接茬路面应铣刨至可以摊铺同样厚度 SMA 罩面的程度。

ⓓ交通管制。由于断裂稳固后的路面在没有摊铺完沥青混凝土面层之前不允许开放交通,所以对交通管制的要求比较严格,建议在条件允许时一次性全封闭施工路段。

②断裂稳固施工试验路段

试验路段应为监理工程师在工程项目范围内确定的位置,车道全宽,长度为 100m。

试验路段应完成以下数据的采集:

a. 门式破碎机锤头作业高度;

b. 锤击间距;

c. 压路机压实遍数及沉降量。

经试验路段的现场试验,取得具体施工数据如表 7-12、表 7-13 所示。

济青高速公路高密段路面维修工程水泥混凝土基层断裂稳固检验表 1 表 7-12

幅别	桩号范围及部位	锤头高度所占比例%				锤击间距所占比例%				开裂率%		压路机压稳遍数	压稳后情况
		1.1m	1.2m	1.3m	1.4m	30cm	40cm	50cm	60cm	标准	实际		
左	K272 +530	25	60	10	5	25	55	20	0	75	95	3	路面板稳定
	+550	28	63	7	2	15	65	20	0	75	97	3	路面板稳定
	+570	23	62	12	3	10	80	10	0	75	98	3	路面板稳定
	+590	20	65	5	10	15	60	25	0	75	96	3	路面板稳定
	+610	18	65	11	6	10	80	10	0	75	98	3	路面板稳定
	+660	28	63	7	2	15	70	15	0	75	99	3	路面板稳定
	+680	23	64	7	6	15	65	20	0	75	97	3	路面板稳定
	+700	25	60	10	5	10	80	10	0	75	97	3	路面板稳定
	+740	23	64	11	2	15	65	20	0	75	96	3	路面板稳定
	+760	25	60	10	5	25	55	20	0	75	99	3	路面板稳定
自检说明		符合要求											

济青高速公路高密段路面维修工程水泥混凝土基层断裂稳固检验表 2　　表 7-13

幅别	测点桩号	测点高程	第一遍		第二遍		第三遍		高程变化情况
左	K272 +530	稳压前(m)	收敛允许值	1.834	收敛允许值	1.834	收敛允许值	1.833	符合设计要求
		稳压后(m)	—	1.834	—	1.833	—	1.833	
		高差(mm)	5	0	5	-1	5	0	
	K272 +580	稳压前(m)	—	1.765	—	1.763	—	1.761	符合设计要求
		稳压后(m)	—	1.763	—	1.761	—	1.760	
		高差(mm)	5	-2	5	-2	5	-1	
	K272 +630	稳压前(m)	—	1.687	—	1.686	—	1.685	符合设计要求
		稳压后(m)	—	1.686	—	1.685	—	1.685	
		高差(mm)	5	-1	5	-1	5	0	
	K272 +680	稳压前(m)	—	1.626	—	1.624	—	1.622	符合设计要求
		稳压后(m)	—	1.624	—	1.622	—	1.621	
		高差(mm)	5	-2	5	-2	5	-1	
	K272 +730	稳压前(m)	—	1.860	—	1.857	—	1.857	符合设计要求
		稳压后(m)	—	1.857	—	1.857	—	1.857	
		高差(mm)	5	-3	5	0	5	0	
		高差(mm)	5	-3	5	-1	5	0	
	K272 +800	稳压前(m)	—	1.587	—	1.854	—	1.853	符合设计要求
		稳压后(m)	—	1.854	—	1.853	—	1.853	
		高差(mm)	5	-3	5	-1	5	0	
自检说明		符合设计要求							

根据以上现场施工数据，汇总整理出断裂稳固施工质量控制要求如表 7-14。

断裂稳固施工质量控制要求　　表 7-14

项目	锤头高度	锤击间距	断裂破碎程度	压路机压实遍数	沉降量	压实行进速度
质量控制要求	1.2m ±0.1m	40m ±10cm	75%以上的路面不规则开裂，相邻裂缝围成的面积为 0.4 ~0.6m^2	≥3 遍	<5mm	≥4.8km/h

③断裂稳固的施工质量控制

a. 75%以上的路面不规则开裂，相邻裂缝围成的面积为 0.4 ~0.6m^2；路面压实前后沉降差收敛于 5mm 以内且目测板体稳定。

b. 检验断裂稳固效果，一般可以采用高程测量和洒水观察两种方法。

c. 由于裂缝极为细小，破裂前需在前方路面一定范围内均匀洒水到可以看见自由水的程度，然后断裂施工。在断裂施工过程中，应可以看到开裂痕迹并伴有气泡。在路面自由水消失后，应可见清晰的裂缝痕迹，并由此鉴别开裂的程度是否满足要求。

d. 在确定断裂程序满足要求后，应确定压稳程序，一般压稳遍数为 3 ~5 遍。控制标准为：在按确定程序施工的试验路段，每 50m 取一点，在断裂完成后对这些点进行水准测量，并在每压稳 1 遍时测量每点的沉降量变化，如果每次压稳后最大沉降变化量小于 5mm，则认为压稳施工达到要求。任何情况下压稳次数不得小于 2 遍。压实速度不应超过 4.8km/h。

④断裂稳固施工

按照试验路段取得技术数据，实施断裂稳固施工（图 7-19）。

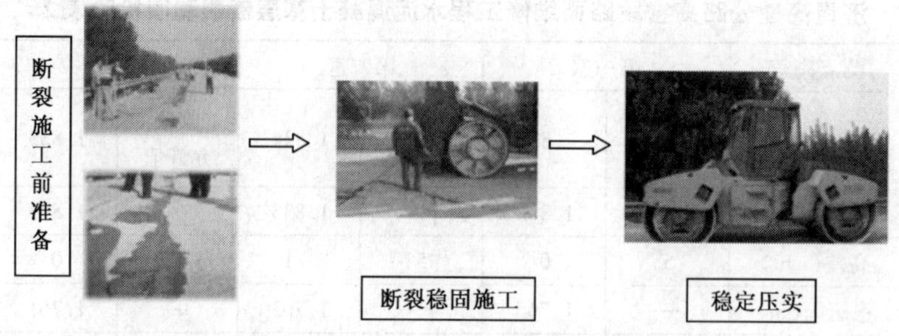

图 7-19　断裂稳固施工

图 7-20　沥青面层摊铺

⑤施工下封层及防水层

断裂并压实后,洒布 50% 慢裂乳化沥青透层油。根据路况,洒布量控制在 3kg/m^2 左右,破乳并洒布 SBS 防水层后,撒布薄层石屑,用光轮压路机静压两遍。

⑥沥青混凝土面层的摊铺

沥青混凝土面层铺筑按照《公路沥青路面施工技术规范》(JTG F40—2004)的要求进行(图 7-20)。

断裂稳固技术对沥青路面施工有如下要求:

a. 间隔一定距离在底基层顶部设置横向 PVC 排水管。刚性基层在断裂稳固后,混凝土块之间没有黏结性,如果有水渗入该层,将会带来很大的安全隐患。为了保持混凝土板的长期稳定,必须完善排水设施。本次维修在硬路肩部位底基层顶部设置横向排水管,间距 10m。

b. 摊铺时间的要求。沥青混凝土面层的摊铺应在防水黏结层稳固后进行,除非天气允许或监理工程师另有批准,在基层混凝土断裂和摊铺面层沥青混凝土之间的最长间隔时间不宜超过 48h。

c. 沥青层罩面之前断裂混凝土路面的压实。除非在压实后立即摊铺了沥青混凝土面层,否则在沥青层罩面铺筑之前,必须重新进行压实,振动压实两遍。由罩面施工造成的混凝土路面扰动,也应在摊铺之前进行再压实,或改变罩面程序以减少对混凝土路面的扰动。

五、维 修 效 果

在实施断裂稳固并摊铺沥青面层后,对实施前、实施后的路面进行取芯抽样检查,由图 7-21、图 7-22 可知,实施前基层取芯,芯样松散严重;实施后取芯,芯样密实度明显增强,且呈柱形。抽查结果表明实施断裂稳固后路面板进一步稳定,维修效果良好。

图 7-21　实施前基层取芯

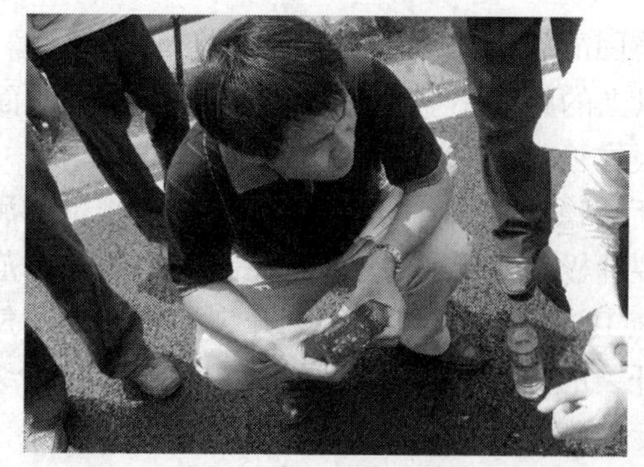

图 7-22　实施后取芯

刚性基层断裂稳固技术是目前解决复合式路面柔性面层反射裂缝最有效的方法。这是因为断裂并压实的混凝土基层是由混凝土块组成的紧密结合、内部嵌挤、高密度的材料层,可以为沥青混凝土面层提供更高的结构强度。刚性基层断裂稳固处理技术在济青高速公路养护工程中尚属于首次使用,经过了一个雨季的验证,昔日的路面病害多发区现在路况稳定、平整顺直,路容美观、畅通无阻,维修效果十分显著。

第八章　济青高速公路的安全运营管理

济青高速公路管理者坚持“以人为本、服务社会”的养护管理理念，以安全保畅通为第一要务，建立了完善的雨雪应急机制，有效保证了特殊气候条件下道路的安全畅通；建立了养护过程中高速公路的畅通保障机制，确保了高速公路养护与通行的协调。

第一节　雨、雪应急机制

应急机制是指对某种突发事件能立即作出反应并采取有效措施能尽快恢复正常秩序的组织机构的功能。它对突发公共事件的预测预警、信息报告、应急响应、应急处置、恢复重建及调查评估等机制都作了明确规定，形成了包含事前、事发、事中、事后等各环节的一整套工作运行机制。

高速公路应急机制的核心是应急预案，关键是预案启动，原则是坚持预防为主，常备不懈，快速反应、及时疏导处理。应急机制建设需要做好以下几方面：一是不断完善应急预案，做好应急事件计划、培训、演习预备工作和人力、队伍、设施、设备和供给管理工作，突出前瞻性；二是要建立完善、高效的综合通信、监控以及多媒体技术、决策支持系统技术等应急指挥系统，各部门要求做到政令一致，统一指挥，统一调度，职责分明，避免工作中出现矛盾和互相推诿的现象，确保机构运转高效，强调全局性、统一性；三是要具备灵活性与标准化相结合的应急组织方式，提高作业科技含量，实现安全、快速、高效应急。

济青高速公路夏季雨水多、冬季降雪路滑，在运营过程中常常遭遇到雨雪等灾害天气，这些恶劣天气的发生往往会对公路运营造成一定影响，处置不及时还会带来“连锁反应”和“扩大效应”，造成极大的社会负面影响。为确保恶劣雨雪天气下安全畅通，济青高速公路养护管理部门制订了《防汛抢险救灾交通保障预案》和《冬季除雪防滑保障预案》，建立了切实可行的抢修预防和快速反应机制。雨、雪应急机制是高速公路应急机制的重要组成部分，对提高高速公路使用效益，减少交通阻塞和延误，以及降低交通事故率有着及其重要的意义。

一、雨 季 防 汛

1. 防汛抢险机构及职责

各分公司成立防汛工作指挥部，分公司主要行政领导任总指挥。其主要职责是：认真落实上级有关指示和任务，迅速制订分公司防汛抢险救灾的具体措施，并组织实施；统一指挥分公司所辖路桥抢险救灾，组织协调解决交通保障和实际工作中的重大问题；及时掌握汛情变化趋势，提前部署准备工作；审批有关防汛抢险救灾器材的计划。

指挥部办公室设在养护基建科，分管领导兼任办公室主任。其主要职责是：组织落实分公司指挥部的决定和任务；迅速收集汇总汛情、险情、灾情，及时向指挥部报告，并提出公路交通保障工作的意见和建议；检查各部门在人员、制度、措施、防汛材料准备、日常养护等方面的情况，做好防汛准备工作；坚持24h值班制度，做好值班记录；搞好防汛、抢险救灾工作的协调。

各分公司相关部门雨季防汛职责如下：

(1)路政科负责灾情发生时封闭交通、维持现场秩序、疏导车辆等工作；

(2)养护基建科负责雨天巡查工作，路政科配合；

(3)安全部门负责灾毁抢修组织指导和恢复方案，养护基建科负责具体实施；

(4)安全部门牵头,养护、路政、办公室、人事部门配合组建抢修队伍;

(5)养护基建科负责防汛器材的准备工作,财务科配合;

(6)计划财务科负责防汛资金的准备工作;

(7)人力资源科负责防汛救灾宣传动员工作;

(8)收费部门负责抢险救灾车辆的放行,路政科配合;

(9)安全部门负责抢险救灾工作的总结;

(10)办公室负责抢险救灾车辆和后勤保障工作。

2. 防汛抢险程序与措施

进入汛期,分公司各部门要层层落实责任制,在防汛方案、组织机构、抢险队伍、抢险车辆、器材方面充分做好应急保障的准备工作,重点场所要进行汛前检查。积极与当地气象和防汛部门加强联系,及时掌握雨情、汛情及发展趋势。发生汛情时,有关部门加强汛情的收集、分析,及时与上级主管部门取得联系,报告情况及防汛工作应急保障措施准备工作。

发生险情、灾情后,防汛工作领导小组应立即将防汛救灾工作作为首要任务,按以下程序启动本预案。

(1)根据上级指示要求,由防汛领导小组组长或副组长主持召开防汛工作领导小组成员会议,明确应急保障任务,确定保障地点、运输和工程抢修规模、承担任务的部门,提出实施的具体要求。

(2)分公司在接到上级防汛指挥部下发的通知后,启动"分公司防汛抢险救灾交通保障预案"并通知参加本次交通保障的部门。

(3)各科室按启动"预案"的通知做好有关工作。

(4)当洪水对桥梁造成危害或出现桥梁坍塌等应急情况时,应立即启动"运营桥梁突发事件应急预案"。

(5)险情、灾情发生后,必要时公司防汛工作领导小组赶赴现场指挥抢险救灾。

3. 防汛工作要求

汛前对所管辖路段进行一次预防水毁的技术检查,内容包括:边沟、盲沟、泄水槽(管)等排水系统有无淤塞;桥梁墩台、调治构造物、涵洞、挡墙锥护坡等是否冲空或损坏;桥下有无杂草、树枝、石块等杂物堆积淤塞河道,涵洞、通道有无淤塞;路基有无淘空或下沉;陡边坡路的路基有无松裂。

在汛期前进行必要的水文观测,掌握洪水的动态,并与当地气象、水文部门取得密切联系,及时收集水、雨情况预报资料,预先了解到达时间和变化情况,以判断对道路的危害性,同时注意积累和保存观测资料。

在雨天和汛期组织人员对所辖路段进行巡视,检查桥涵、路基及各种构造物,对防汛防护重点部位进行记录。对大桥和处于不良状态河床上的中桥,应作洪水水位变化、流速、流向、浪高、漂浮物以及河床断面变化的观测,一般桥梁只观测和记录当年的最高洪水位。不稳定河床上的桥梁一般应在桥位处及上、下游各50m处测三个横断面。稳定河床上的桥梁可只沿桥位处断面观测。深槽区桥墩宜在墩前堤头等水流冲击处,观测洪水期间的局部冲刷。汛期抗洪能力不足的桥梁,设专人负责勘察,以便及时发现险情、及时抢修。

对于汛前检查中发现的隐患,必须在汛期之前处治完毕。对于汛期中发现的隐患,水毁较小的路段,针对水毁的成因,立即采取相应的处理措施,当场予以抢修,在确保质量的情况下,以最快的速度修复好,保障公路的安全畅通。发生严重毁坏危及行车安全的路段,应立即在路段两端设立危险警告标志或禁止通行标志,并及时向上级领导报告。

二、冬季除雪防滑

1. 除雪防滑应急保障机构及职责

各分公司成立除雪防滑工作指挥部,由分公司主要行政领导任总指挥。其主要职责是:认真研究落实上级有关的指示和任务,迅速制订各个分公司除雪防滑的具体措施,并组织落实;统一指挥分公司所辖路桥的除雪防滑,组织协调解决交通保障和实际工作中的重大问题;根据雪情和恶劣天气的变化情况,提前部署准备工作;完成上级主管部门交办的其他任务。

除雪防滑工作指挥部办公室设在养护基建科,分管领导兼任办公室主任。其主要职责:组织落实分公司除雪防滑指挥部的决定和任务；迅速收集掌握天气变化情况，及时向指挥部报告，并提出高速公路交通保障和除雪防滑工作实施意见和建议；检查督促各部门除雪防滑工作的人员组织、措施的落实，以及除雪防滑物资的储备和设备准备情况，充分做好除雪防滑准备工作；协调各部门之间的交通保障和除雪防滑工作；坚持24h值班制度，并做好值班记录，及时将雪情和除雪防滑情况向上级汇报。完成领导交办的其他任务。

冬季除雪防滑工作由各分公司养护基建科牵头，其他各部门配合，分工明确。

(1)养护基建科负责所辖路段主线路桥的除雪防滑，组织成立除雪防滑抢险队伍，负责抢险队员的人身和设备安全，负责除雪防滑物资的筹备，保持除雪防滑设备的良好状况。

(2)收费管理科及收费站负责各收费站区、收费广场的除雪防滑任务，及除雪防滑车辆的放行工作。

(3)信息科负责恶劣天气通行情况的收集和发布。

(4)出现大的雪情影响安全行车，由路政部门负责路桥的行车安全，并负责保护司乘人员及财产的安全。

(5)计划财务科负责除雪防滑物资、设备和器材的资金准备工作。

(6)办公室负责除雪防滑车辆的后勤保障及大的雪情外部援助协调工作。

2.除雪防滑应急保障程序及措施

(1)进入冬季，各部门要充分做好除雪防滑应急保障准备工作。

(2)积极与气象部门加强联系，及时掌握天气变化情况。

(3)发生冬季雨雪时，要加强降雪情况分析，对影响通行的情况，要及时上报指挥部，并做好除雪防滑准备工作。

(4)冬季雨雪天气，加大巡查密度，对重点桥涵。路面、匝道出现雪情时，切实保障路桥畅通。

(5)得到天气分析和路巡通知后，根据实际雪情和指挥部指令及时启动除雪防滑预案，由指挥部统一指挥，除雪防滑办公室具体实施，各部门各负其责并互相配合。

(6)在实施除雪防滑任务的同时，随时查看雪情，做到科学实施，采取机械和人工不同作业方式，根据实际情况对降雪路、桥面进行除雪防滑处理。

(7)对除雪防滑工作中遇到重大险情，可请示上级接受其他部门和地区的援助。

(8)发生特大雪情，及时上报上级部门，并根据上级指示决定是否封闭高速公路。

3.除雪防滑作业(图8-1)

济青高速公路冬季除雪作业采取机械和人工相结合的作业方式。融雪一律采用融雪剂。融雪剂等防滑材料施撒时间，一般在开始下雪时或降雪停止后立即进行，施撒数量一般可根据雪量大小控制在15～30g/m^{2}左右，撒布应力求均匀。

采用“多点值守、多点作业，循环撒布”的冬季除雪防滑作业方法。“多点值守”即接到降雪通知后，在多个办公点同时值守，同时启动预案。“多点作业”即在所有值守点都布置有除雪撒布车，遇有降雪天气时辖段两端和中间办公点同时进行作业，确保除雪防滑工作能够及时全面开展。“循环撒布”即多点同时作业的循环撒布路线，遇有大雪天气人工撒布配合除雪设备同时启动，作业时先在道路一侧进行除雪保障畅通，在此基础上进行循环撒布作业，确保了除雪防滑工作的及时、有效开展。

图8-1　除雪防滑作业

三、雨、雪天气条件下道路病害的防治

雨雪天气不仅会对高速公路的安全通行造成一定影响，而且也是诱发高速公路病害的原因之一。通常，路面坑槽病害在雨雪天气之后较多发生。为此，在雨雪天气之前，要求对路面出现的坑槽、拥包等病害采用冷补料进行修补，待天气晴转后再用热拌沥青混合料进行修补。雨雪天气出现由于交通事故导致护栏损坏时，先用标志标牌进行交通布控，防止出现二次事故，待雨雪停止后，立即派工进行修复。

第二节　养护作业的畅通保障机制

高速公路是国民经济和社会发展的重要基础设施，也是为社会公众服务的公益性设施。“以人为本、以车为本”的新服务观，要求高速公路养护管理增强服务意识，更加关注公路的安全畅通和服务品质的提升，努力提高路网运行质量和管理水平。

近年来，高速公路养护施工路段因车流量大、车辆故障及车辆事故而引起交通拥堵的事件，日益引发社会关注。道路养护施工对通行车辆造成影响是不可避免的，但如何将这种影响降到最低，取得社会的支持和认可，是养护管理部门应该重点思考和解决的问题。济青高速公路养护管理以惠民、便民、利民为宗旨，以快速、安全、和谐为指导思想，以畅通工作为第一要务，在全国率先制订了《山东高速股份养护道路施工道路异情处置预案》，养护作业充分考虑经济、社会、技术、管理等各方面因素，认真分析养护维修与安全畅通的关系，科学优化维修方案，尽量缩短封闭维修时间，减少对车辆通行的影响，努力提高公路的社会效益和经济效益。

一、道路养护施工作业流程

1. 制订施工保畅通预案

为确保道路施工期间道路的安全畅通，最大限度地减少施工给驾乘人员造成的影响，施工前制订详实可行的安全保畅通应急处理预案。

2. 施工方案论证、审批

在养护维修施工前，管养单位要结合施工和道路交通流量的实际情况，制订切实可行的交通组织方案，经上级主管部门组织专家进行评审通过后组织实施。

3. 发布施工信息

交通控制方案论证通过后，通过多种媒介和方法发布施工信息。如在新闻媒体上发布道路施工信息；在各个收费站和通往济青路的互通立交匝道口设置提示信息，如“Kxxx + xxx ~ Kyyy + yyy（济南或青岛方向）道路单幅封闭施工，过往车辆请注意减速绕道慢行”，免费发放施工信息提示卡（图 8-2）。同时，通过道路可变情报板提醒驾乘人员注意行车安全。

在施工期间，通过道路交通量检测线圈，信息监控部门每个小时发布一次交通流量信息，指挥部根据交通流量分析判断，下达相关的保畅通方案，做到科学调度，确保畅通。

4. 建立施工交通保障联动机制

路政部门及时与高速交警、地方政府等进行联系和沟通，加强配合，营造和谐的施工环境。路政部门在施工现场设置清障设备实行 24h 不间断值班巡逻，及时发现故障车辆和事故隐患，做到事先控制处理（图 8-3）。

5. 施工作业

养护作业单位按照有关规定设立安全管理部门，配备专职或兼职的安全管理人员。对养护维修作业人员的安全培训和教育，养护施工现场严格按照有关规定设置施工警告标志、限速标志、导向标志和必要的安全防护措施。养护作业除保障安全外，作业的方式和方法需讲求文明。

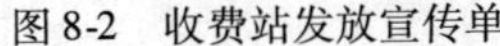
图 8-2　收费站发放宣传单

图 8-3　路政、交警现场交通布控

二、道路施工异情应急处置预案

1. 应急组织机构及职责

公司成立施工现场道路异情应急处置指挥中心，各分公司成立施工现场道路异情应急处置指挥分中心，指挥分中心办公室设在养护基建科，养护基建科负责人担任办公室主任。当发生养护施工现场重大异情时，指挥分中心成员要各负其责，在指挥分中心的统一领导下开展工作。指挥分中心要及时向指挥中心领导汇报道路异情处置情况，施工现场重大异情处置情况必须在24h内将书面报告报公司指挥中心。

(1)指挥分中心主要职责

①制订养护施工现场道路异情应急处置预案。

②统一指挥分公司养护施工现场道路异情的处置，组织、协调和解决施工现场道路异情，确保施工路段安全畅通。

③对分公司重要异情按照预案要求及时准确地向公司指挥中心汇报。

(2)指挥分中心办公室职责

①组织落实分公司养护施工现场道路异情应急处置预案和公司指挥中心安排的任务。

②建立完善养护施工现场道路异情应急处置预案。

③及时掌握施工现场异情信息，向指挥分中心领导报告，提出处置措施并组织处置异情。

④检查各部门预案执行情况。

(3)各部门职责分工

①养护基建科负责施工现场异情处置方案的制订及措施的实施。

②路政科负责养护施工现场路桥畅通保障和安全管理工作，负责协调交警关系，当发生重大交通拥堵时，决定是否启动《道路畅通保障预案》。

③信息管理科负责施工现场异情信息的报送及发布工作。

④收费管理科负责相关收费站的封闭及车辆放行工作。

⑤办公室负责异情应急处置后勤保障工作和因施工现场异情导致的重大交通拥堵事件信息对外发布及媒体公关工作。

⑥企业管理科负责监督安全防控措施的落实情况。

⑦计划财务科负责异情应急处置所需物资、器材的资金准备工作。

2. 不同施工现场的道路异情应急准备程序

(1)单幅车道封闭施工应急准备程序

①施工前由养护基建科制订道路施工交通封闭方案，并报路政科审核。

②路政科将审核后的方案报公司路政处和高速交警备案。

③路政科负责组织施工现场的交通封闭和撤除工作，并向信息分中心报送道路封闭和解除封闭信息。

④信息分中心负责相关施工信息和道路异情信息的发布，并向指挥中心提供封闭路段的车流量信息。

⑤施工期间路政科在封闭区域两端停放清障设备，负责施工区域的道路清障和畅通保障工作。异情出现时，负责组织施工单位进行相关异情的处置。

⑥养护基建科负责准备异情处置需要的安全设施。

(2)单车道封闭施工(超过24h)

①施工前由养护基建科制订道路施工交通封闭方案，并报路政科审核。

②路政科将审核后的方案报公司路政处和高速交警备案。

③养护基建科负责组织施工现场的交通封闭和撤除工作，并向信息分中心报送道路封闭和解除封闭信息。

④信息分中心负责相关施工信息和道路异情信息的发布，并向指挥分中心提供封闭路段的车流量信息。

⑤养护基建科负责准备异情处置需要的安全设施。

(3)临时定点和移动作业施工

养护基建科依据《公路养护安全作业规程》(JTG H30—2004)及《山东高速公路养护施工作业安全管理规定》(鲁交规划[2009]137号)等有关规定进行作业。

3.不同施工现场道路异情应急处置

(1)单幅车道封闭施工

①分流放行

由路政科启动《道路畅通保障预案》。

②跨越放行

施工现场具备允许跨越通告条件时，养护基建科现场负责人及时组织清场，做好施工部位的覆盖保护，按规定摆放相应标志，放行车辆。

现场应按相关规定准备满足封闭单幅车道备用的一套标志标牌，配备满足需要的安全员，提前做好相邻的两个活动护栏开口开启准备。

(2)单车道封闭施工(超过24h)

①并道行驶

由路政科启动《道路畅通保障预案》。

现场应按相关规定准备满足封闭单幅车道备用的一套标志标牌，配备满足需要的安全员，提前做好相邻的两个活动护栏开口开启准备。

②跨越放行

现场备有沙袋(碎石)和跨越钢板。

(3)临时定点和移动作业施工

施工现场负责人必须加强现场管理，根据施工路段车流情况做好随时撤场的各项准备工作。

三、安全施工、文明作业规定

1.人员安全管理

济青高速公路养护管理部门成立工程项目办公室，设置畅通安全管理科和质量进度管理科等科室。施工期间，养护基建负责人和技术人员要严格履行职责，实行工程现场“24小时值班制”，现场监督检查，配合交警、路政人员做好安全保畅工作，管理现场施工人员和设备保证现场文明施工。

养护作业单位均应按有关规定设立安全管理部门，配备专职或兼职的安全管理人员。在施工前与项目办及交警大队联系，办理施工许可证，同时每天施工前将详细的施工位置通知监控中心和各管辖区交警大队，以求协助共同维护好施工路段的交通秩序；对养护维修作业人员进行安全培训和教育。参加养护作业的施工人员，必须接受安全技术、文明生产教育，遵守各项安全技术操作规程。对于从事特殊工种的人员必须经过专业培训，获得合格证书后方能上岗作业；联系交警和路政部门，请有关专家进行案例讲座，同时组织学习《道路交通标志和标线》(GB 5768—2009)、《公路养护安全作业规程》(JTG H30—2004)等安全规范要求；

作业过程应接受路政人员的检查，遵守安全文明作业的有关规定；每人均需签订安全合同，从思想上提高安全意识。

养护作业人员工作中必须穿着带有反光标志的橘红色工作装，管理人员必须穿着带有反光安全标志的橘红色背心，否则不准进入养护施工作业区。施工人员不得随意在非封闭区内的行车道内坐、站立或行走，特殊需要跨越行车道时，应观察车辆的行驶情况，在确保安全的情况下迅速通过。路面清扫作业时，清扫工应着反光标志服，清扫车应有明显的作业标志。严禁在能见度差的情况下，如夜晚、大雾天等进行人工清扫。为应对可能出现的突发事件，在施工作业区内配备应急救援车一部，车内配备了灭火器、急救医药箱，以备紧急情况使用。

养护作业除保障安全外，作业的方式和方法需讲究文明。作业场地标志明显，防护齐全，作业面小，时间紧凑，常见病害的维修作业如裂缝、泛油、拥包、坑槽等应当天完成。清扫路面的同时，要定期清除边坡、边沟、隔离栅上的垃圾，保持路容、路貌的整洁。严禁清扫工把垃圾扫至路肩、边坡和中央分隔带内，应集中扫至泄水槽内，定时清理，随时随地保持路容路貌的整洁，不外露土、石块等杂物。

2. 安全布控管理

养护施工现场必须按有关规定设置施工警告标志、限速标志、导向标志和必要的安全防护措施。各种交通标志的制作、尺寸应符合《道路交通标志和标线》(GB 5768—2009)的规定，各种标志的设置应符合部颁《公路养护安全作业规程》(JTG H30—2004)的规定。养护维修作业的安全设施应始终处于良好的工作状态，在未完成养护维修作业之前，任何人不得随意撤除或改变安全设施的位置、扩大或缩小控制区范围，以保证养护维修作业控制区安全控制的有效性。当进行养护维修作业时，应顺着交通流方向设置安全设施。作业完成后，应逆着交通流方向撤除为养护维修作业而设置的有关安全设施，恢复正常交通。

为提高安全防范标准，规定施工期间禁止封闭收费站，施工预告标志布置距离应达到2 000m。为了能够达到更好的交通封闭效果，采用高质量的交通标志牌和反光锥标，交通布控密度由《道路交通标志和标线》(GB 5768—2009)规定的15～20m间距加密到3～5m，保证封闭效果。对缺损的反光锥要及时替换，保障施工和过往车辆的安全。增设人性化标志牌，如“借您一点时间，还您一片畅通”、“施工带来不便，敬请谅解”等。另外，在施工现场两端分别设立“工程简介牌”(图8-4)，对工程名称、施工路段位置、工期、施工监理负责人及其联系方式，及工程简介等进行简单说明。

图8-4　工程简介牌

为加大安全布控力度，在施工段入口处设置必要的路障(枕木、狼牙棒)，为每一位安全员配备了旗子、口哨及袖标各一套，出现交通安全问题时，立即吹口哨鸣示，临近两边安全员立即过来，其中一名进行情况汇报，另两名协同救援进行必要的交通疏导。养护部门对交通封闭路段进行分段管理，沿线每隔200m设置巡线安全员1名，进行全天候不间断巡逻，交通管制人员穿着特制的醒目服装，对过往车辆进行指挥疏导。当在交通管制路段内出现车辆损坏或堵车时，安全员能够迅速赶赴现场，将损坏车辆进行隔离，将渠化交通的锥标向另一侧进行压缩，并疏导车辆绕行堵塞路段，保证道路畅通，同时立即通知路政部门和交警部门经行清障或事故处理。

3. 养护作业区管理

(1)养护作业分区

养护作业按作业分超、行车道区，中央分隔带区，路肩区，边坡边沟区四个区。

①超、行车道作业区

超、行车道作业区的交通控制方式分为封闭单车道和封闭单幅车道两种情况，养护作业前应选择、确定交通控制方案，并作好车道封闭和施工前的所有准备工作。优先选择封闭单车道，特殊情况采用封闭单幅车道。封闭单车道或封闭单幅车道都要报公司批准，批准后各单位要严格执行。

封闭的车道不同，其安全标志的设置位置也相应不同。封闭行车道时，应将安全标志设在作业现场前方规定距离内的土路肩上或硬路肩外侧，并在作业区左侧设置锥形标；封闭超车道时，应将安全标志设在作业区前方规定距离内的超车道路缘带内，在作业区边界的右侧设置锥形标。封闭期间要加强夜间的灯光标志和安全管理，并在上游过渡区内设置黄色频闪灯或标志车；需在夜间施工时，作业区内应设置照明。

②中央分隔带作业区

中央分隔带内作业区长度宜控制在 1 000m 内，辖区内不宜超过两处。作业区的两端要各插橘黄旗四面，并设专职安全员、导向标或施工标志，作业人员严禁在超车道内走动。开挖的苗坑，不应超过 3 天，超过时应覆盖，或采取其他措施保持环境的优美。

中央分隔带外侧作业主要为护栏的维修更换，属小修保养范围，作业时间短，作业区流动，作业车临时停在超车道时车尾应朝着来车方向，并配备导向标、限速标和频闪灯，同时在作业区前方 100m 及边界按间距 3 ~ 5m设置锥形标。

③路肩作业区

路肩作业区长度不宜超过 200m，交通控制采用设置锥形标、导向标，锥形标间距为 3 ~ 5m，锥形标应设在实线标线的外侧，不压标线；绿化打草时交通控制采用插橘黄旗，并设专职安全员；路肩上需要堆放物品时，应堆放整齐，时间不宜超过三天，并设置警示标志。严禁在路肩上利用路面作业，以免污染路面。

④边坡作业区

边沟作业，应在作业区两端的土路肩上各插两面长杆橘黄旗，以示作业区的位置，给车辆以警戒。作业人员应在边沟边上活动，不宜在路肩上走动。若需在硬路肩上堆放设备或其他物品，应设反光锥形标，锥形标间距 3 ~ 5m。

(2)专项工程作业控制区标志标牌的布设

专项工程作业控制区分警告区、上游过渡区、缓冲区、工作区、下游过渡区和终止区六个区域。专项工程作业控制区应严格按照《中华人民共和国道路交通安全法》、《公路养护安全作业规程》(JTG H30—2004)的规定和要求进行交通布控(图 8-5)。

①警告区是最重要的控制区。应在距作业区 2 000m 处设置前方施工警告标志。警告区内必须设置前方施工标志、限速标志、窄路标志、向左(右)改道标志和可变标志牌或线形诱导标，其他标志可以根据具体情况再行增加；警告区长度不得小于 1 000m。

②在上游过渡区即距作业区 L($L = 0.625 \times VW$，V——车辆行驶速度，W——封闭车道宽度)边界及渠化交通分解处设置锥形标(3 ~ 5m 间距)渠化交通，引导车辆改道。上游或下游过渡区长度不应小于 30m。

③缓冲区内设置路障和载式频闪灯，在缓冲区与工作区交界处应布设路栏，缓冲区的最小长度宜取 50m。

④工作区与开放交通的车道之间必须有明确的隔离装置，工作区的布置还应为工程车辆提供安全的进口与出口。

⑤终止区最小长度宜取 30m。

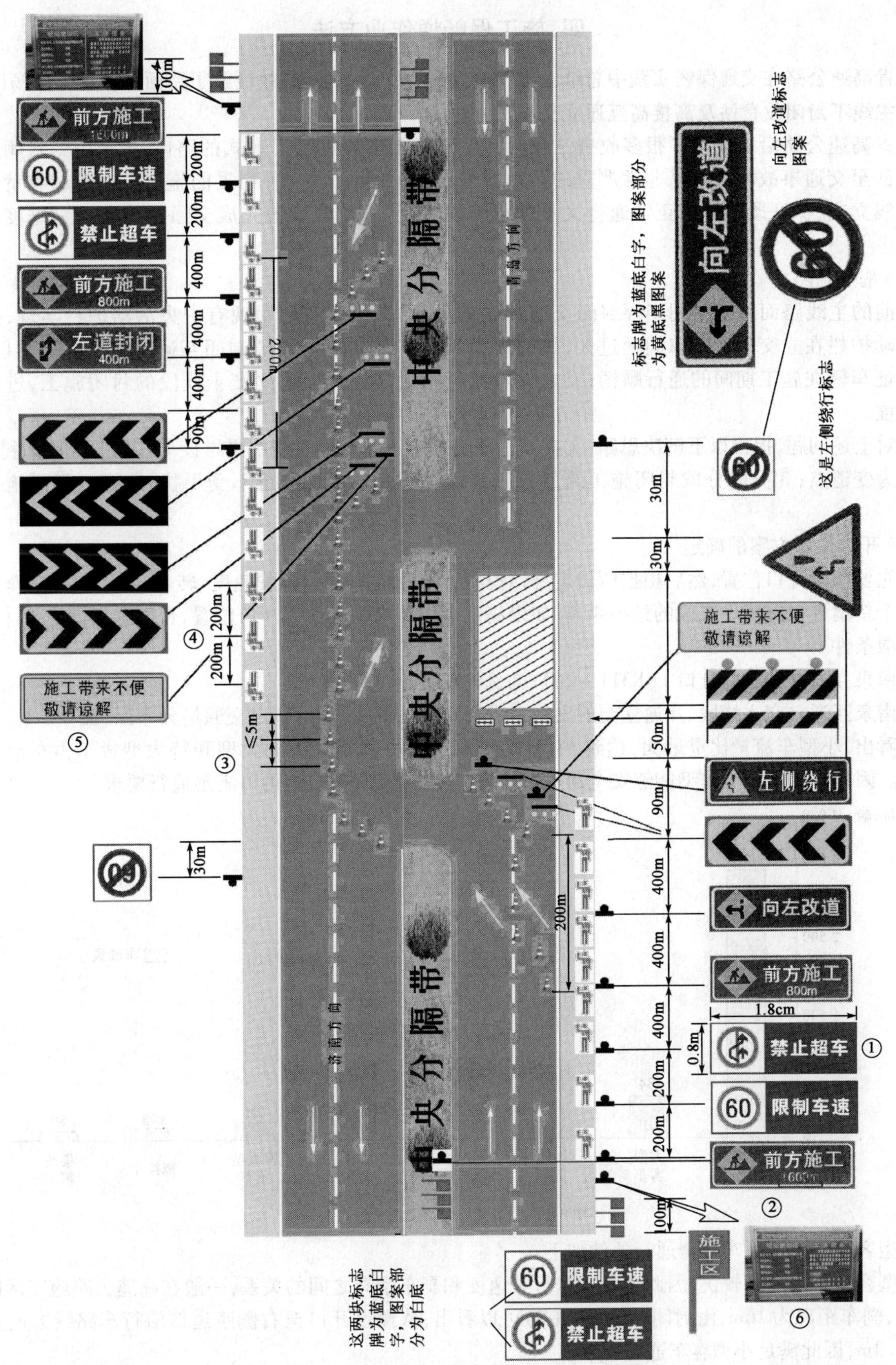

图 8-5　交通布控图

注：①标志牌增大至 180 × 80cm；②施工标志距作业区的距离取 2 000m；③锥形标志摆放间距加密到 3 ~ 5m；④施工作业区内每隔 200m 设一名安全员；⑤增设人性化标志牌；⑥在施工现场两端分别设立工程简介牌

四、施工保畅通作业方法

济青高速公路在交通保畅实践中总结出了一些保畅的作业方法，有效缓解了路面养护施工保畅压力。

1. 主线不封闭收费站及高接高互通立交施工方法

济青高速公路沿线设立了很多收费站及与其他高速连接"高接高"形式的路口，如果因为封闭施工引发堵车甚至交通事故将会带来非常严重的负面影响，因此必须采取一种稳妥的施工方式跨越收费站区立交与跨线立交，保证既不影响正常通行又不耽误施工进度，高效圆满地完成交通保障和施工进度的双重任务。

(1)基本思路

目前的主线路面施工采用半幅封闭交通的方法进行，车流变道利用现有中央活动护栏实现，而现有中央活动护栏在立交附近开口间距过大，如果按照现有开口变道，势必要封闭互通立交相应上下口，从而无法保证车辆在施工期间的通行顺畅；反之保障通行则无法进行互通立交主线段的封闭施工，进而耽误工期进度。

针对上述问题，提出以下解决思路：①在互通立交相应上下口的主线中央增设 1 ~2 个开口；②利用增设开口作为变道点；③分时分段封闭施工跨越开口。这样既可以保证通行不受干扰，又可以保证施工如期进行。

(2)开口位置方案的确定

首先要预设开口位置，然后根据所设定开口位置计算相应车型的行驶速度、转弯半径、加减速车道的长度及两个新增开口施工主线段的最小距离，如果满足上述要求则确认为开口位置，否则重新设定并计算直到满足各项条件。

以南泉互通立交增设开口 1(K311 +260)为例说明上述过程：

在南泉互通立交主线段、互通立交的出入口进行交通量调查统计，作出交通量分布图(图 8-6)。由分布图可以看出，小型车流量比重最大，达到 48.1%，而变道行驶影响最大的大型和特大型货车占车流比重为 15.7%。因此只要这两类车型能够安全通过增设开口变道施工区域，则可以满足通行要求。

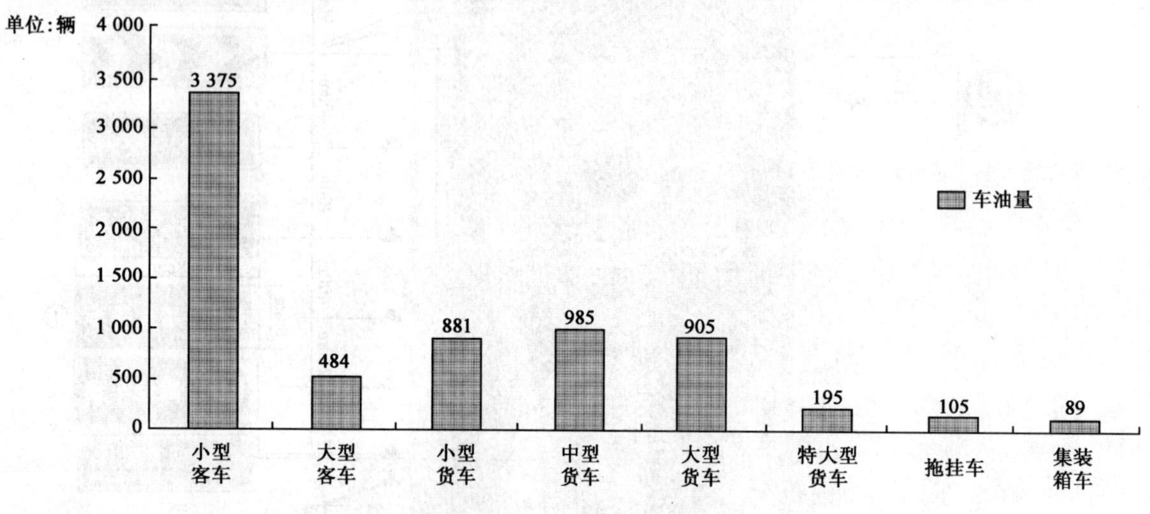

图 8-6　南泉互通立交交通量分布图

小型客车和大型货车安全通行条件如下：

小型客车行驶速度较快，因此需要考虑行驶速度和刹车距离之间的关系，一般在高速公路施工区限速为 40km/h，刹车距离为 16m，由封闭图示(图 8-7)可以看出，从预设开口至右侧匝道口沿行车路线方向直线距离为 21.3m，因此满足小型客车通行要求。

大型、特大型货车车身较长，因此增设开口处要充分考虑货车外侧轮的转弯半径，下面按载质量大小列举了常见货车转弯半径数值(表 8-1)：

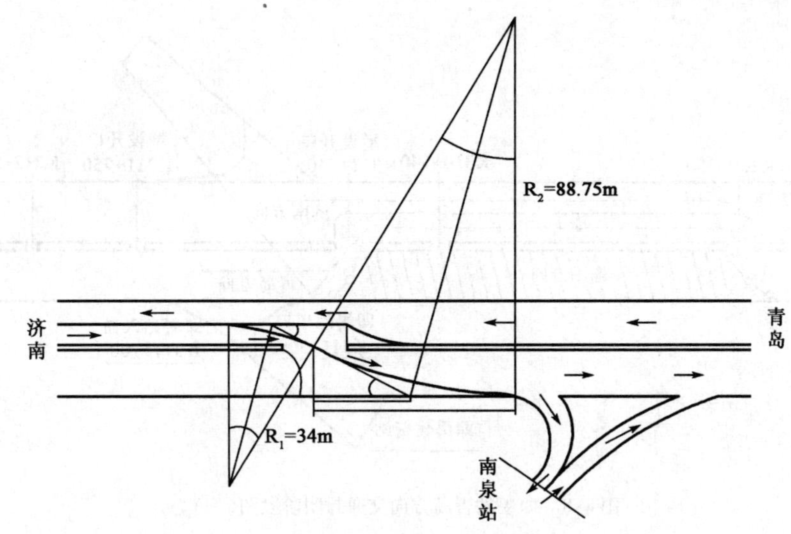

图 8-7 南泉互通立交变道示意图

常见货车转弯半径表 表 8-1

车 型	载 重	转弯半径	车 型	载 重	转弯半径
单辆汽车	4 ~ 8t	9m	平板挂车	15 ~ 25t	15m
单辆汽车	10 ~ 15t	12m	平板挂车	40 ~ 60t	18m
汽车带一辆挂车	4 ~ 8t,2 ~ 3t	12m			

如果增设开口两侧的转弯半径满足以上最大数值,则可以通行大型货车,如图所示经过计算验证开口两侧转弯半径各为 $R_1 = 34\text{m}$,$R_2 = 88.75\text{m}$(图 8-7),均满足转弯半径要求。调查测量互通立交的加减速车道的长度。经过测量知主线下口减速车道为 220m,入口加速车道为 412m,均满足上下口车辆出入要求。

由此可以得出结论,预设开口 1 满足行驶、施工要求。同理确定开口 2,若两个预设开口间距离可以展开大型施工机械,则确定增设开口位置,若不满足,调整开口 2 直至满足为止。

(3)方案实施及取得效果

经过论证和计算得出 2 个增设开口位置为 K311 +250 和 K311 +750。工期执行方案如下:

①封闭交通前通知路政、交警部门进行现场交通布控及施工区域内外进行交通管制区的确定。

②通知收费站的监控及收费人员,并将提前印刷好的宣传单提供给收费人员,对过往的车辆进行分发,做好提示工作。

③工程现场设立办公点,分公司领导昼夜坚守现场,指挥畅通保障工作。路政人员 24h 在施工现场值班,加大道路巡查的频次和力度,发现情况快速处理,以有效杜绝部分车辆出现走错道、下错口现象,消除通行安全隐患。

采取三阶段施工的方法来实施上述设想,具体如下:

第一阶段:封闭 K309 +250 ~ K311 +250 路段,济南至即墨南收费站下道车辆通过新增 K311 +250 开口行驶,在施工连续进行至 K311 +250 处,做好下一步施工的准备工作(图 8- 8)。

第二阶段:施工至 K311 +250 时,解除 K309 +250 ~ K310 +540 封闭,封闭 K310 +540 ~ K312 +250 路段,利用加宽车道,车辆可以通过施工区通行即墨南收费站。施工连续跨过 K311 +250、K311 +750 两个新增活动开口后不再进行向前施工(图 8-9)。

第三阶段:施工跨过 K311 +750 开口后,解除 K310 +540 ~ K311 +750 施工路段,封闭 K311 +750 ~ K314 +200 施工路段,施工连续向青岛方向进行,即墨南收费站交通管制解除车辆正常行驶(图 8-10)。

"不封闭收费站主线施工法"实施后,避免了因为封站施工引发堵车、车辆绕行现象。为了在今后的维修施工中继续发挥这些开口的作用,在增设的开口处安装了移动护栏。

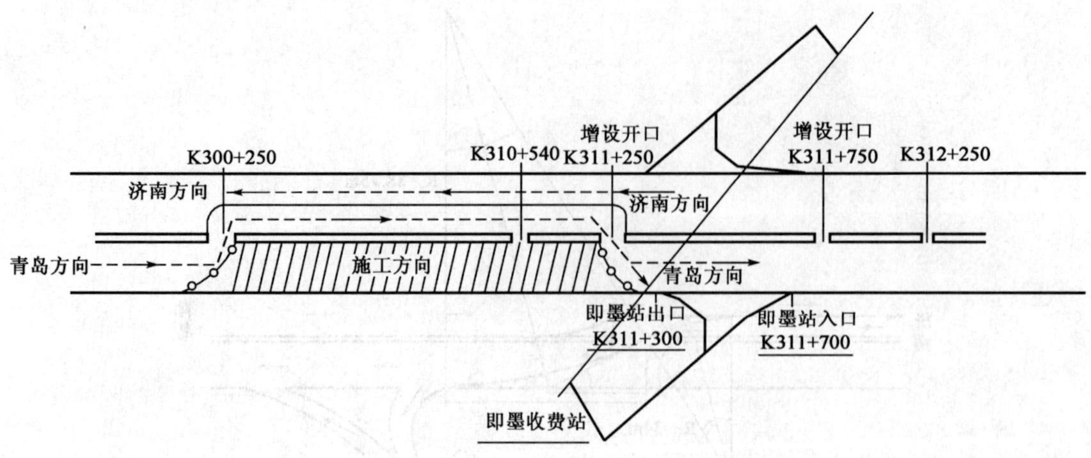

图 8-8 即墨站青岛方向交通封闭阶段图(一)

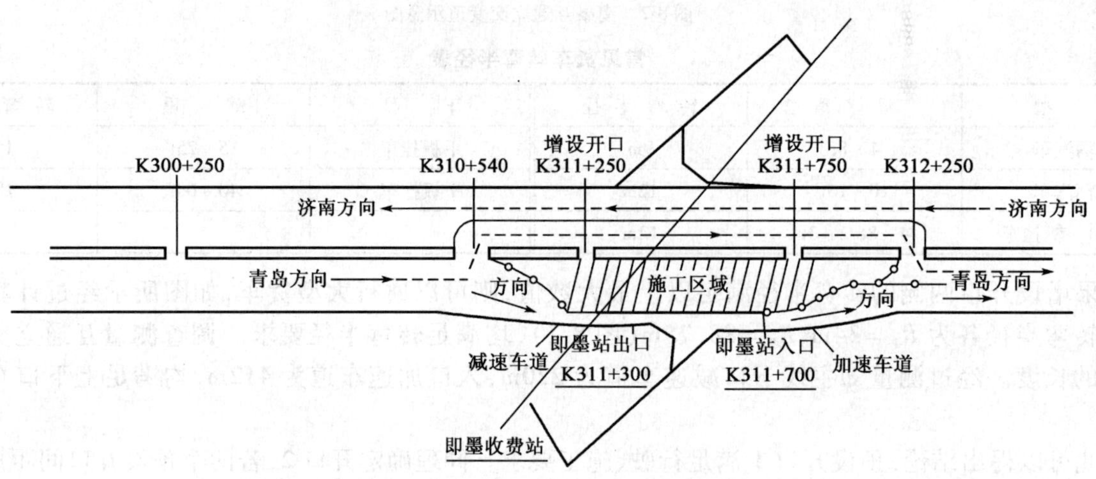

图 8-9 即墨站青岛方向交通封闭阶段图(二)

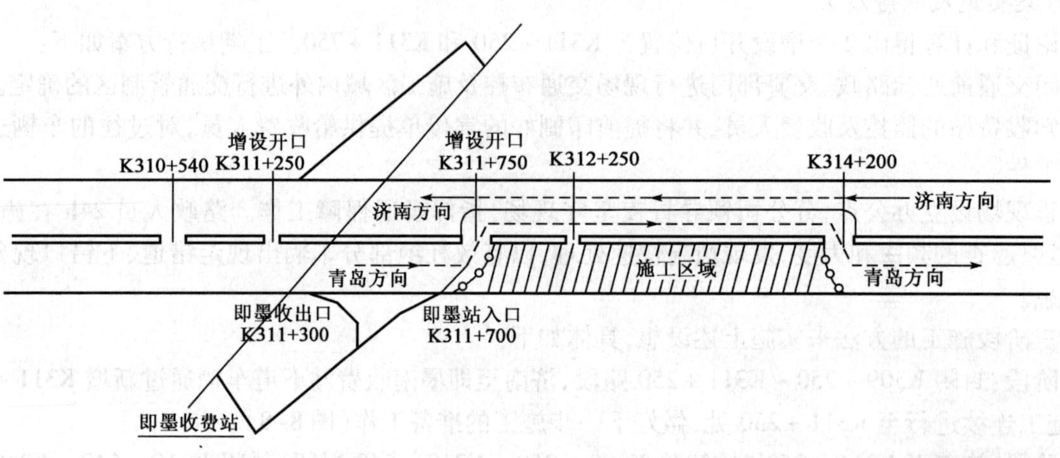

图 8-10 即墨站青岛方向交通封闭阶段图(三)

2. 红绿灯法

(1)基本思路

该方法利用红绿灯原理——即红灯停、绿灯行的基本原理，通过对“停”和“行”的控制，解决道路养护施工中的交通堵塞问题。基本思路是以直行方向(即路面不施工的这半幅道路)的短时堵塞为代价，来解决绕行方向(即路面施工的这半幅道路)长时间堵塞的问题。

济青高速公路是双向 4 车道，维修时变道，不维修的半幅变成双向 2 车道通行。由于直行方向除了行车道外还有路肩依托，又没有转向问题，而绕行方向不仅车道窄（只占原超车道这一个车道），而且要经过 2 次转向（先左转进入不施工的半幅车道，直行一段后再右转返回施工的半幅车道），所以两个车道行驶的环境是不一样的，行驶的速度也是不均衡的。这种不均衡势必导致绕行方向的压车，再一遇事故发生，堵塞就是必然的了。所以，解决这个问题的基本思路就是通过"红绿灯"调节，使这种不平衡变为平衡，即对直行方向亮出"红灯"，暂停通行，把不施工的半幅道路暂时全部让给绕行方向的车辆通行，以解决这半幅道路上长时间堵塞的状态。

（2）实施方案

①单进（进入不施工半幅）双出（返回施工半幅）

单进双出方法见图 8-11。在阻断不施工半幅直行方向来车、把"半幅双向单车道"行驶变为"半幅同向双车道"行驶的基础上，在原进口前方的合适位置再打开一个活动护栏，增加一个进口，用反光锥排成安全区，由原来的"单进单出"改为"单进双出"。同时，对绕进不施工半幅的车辆进行分类导向：大车、重载车进入对方的超车道行驶，经第一个进口返回本方的行车道行驶；小车则进入对方的行车道行驶，经第二个进口返回本方的超车道行驶。这样通过增开返回本幅道路进口和行驶车道的方法，对施工半幅阻塞的车辆进行疏通。

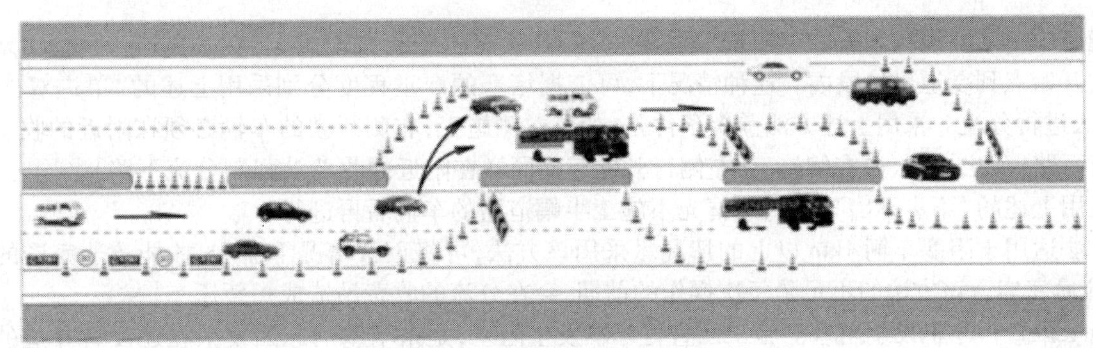

图 8-11　单进双出

②双进（进入不施工半幅）双出（返回施工半幅）

双进双出方法见图 8-12。在阻断不施工半幅直行方向来车，把"半幅双向单车道"行驶变为"半幅同向双车道"行驶的基础上，在原出、进口的两侧合适位置再各打开一个活动护栏，增加一个出口和一个进口，用反光锥排成安全区，由原来的"单进单出"改为"双进双出"。就这样通过增开出口、进口和行驶车道的方法，对施工半幅阻塞的车辆进行快速疏通。

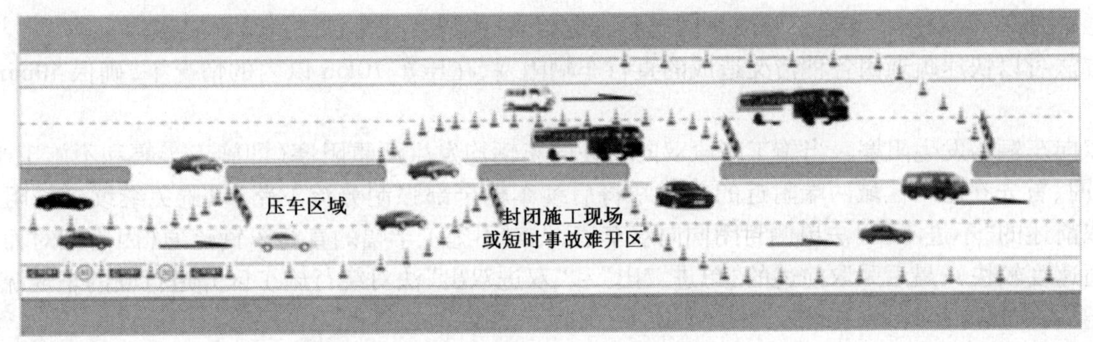

图 8-12　双进双出

③不进（进入不施工半幅）不出（返回施工半幅）

不进不出方法见图 8-13。所谓"不进不出"其实就是"不变道"。实际运用中，以"不变道"应变道具有良好的使用效果。

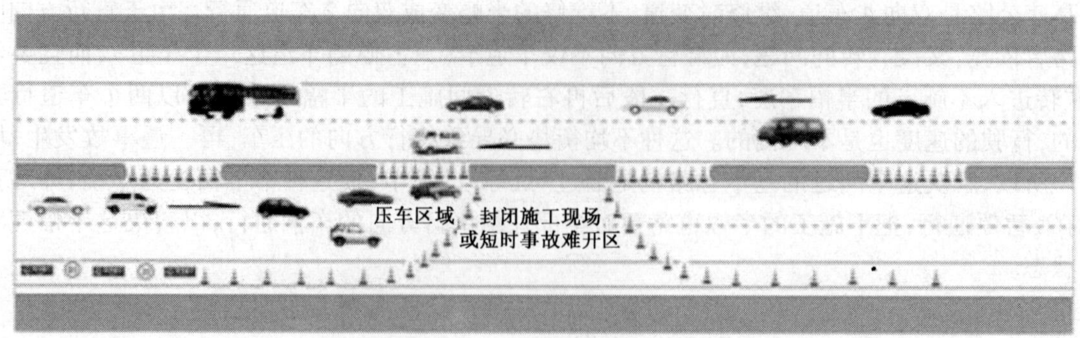

图 8-13 不进不出

(3)方法运用

①借行道内车辆发生堵塞。借行道内车辆发生堵塞,是指堵塞发生在变道出、进口之间(包括出口、进口)。由于这一段车速比较慢,所以一般不会发生大的、严重的事故。而且在这两端清障救援设备和人员处于随时待命状态,即便发生事故也能很快排除,一般情况下不需要应用上述分流方法。

如果遇到非常特殊的情况,借行道内的故障短时间实在无法排除时,可以采用上述的双进双出法进行疏通。

②绕行施工区并道行驶段的车辆发生阻塞。绕行施工区并道行驶段的车辆发生阻塞,是指堵塞发生在并道行驶开始点到变道出口段内。这种情况下,可依据堵塞的严重程度分别采用上述的“单进双出”和“双进双出”法进行分流。采用上述方法前提条件是,如果左侧施工,右侧行驶的车辆必须在附近的收费站提前强制分流下路(反之亦然,如右侧施工,左侧行驶的车辆同样在附近的收费站强制分流下路)。同时,一般情况下先运用上述的“不进不出”法,快速清光不施工半幅道路的车辆后再进行。

该方法适用于阻塞车辆 4km 以上的情况。采用该方法,可将正常情况下需 6h 才能疏通完毕的车辆在 1h 之内疏通完毕。该方法的不足是每次操作的前期,会在分流的收费站造成短暂压车。

③施工区直行车辆发生阻塞。施工区直行车辆发生阻塞,是指堵塞的原因发生在还没有并道的直行线上。这种情况又可分为一个车道堵塞和两个车道同时堵塞两种类型。

a. 一个车道堵塞。这种情况下,只要处理得当,用正常的“单进单出”就可以解决堵塞问题,不必采取特殊分流法。如果由于特殊原因出现严重堵塞的情况,则可采取上述的“单进双出”法实施分流。

b. 二个车道堵塞。此时施工的半幅道路几乎完全堵塞,必须迅速采用上述“双进双出”的方法进行疏通。此时远离施工区域出口点的选择非常关键,一定要选在事故发生点后方的不远处。

不管是运用“单进双出”还是“双进双出”法,都必须首先封闭借道行驶方的入口,在借道行驶来车方向最近的收费站进行强制分流,把后续车辆全部分流下路,同时运用“不进不出”法将原借给对面车辆行驶的车道疏通,由原来的双向单车道行驶改为同向双车道行驶,先将直行车辆快速疏通完毕。

该方法可以快速疏通因各种情况造成的直行车辆阻塞,在压车 10km 以内的情况下,确保 40min 内疏通完毕。

④双向车辆均发生阻塞。当施工路段双向行驶的车辆均发生严重阻塞(即施工半幅和不施工半幅均出现堵塞)时,首先在施工区域两端附近的收费站将后续车辆全部强制分流下路,以避免继续延长阻塞里程;然后采取前述的“不进不出”法单侧封闭同向双车道,先对不施工半幅的直行车辆疏通(因为相对而言,直行车辆疏通速度较快);最后采取前述的“单进双出”和“双进双出”法对绕行施工区并道行驶的车辆疏通,全部疏通完毕后,恢复原状。

发生双向车辆阻塞的情况很少,一旦发生这种情况,采取该办法可有效节约疏通时间。当双方车辆堵车均在 5km 以上时,约 1.5h 内可疏通完毕。

上述办法虽然疏通效果显著,但是也存在如下一些不足:ⓐ特殊天气(雨、雾)和夜间,疏导过程中易引发交通事故,上述方法不宜使用;ⓑ上述方法的前期准备工作较复杂,操作过程中占用人员也较多,每个分流口至少要保证 4 个人,还要有足够的警示标志牌、反光锥、车辆设备等。

3. **施工区跨越法**

(1)施工布控方案

①桥面施工方案。桥面维修工一般采取单车道封闭施工,即超车道、行车道分别施工,每个施工作业点需封闭两次,每次封闭交通时间 20 天,整座桥的维修天数为 40 天。济青高速公路 2010 年采用"封闭单幅车道,超车道、行车道同时施工"的方法,预留紧急停车带作为备用车道,在高峰车流量时放行小型车以缓解可能形成的交通压力。按照这种方式进行施工,每处维修期缩短为 17 天。

②高速公路路面施工布控方案。在济青高速公路路面施工中,采用"一幅路面封闭施工,另一幅路面双向通行"的布控方案(图 8-14)。

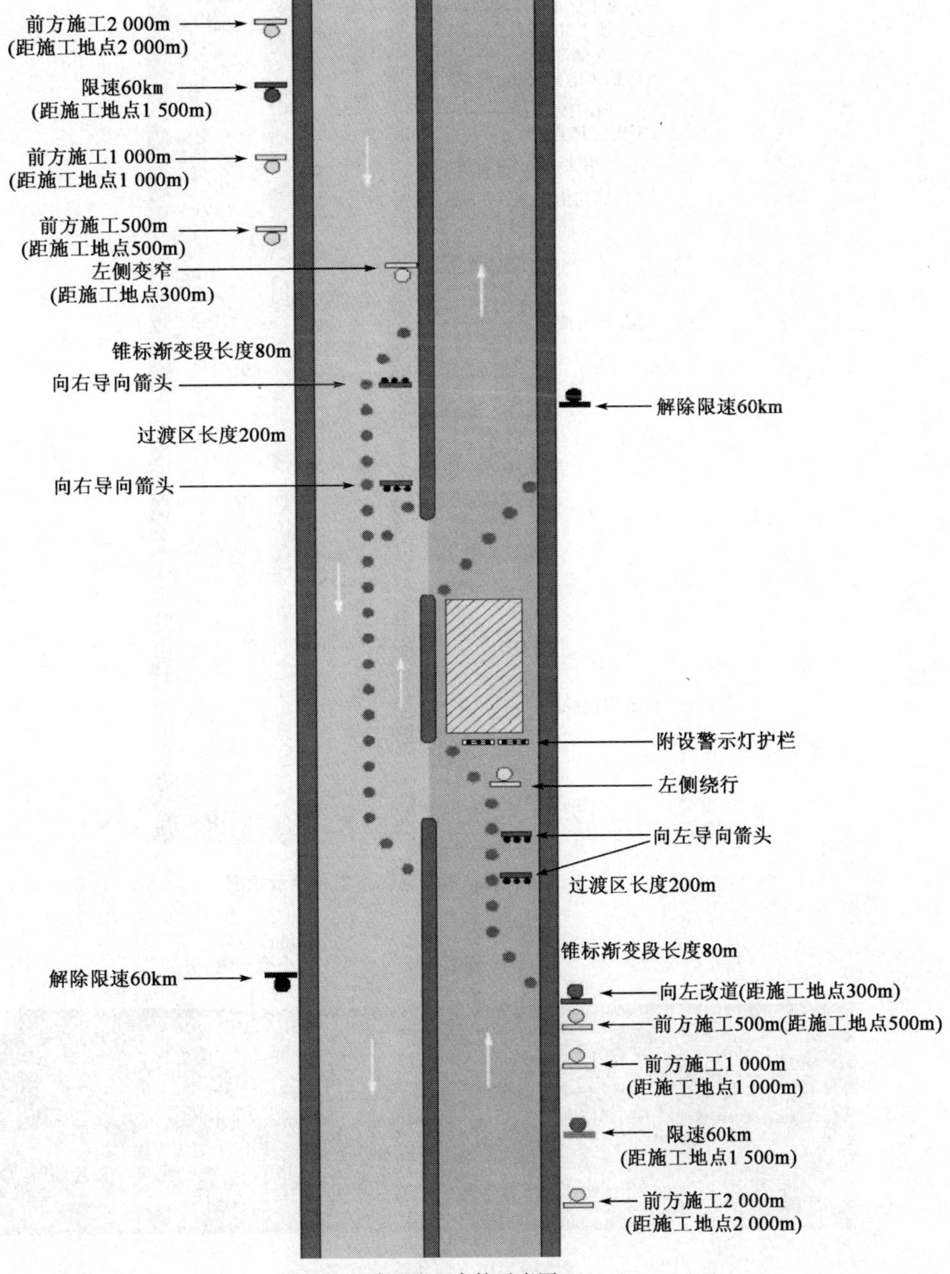

图 8-14　路面施工布控示意图

③高速公路出入口附近施工布控方案。高速公路出入口附近采用"半幅路面封闭施工,另半幅路面通行"(图 8-15)的交通布控方案。

(2)应急疏导方案

施工中如果出现压车现象,车辆可从北幅硬路肩或超车道分流。硬路肩作为分流通道时需在行车道不进行摊铺及铣刨施工时方可进行，且只能分流小型车辆，超车道作为分流通道时可随时进行，大型及小型车辆均可分流（图 8-16）。

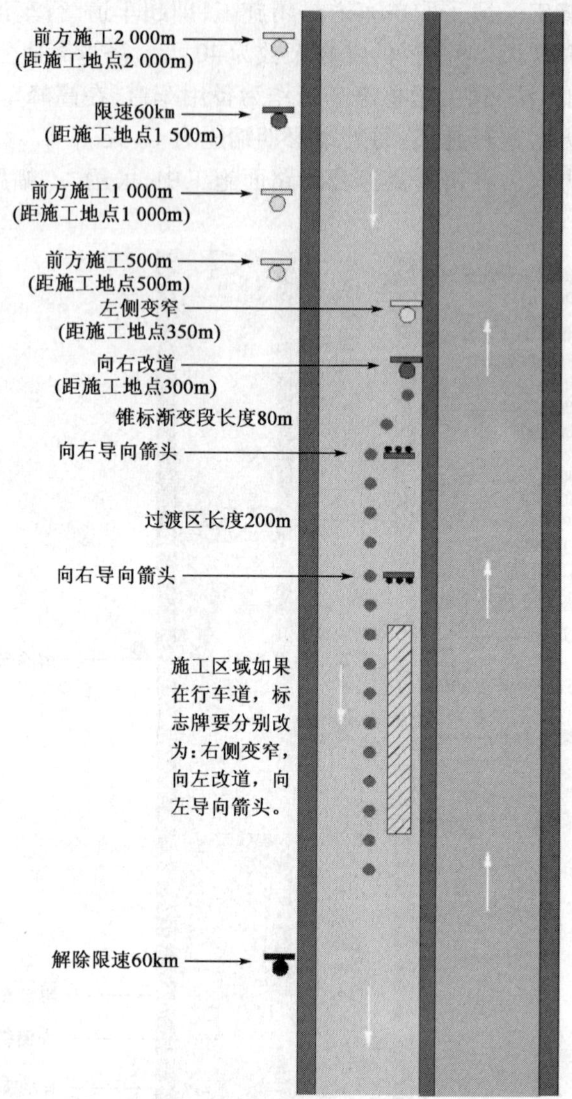

图 8-15 出入口附近路面施工布控示意图

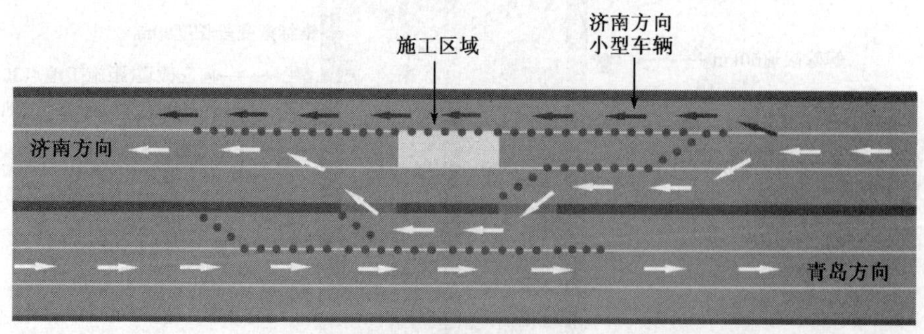

图 8-16 应急疏导方案一

若并道行驶路段出现车辆故障或交通事故，致使车辆完全不能通行，或济南方向出现压车现象严重，拥堵长度超过 4km，则启动应急预案，如分流通道为硬路肩，先将北幅硬路肩锥标往行车道方向挪动 0.5m，并用沙袋填平较深的坑槽，使济南方向所有车辆从北幅硬路肩通行，然后将南幅缓冲带锥标及指向车收至紧靠中央隔离护栏，使南幅可以全幅放行（图 8-17）。

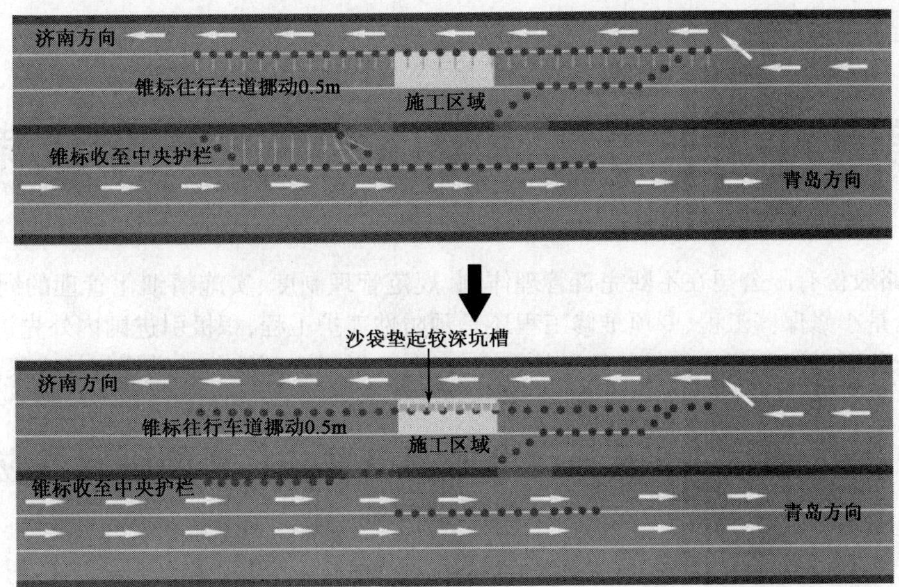

图 8-17　应急疏导方案二

第九章　济青高速公路的养护创新成果

山东高速公路股份有限公司在不断完善管理体制、规范管理制度、实施精细化管理的同时,在路面养护维修工作中,无论是小修保养工程、专项维修工程还是预防性养护工程,积极引进国内外先进的科技成果、新工艺和新材料,与此同时注重与力促养护的科技自主创新,取得了丰硕的养护维修创新成果。

第一节　路缘石表层抗风化脱落处理新材料的研制与应用

一、研 制 背 景

随着道路设施使用年限的增长,在自然因素的影响下,路缘石等路基防护、排水设施逐渐老化,表面出现严重风化、剥落脱皮等现象,无论从美观角度还是从使用功能都无法满足当前养护质量标准要求。

为了解决路缘石脱皮破损,美国等一些国家通过在成型混凝土表面铺设一层树脂与水泥浆的混合剂来解决该问题。结合国外先进经验,济青济南分公司对防护材料进行了多次的市场调研和配比试验,研制出路缘石表层抗脱落处理的新材料、新工艺。该材料由水泥、107 胶、细砂以及新型建筑外墙防护剂配制而成,具有施工工艺简单、不需洒水养护,耐久抗老化脱落等特点,能够有效杜绝表层再次脱落、开裂情况的发生,具有较强的附着性与抗渗水性,与同类处理工艺相比节约工程造价近 50%,处置效果良好。

二、施 工 组 织

1. 施工前的准备工作

(1)工具:钢刷、水桶、毛刷、喷壶、水、笤帚。

(2)材料:水泥、107 胶、0.2 ~ 0.5mm 细砂、建筑外墙防护剂。

(3)用于封闭施工路段的安全锥、标志牌、旗子等安全标志。

2. 施工工序

(1)按照公路养护安全施工的有关规定,设置安全施工标志牌。

(2)用钢刷去除松动的砂石,用笤帚清扫干净,喷水将路缘石表面充分湿润。

(3)在 1:2.5 的水泥砂浆中掺入适量的 107 胶,对破损严重的路缘石进行局部找补。

(4)将水泥漆中掺入适量的 107 胶及建筑外墙防护剂搅拌均匀后,对路缘石均匀涂刷二道(图 9-1、图 9-2)。

图 9-1　涂刷抗脱落新材料

图 9-2　涂刷后效果

第二节　ABS 塑料栏式轮廓标的研制与应用

一、设 计 背 景

金属材料制造的栏式轮廓标(图 9-3)在济青高速公路普遍采用,对规范夜间车辆行驶起到了警示的作用。但是,在实际使用中发现,金属制品的栏式轮廓标在使用过程中存在老化锈蚀影响美观和被盗现象,尤其以被盗现象最为严重,在给夜间车辆行驶带来安全隐患的同时,增加了日常维修保养费用的开支,增加了养护成本。

图 9-3　金属轮廓标

济青高速高密段对 2005 年和 2006 年栏式轮廓标更换的数量和更换原因进行了统计,其中因为被盗原因更换的占更换总数量的 90.6%,造成经济损失近 6 万元(表 9-1)。其重要原因是栏式轮廓标为金属制品,有广泛的销赃渠道,可以获得不法利益。

边侧栏式轮廓标的维修更换数量及经济损失情况分类统计　表 9-1

序号	维修更换原因	更换数量(个)	占总数量(%)	造成经济损失(元)	占总额(%)
1	被盗	3 382	90.6	59 185	96
2	交通事故损坏	212	5.7	/	/
3	自然锈蚀损坏	140	3.7	2 450	4
合计	/	3 734	/	61 635	/

二、替代材料研究

要解决金属栏式轮廓标的被盗问题,主要通过两个途径,一是加大设施巡查和保护的力度,宣传保护公路设施的重要意义;二是研制一种可以取代金属制品的非金属材料,制作栏式轮廓标。养护基建技术人员从建筑和家电等行业采用的塑料制品中得到启发,选择了耐高温、低温抗裂的 ABS 塑料(图 9-4),并进行了相关的测试。

图 9-4　ABS 塑料栏式轮廓标

1. 耐低温试验

从耐低温试验中可以看出,PVC 塑料耐低温、抗裂性差,低温情况下易碎裂(图 9-5)。

2. 耐高温试验

从耐高温试验中,可以看出 PVC 塑料耐高温性能差,易变形(图 9-6)。

3. 大温差试验

在大温差试验中,PVC 塑料因热胀冷缩出现严重变形,而 ABS 塑料未发生变化(图 9-7)。

通过以上对比,最终选择了 ABS 塑料作为栏式轮廓标的制作材料。

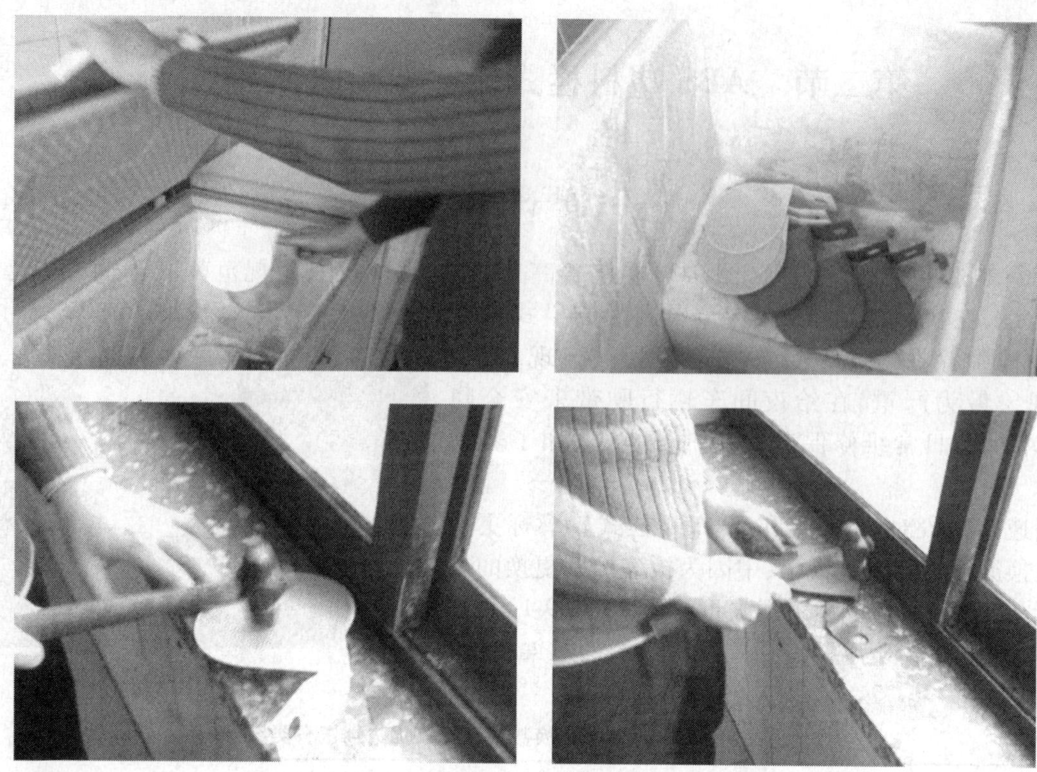

图 9-5 PVC 和 ABS 塑料耐低温试验

图 9-6 PVC 和 ABS 塑料耐高温试验

图 9-7 PVC 和 ABS 塑料大温差试验

三、使 用 效 果(图 9-8)

(1)ABS 塑料栏式轮廓标投入使用后,有效遏制了金属轮廓标被盗现象。

(2)在有效遏制被盗、降低造价成本的同时(新研制的 ABS 工程塑料栏式轮廓标成本费 12.5 元/个,安装费 1 元/个,合计 13.5 元/个),提高了夜间警示效果,为驾乘人员安全行车创造了条件,提高了顾客满意度。

(3)减少了栏式轮廓标的安装、维修频次,降低了作业安全风险。

图 9-8　采用 ABS 塑料栏式轮廓标安装后的效果图

第三节　螺旋套筒式防撞活动护栏的研制与应用

螺旋套筒式防撞活动护栏是在充分调研国内外高速公路中央分隔带开口处各类活动护栏的基础上，依据国家相关标准和规范,在股份公司刘甲荣总工和养护基建部领导指导下,咨询交通规划设计院和交通学院有关专家,与济南金诺汽车科技公司合作设计研发、并由其独家生产的专利产品。该产品的设计理念为“安全、环保、舒适、和谐”,体现了“以人为本、安全至上”的指导思想,改变了以前各类活动护栏的不足(图 9-9)。

图 9-9　螺旋套筒式护栏立柱

一、研 制 背 景

近年来济青高速济南段车流量持续增加,尤其 K23(唐王立交)至 K45(章丘收费站)之间最为严重,车流量在 20 000 辆左右。在进行单幅封闭施工及处理应急事故时,因车流量大,中隔带护栏开启困难,经常因车流疏导不及时,造成压车,给行车的安全畅通带来隐患。随着专项工程相继开工,济青高速公路济南段路面维修工程的顺利进行,为缓解涉路施工带来的通行影响,济南分公司决定在车流量大的辖段内新增中央分隔带活动开口,在保证路面维修质量的同时,坚决做好保畅通工作,为确保各专项工程在公司要求的时间内保质保量完成奠定基础。

二、结 构 特 点

1. 防撞能力强

螺旋套筒式防撞活动护栏的设计防撞等级为 Am 级，纵向吸能结构，通过自体变形或车辆爬高来吸收碰撞能量，从而改变车辆行驶方向，或阻止进入对向车道，最大限度地减少对成员的伤害。

2. 实用性强

在临时开放时能够快速开启、灵活的移动并方便安装，开启（关闭）整个分隔带开口只需约 10min，保证了活动护栏能方便、快捷的开启。另外，可根据开口处不同宽度灵活组合活动护栏的长度。对立柱进行了防水处理，防止因进水造成构件锈蚀或侵蚀路基。

3. 防盗效果好

套筒螺杆顶部端面为非标形状，在其外部设有防盗保护圈，配有专用开启工具，避免被盗和随意开启。

4. 经济性好

螺旋套筒式防撞活动护栏的设计尽可能的采用标准化构件组成并采用分组拼接的方式连接，单个构件的最大长度不超过 4m，如遭撞击只需对遭损坏的单个构件进行更换，造价及养护费用较低。

5. 无缝连接

护栏上部可根据用户要求加装防眩板安装支架，通过安装防眩板，能有效实现中央分隔带防眩的无缝连接。

6. 外形美观用途广泛

设置的高度和外观与中央分隔带护栏协调一致，其外形美观、简洁和通透；该活动护栏也可以分两组或多组整体移走，摆放在合适的位置当临时栅栏用。

以螺旋套筒式防撞活动护栏替换现有中央分隔带活动护栏，进一步提升股份公司精细化养护管理水平，为驾乘人员提供了更为安全、舒适的通行环境（图 9-10 ~ 图 9-12）。

a) b) c) d)

图 9-10 螺旋套筒式防撞护栏和现使用活动护栏图片对比

a)、b) 螺旋套筒式防撞护栏；c)、d) 原活动护栏

图 9-11　使用中的螺旋套筒式防撞护栏

图 9-12　开启中的螺旋套筒式防撞护栏

第四节　快速活动护栏开启装置的研制与应用

一、研 制 背 景

济青高速公路青岛分公司管辖段原活动护栏整体稳定性较差、拆装复杂、维修困难、费时费力，通常拆除时间需要 20min 以上，不能满足应急预案启动时间的要求(图 9-13)。养护基建科技术人员针对原有护栏存在的缺点，进行技术改造，使得改造后的中央活动护栏线形流畅顺直，结构稳定牢固。同时，结合改造后的护栏结构特点，针对发生突发事件或道路施工需要实施变道行驶的要求，研制了新式活动护栏开启装置。

二、研 制 原 理

新式快速活动护栏开启装置将原来由人工分组拆卸、安装开启变为通过升降支架、滑轮车(图 9-14、图 9-15)等简单机械进行整体移动开启，开启时只需 4 人操作，用时仅为 3min，大大提高了开启效率。

图 9-13 旧活动护栏的拆除

图 9-14 升降支架

图 9-15 滑轮车

三、开 启 流 程(图 9-16)

a)

b)

图 9-16

c)

d)

图 9-16　开启流程图

a)步骤一:利用升降支架将活动护栏墩升起;b)步骤二:护栏墩升起后,将护栏墩放置预备滑轮车上;c)步骤三:将每个护栏墩都放置在滑轮车后人员横向推动护栏,向外移动;d)步骤四:护栏平行中央分隔带顺中央分隔带外延推动,活动护栏打开

四、取得的效果

(1)改造后中央活动护栏实现整体移动,简化了开启工序。

(2)充分利用升降、滑移装置,提高了工作效率,由原来的每次开启 13 人减少到 4 人,由原来的每次开启 23.5min 降低到 3min。

(3)取得了良好的经济效益,每年能够节省费用 3 万元。

第五节　抗风防眩板的研制与应用

一、设 计 背 景

为了遮挡对面车辆照射,在高速公路中央隔离带设置了防眩板。但在高速公路运营过程中,由于防眩板截面积大,当自然风或者运营车辆产生的瞬间气流作用于防眩板体,使防眩板产生较大幅度的摇摆,导致防眩板板体与底座连接处的螺丝松动,造成防眩板板体脱落、损坏,影响美观和防眩效果。针对上述原因,济青潍坊、青岛分公司大胆创新对防眩板进行改造,既确保防眩效果,又提高了防眩板的抗风能力。

二、设 计 思 路

济青潍坊分公司采用不同方式进行反复试验,最终根据测试效果选择了冲压泄风槽方案。冲压泄风槽的优点是泄风效果好,并且使原有防眩板强度增强,改造费用低廉,每块旧板改造翻新及安装费仅需 10 元,其不足之处在于该技术仅适用于铁质防眩板的改造,对玻璃钢还不适用。该成果已于 2007 年通过专利申请。图 9-17 为采用冲压泄风槽技术改造的抗风防眩板。

图 9-17　采用冲压泄风槽技术改造的抗风防眩板

济青青岛分公司通过点焊的方式加固防眩板底座，且在防眩板体上均匀按照45°角钻孔，以减弱或者分散气流对防眩板体的作用，同时确保防眩效果。图9-18为采用钻孔技术改造的抗风防眩板。

图9-18 采用钻孔技术改造的抗风防眩板

第六节 移动组装式道路标志牌架的研制和应用

一、设计背景

在道路上进行路面施工、交通管制或处理事故时，必须要在相应位置放置各种样式的标志牌，起到警示、指引车辆的作用。传统的标志牌摆放后难以移动，对于道路上流动性强的作业项目无法做到实时警示、指引。尤其在高速公路上，由于车流量大、车速快，对于在高速公路中央分隔带内侧进行草坪修剪、苗木浇水等流动性强的作业项目，传统的固定式标志牌摆放后难以移动，给正常施工带来很大的难度。个别施工单位为此不摆放或少摆标志，给行车安全带来很大的隐患，同时也增加了养护管理的难度。针对如何保证在进行流动性作业时标志牌的快捷移动，济青淄博分公司养护科研小组积极开展养护技术创新活动，研制了移动组装式道路标志牌架，并获得国家专利。

二、设计方案

移动组装式道路标志牌架，包括架体、LED爆闪灯、太阳能蓄电池和太阳能电池板、锥形标、彩旗、万向轮等。

图9-19为移动组装式道路标志牌架示意图，架体由相互独立的底架1、支架4、上架6组成，底架1为长方形，采用角钢和钢管焊接而成，底架1下部装有4个万向轮2，底架1的4个边角处分别设有支架空心安装柱3，两个支架4均有斜杆4-1、横杆4-2、竖杆4-3组成，上架6为敞口的箱形，四条立柱延伸出上架的底面，横杆4-2的两端设有与立柱匹配的安装孔。组装架体时，将两个支架4的下端插入底架1上的支架空心安装柱3中，再加上架6的四条立柱插入两个支架4的横杆4-2两端的安装孔中，架体组装完毕。

图9-20为移动组装式道路标志牌架使用状态参考图，将锥形标7放置在底架1和上架6上，标志牌8通过螺栓或铁丝固定在两个支架4的斜杆4-1上，彩旗9的旗杆插入支架4的竖杆4-3外侧的旗杆空心安装孔5中，上架6中安装两个太阳能LED爆闪灯12，上架上还安装有与太阳能LED爆闪灯12配套的太阳能电池板10和太阳能蓄电池11。

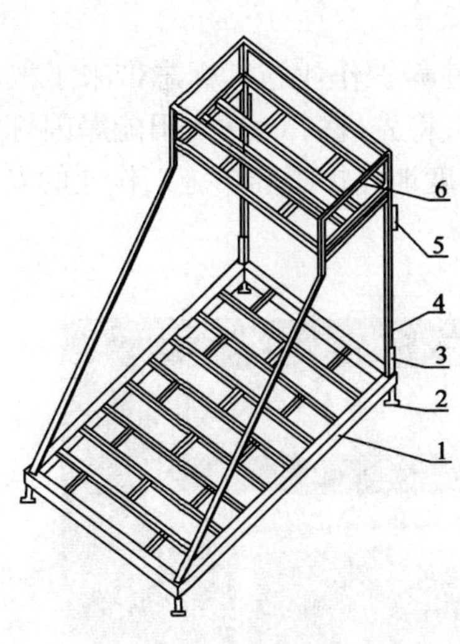

图 9-19　移动组装式道路标志牌架示意图

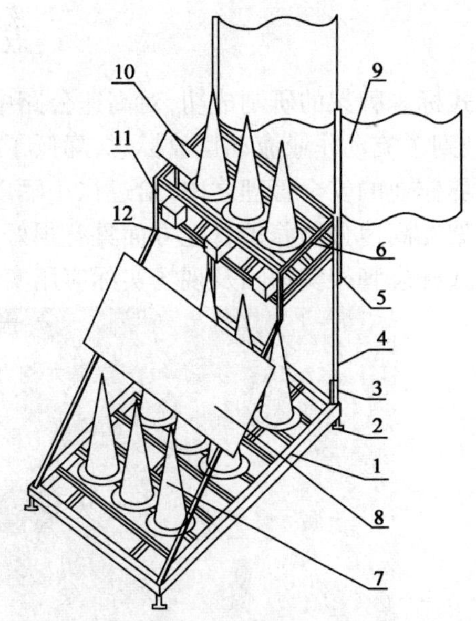

图 9-20　移动组装式道路标志牌架使用状态参考图
1-底架；2-万向轮；3-支架空心安装柱；4-支架；4-1-斜杆；4-2-横杆；4-3-竖杆；5-旗杆空心安装柱；6-上架；7-锥形标；8-标志牌；9-彩旗；10-太阳能电池板；11-太阳能蓄电池；12-太阳能 LED 爆闪灯

三、使用方法

该移动组装式道路标志牌架使用时，底架 1 下部设有万向轮，使整个架体移动灵活，便于调整标志牌 8 的位置和方向，还可以利用机动车带动架体低速前行，与流动作业的速度保持一致，起到实时的警示作用。底架 1、上架 6 放置锥形标 7 等，方便实用，可以根据需要在斜杆 4-1 上更换不同的标志牌，为进一步起到警示的作用，正常天气情况下使用竖杆 4-3 上的彩旗 9，恶劣天气下可以开启上架 6 上的太阳能 LED 爆闪灯 12（图 9-20、图 9-21）。

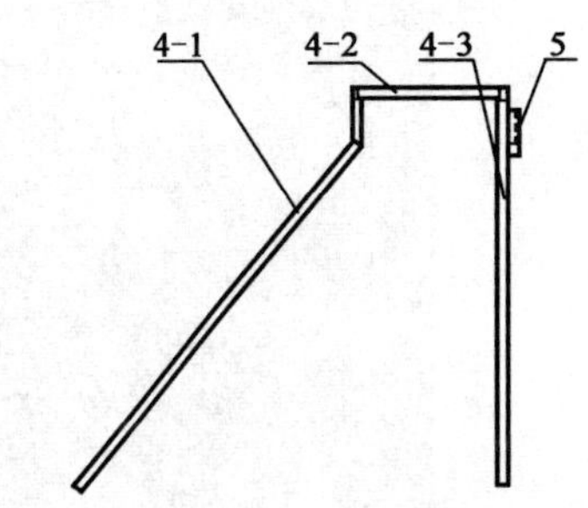

图 9-21　移动组装式道路标志牌架局部详图

该移动组装式道路标志牌架的应用不局限于此，还可以在架体一侧增设弹簧支架（与普通自行车后轮处的单腿弹簧支架相同，具体结构不再详细叙述），当把弹簧支架打开时，新型架体不再移动，可以作为普通固定式标志牌架来使用，当需要架体移动时，将弹簧支架收起即可。

四、技术优点

移动组装式道路标志牌架具有移动灵活，使用方便，便于运输，适用范围广的优点。

(1)架体采用底架、支架、上架三部分组成，三者采用插接的方式连接，拆装方便，不使用时将上述三部分分离，便于运输；

(2)架高 1.5m，插上彩旗可达 3m，警示效果好；

(3)配备 LED 太阳能爆闪灯，具备恶劣天气施工条件；

(4)底架上设有万向轮，移动性能好，可以利用机动车带动架体低速前行，与流动作业的速度保持一致，起到实时的警示作用，便于移动式作业；

(5)在万向轮上具有按压开关，当需要架体固定时，将开关压下支起即可固定该移动组装式道路标志牌架；

(6)标志牌可拆卸，可根据施工要求安放不同施工标志；

(7)在底架、上架可以放置锥形标等小型的工具，支架斜杆和竖杆根据实际需要可以放置不同的标志牌和彩旗，使用灵活方便，达到一架多用的目的。

五、应 用 前 景

移动式标志牌架的研制成功，对高速公路中央分隔带内侧流动性养护作业施工标志带来了根本性的变革，真正做到了流动作业流动摆放标志，降低了养护作业强度。同时，将先进的 LED 太阳能爆闪灯应用于养护维修保养作业的安全管理之中，给过往车辆以醒目的标识，最大限度地保护了养护施工作业的安全。移动式标志牌架在高速公路养护管理方面具有很好的推广效果。

移动式标志牌架实物图及现场实际应用实例见图 9-22、图 9-23。

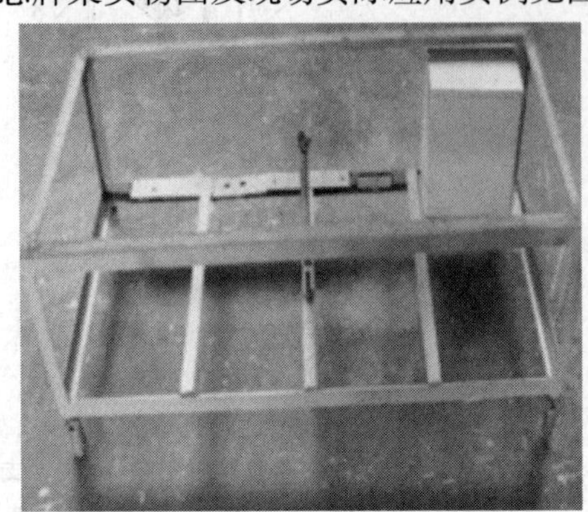

图 9-22　移动式标志牌架实物分体图

图 9-23　移动式标志牌架现场应用

第七节　车载一体化农药喷洒装置的研制和应用

一、研 制 背 景

每年分公司组织绿化队伍对绿化防眩苗木喷洒农药 3 ~ 5 次。传统的方法是由人工背负小型喷雾器，徒步对中央分隔带绿化苗木进行喷洒农药作业。这种作业方式存在工作效率低、作业安全风险高、费用较高等弊端。

按照传统作业方式平均每次农药喷洒需要 10 人,23 个工时才能完成,喷洒效率低,浪费人力,且存在较大安全隐患。因此,要提高喷洒效率,消除安全隐患和人力浪费,必须改变目前的传统作业方式,向提高苗木农药喷洒的机械化程度寻找合适的突破口。

二、车载一体化农药喷洒装置

养护基建科技术人员根据绿化苗木生长的特性,借鉴苗木修建机的原理,经过反复的尝试,研制了车载一体化农药喷洒装置作为中央分隔带苗木农药喷洒的机械(图 9-24)。该装置是利用车辆内燃机为水泵提供动力加压,采用苗木修剪机原理,研制双侧多向喷洒装置,该装置结构简单、体积小,能够有效提高喷洒效率,降低安全隐患,减少作业人员,可安装在巡查作业车上使用(图 9-25)。

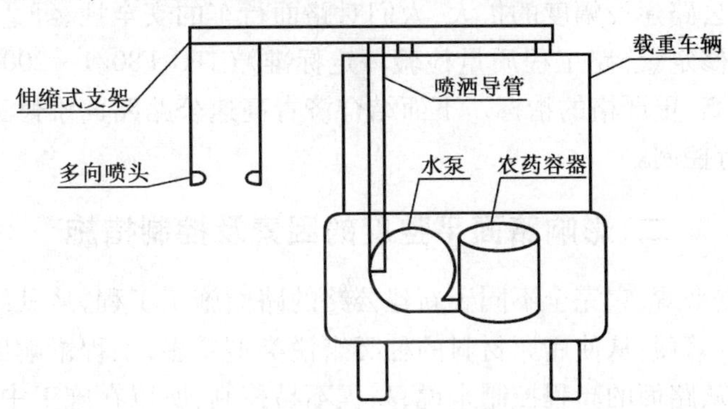

图 9-24　车载一体化农药喷洒装置样图

图 9-25　使用中的车载一体化农药喷洒装置

三、取 得 效 果

(1)利用该装置,在保证喷洒效果的基础上,喷洒效率大大提高,喷洒一遍所需时间由原来的 23 工时减少到了 6 工时,作业人员由 10 人减少到了 3 人。

(2)车载农药桶最大容量为 1 000kg,可避免频繁换药。

(3)明显减少费用成本,每喷洒一遍平均人工费和设备费用为 350 元;采用人工喷洒一遍平均费用为 1 250 元,而且安全隐患大大降低。

(4)结构合理,操作便捷,拆装方便,机械化程度及效率明显提高,有效消除了安全隐患和人力浪费。

第八节　高速公路路面维修平整度的控制研究

一、概　　述

根据高速公路行车质量要求，平整度是衡量高等级路面质量好坏的重要指标。路面不平顺，会增大行车阻力，并使车辆产生附加振动，直接影响行车的安全性、舒适性，同时会加剧汽车零部件及轮胎的损坏，并增大油料的消耗；附加振动以及不平整的路面所滞积的雨水，也将加速路面的破坏，影响路面的使用寿命。随着社会的发展需要，高等级公路建设幅度的扩大，人们对路面行车的安全性、舒适性以及路面的耐久性都提出了更高的要求，交通部在修定《公路工程质量检验评定标准》（JTG F80/1—2004）中也相应对路面平整度指标进行了修订，采用了更高、更严格的指标。下面结合济青高速公路路面维修工程过程，谈谈如何对路面维修工程路面的平整度进行控制。

二、影响路面平整度的因素及控制措施

从路面维修工程的特点来看，它完全不同于新建公路的路面施工工程，从其结构层来说，它结构类型复杂，病害形式繁多，设计变更繁琐；从使用原材料的种类来说类型繁多，工程影响因素复杂，受交通、气候、降水等因素的影响比较明显；从路面的高程控制来说，高程不易控制，所以在施工中对路面平整度的控制就更为困难。结合济青高速公路路面维修施工过程中的实际情况，对影响路面平整度的因素和针对这些原因在施工过程中所采取的控制措施简要归纳为以下几点：

1. 桥头沉降对路面平整度的影响

济青高速公路潍坊段共有大小桥涵109座，通过十多年的运营，在每个桥头都或大或小地产生了不同程度的沉降，在路面维修过程中，根据不同的病害情况，分析产生病害的原因，采取了不同的维修方法。首先，如果桥头沉降比较严重，出现了桥头搭板断裂或严重沉降，这种情况就要进行深层铣刨重新换填压实，重新浇筑桥头搭板；对于局部或单车道出现沉降时，通常要通过重做油层的办法来解决；当桥头出现轻微沉降时，一般是人工提前补料压实或进行局部铣刨找平处理，最后进行罩面处理。为解决桥头沉降对路面平整度的影响，在桥头罩面施工时，首先要在测量的基础上找出低点，在低点处加密桩挂线，然后调整摊铺机的虚铺厚度以补偿由于沉陷所引起的摊铺厚度不均问题，加大摊铺机的夯锤振幅，同时在压实过程中降低压路机的速度提高振幅，通过以上措施的实施，基本可以解决桥头沉降引起的路面平整度问题。

2. 路基下沉导致的路面局部沉降对平整度的影响

对于路基下沉导致的路面局部沉降主要发生在高填筑路段或收费站、服务区的上下匝道口位置，出现这种病害的主要原因大体可分两种，一是由于老路基压实质量达不到要求；二是在路基防排水不够及时的情况下，超载车辆重复作用引起。针对以上两种原因，在维修施工中采取的主要措施是：①为防止中央分隔带内的水进入对路基的破坏，在中央分隔带外侧设置防渗墙，然后在铣刨掉基层的底部设置下封层，每间隔10m安装横向排水管，提高路基的防排水性能，最后用ATB—30混合料对基层进行重新补强处理，同时加强对摊铺混合料的压实和平整度的控制。②铣刨基层后，在做好防排水的同时，为加大路基的强度，改用水泥混凝土基层。以上两种办法都可以解决由于路基下沉导致的路面局部沉降对路面平整度的影响问题。

3. 中央分隔带边缘预留旧路面和硬路肩旧路面上的车辙、拥包、沉陷、推移对路面平整度的影响

对这一问题根据路面维修以往的经验主要应从以下两个方面进行处理，一是为防止这些位置的病害对老路面进行恢复性摊铺时造成不必要的干扰，提前对将要补强摊铺的路面进行测量布桩架设铝合金标杆，让摊铺机电脑高程传感器以铝合金标杆来进行平整度控制。二是在罩面施工前对中央分隔带边缘预留旧路面和硬路肩旧路面上的车辙、拥包、沉陷、推移的病害部位，要人工提前补料压实或进行局部铣刨找平处理，然后再进行罩面摊铺。

4. 中、下面层的平整度对整个路面平整度的影响

济青高速路面维修的主要施工范围就是对病害老路面补强后再进行全幅罩面。要想保证罩面后的路面平整度，首先应确保中、下面层的平整，而要控制中、下面层的平整，就要从老路面的铣刨开始控制，铣刨槽底部的平整将直接影响到摊铺中、下面层的平整，特别是在铣刨机下刀和提刀的地方应加强控制，这些地方是影响铣刨平整的控制点。平时经常性的对铣刨机的刀头进行检查，当出现断刀或刀头老化后应按时更换刀头以提高铣刨面的平整度。除此之外，还要加强对摊铺和压实的控制，摊铺时要从基层的摊铺开始挂线施工，逐层控制，施工中严禁在未压实的路面上踩踏，测量摊铺温度或厚度时尽可能的站在摊铺机的后方或在路两边位置进行量测，尽量不要人工补料，以控制由于人工补料造成的平整度差问题。在路面压实的过程中，压路机不允许在新铺混合料上转向、掉头、左右移动位置、突然刹车或停机休息；其他机械不能在未冷却的路面上停留。原则上所有机械，尤其是压路机从开始碾压进入角色后便不能停机，直至该段路面施工结束，否则容易产生局部波浪。为保证压实度，压路机紧跟摊铺机，导致压实段落短，压路机停机、起步产生的拥包多，影响了平整度，为消除压路机产生的拥包，要求压路机从边部沿阶梯界面对产生拥包的位置斜向进行碾压来解决，新铺路面在未冷却之前禁止一切车辆通行。所有纵、横向接缝及桥头伸缩缝位置新铺路面都要高出原路面 2 ~ 3mm，这样可以防止新路面在以后车辆追密作用后比原路面低而降低平整度。

5. 桥面混凝土铺装层的平整度对路面平整度的影响

在路面维修施工中，总是会遇到桥面混凝土铺装影响路面平整的问题，如桥面铺装不平整也会直接影响到整个路面的平整度，为此加强了这一方面的控制，在桥面铺装时，提前对桥面测量、布桩挂线，挂线时注意桥面的横坡度要符合设计要求，一般在桥梁的两头各延伸 40m 作为桥头顺坡，按测量数据调整好摊铺机的虚铺厚度，摊铺作业时摊铺机挂线后需放慢速度，加大熨平板的振夯，碾压时压路机要高频、低幅，与原伸缩缝顺接时，为提高平整度必要时要对桥头进行斜向交叉碾压。

6. 施工接缝对路面平整度的影响

路面施工接缝分为纵向接缝和横向接缝，下面对施工接缝的控制措施分别按纵向接缝和横向接缝进行论述。

对纵向接缝的处理。在路面维修过程中，总是不可避免地会碰到纵向接缝，如搭接不好，容易出现纵缝开裂以致产生地表水的下渗现象。为解决这一问题，在路面维修施工中，主要对于纵向接缝采取了如下控制措施。首先，在沥青混合料的施工中，为保证纵向接缝的质量应尽可能减少纵向冷接缝的出现，如一旦出现，为保证纵向接缝处的压实度与平整度，在摊铺前，把接缝部位用小型铣刨机铣掉 10 ~ 15cm 宽，接缝处喷涂 SBS 改性沥青后再行摊铺，摊铺机布料时要超出纵缝 2 ~ 3cm 宽进行布料，然后用人工再清除缝部多余的粗集料，压实时压路机先沿纵缝边部 10 ~ 15cm 进行碾压，封闭好纵缝后再碾压中间，做到纵缝部位密实平整。在补平铣刨槽施工中遇到的槽壁纵向接缝，要求槽壁需喷洒 SBS 改性沥青，摊铺时，摊铺机布料要超出纵缝 2 ~ 3cm 宽进行布料，然后用人工再清除缝部多余的粗料，压实时压路机先沿槽壁边部 10 ~ 15cm 开始碾压，封闭好纵缝后再碾压中间，做到纵缝部位密实平整。当出现热接缝时，两台摊铺机前后距离控制在 30m 以内，为有利于纵向接缝的密实平整，第一台摊铺机摊铺后压实过程中要在接缝处留有 25 ~ 30cm 宽的未压实区域，第二台摊铺机摊铺时跨过接缝 20 ~ 25cm 宽，然后进行正常压实即可。

对横向接缝的处理。横向接缝与纵向接缝不同，它对路面平整度影响较纵向接缝明显，一旦衔接不平整就会出现跳车现象，所以在处理上与纵向接缝的施工方法有所不同，在本段路面维修过程中，除 20cm 基层 ATB—30 补强处理横向接缝使用斜接缝外，其他全部为横向垂直接缝。施工中主要从以下几个方面对横缝的质量进行了控制。首先从横缝的铣刨开始控制，用 3m 直尺测量出切缝的位置，然后用风镐或小型铣刨机进行凿除或铣刨，处理清扫后的切缝位置要求平整顺直、无夹层，除中、下面层可用人工进行凿除处理外，一般罩面时要用小型铣刨机横向铣刨，清扫干净后喷涂乳化沥青。摊铺作业时，摊铺机应缓慢起步，未进行碾压前用 5m 直尺进行检测，发现不平顺时要人工补料进行找平处理，符合要求后方可进行碾压。碾压时先横向沿接缝 5 ~ 10cm 宽静压一遍，然后斜向交叉缓慢开启振动进行碾压，使用高频低幅，碾压一遍后再次用 5m 直尺检测，如发现接缝位置过高时应使用高频高幅横向进行碾压，碾压完成后一般要求行车方向要高出另一边 2 ~ 3mm，以确保能在以后车辆的追密作用下达到规范要求的平整度要求。

7. 路缘石不平顺、人工在边部补料不均匀导致压路机产生的拥包对路面平整度的影响

为解决由于路缘石不平顺、人工在边部补料不均匀导致压路机在压实过程中产生拥包的问题，要求压路机在第一遍压实时距路缘石 5 ~ 10cm 的位置开始碾压，然后再碾压边部这样效果会更好。

8. 施工机械、施工工艺、施工水平等因素对路面平整度的影响

施工机械主要指沥青混合料摊铺机和压路机。首先是对摊铺机械的控制，主要是对摊铺机的行驶速度、行驶均匀程度、熨平板拼装的平整度及起拱度大小的控制。其次就是对摊铺机电脑的灵敏度、送料器送料的均匀度、夯锤的振幅、压路机的压实振动挡位及压实速度的控制，这些都将严重影响到路面的平整度。对这些影响因素的具体要求是：熨平板拼装时拼装缝要平整密实，熨平板提起时中间拱度上翘 1.5 ~ 2cm，熨平板加热时温度控制在 100 ~ 110℃；摊铺机摊铺作业时正常行驶速度以匀速 3 ~ 4m/s 的速度行驶，没特殊原因中间不准随意停机，摊铺机控制电脑灵敏度正常情况下在 5 挡为宜，送料器送料要均匀且应时刻以布满螺旋布料器为准；摊铺机振动夯锤正常情况为 4 挡，当遇桥头时为消除桥头处的沉降宜加大到 5 挡；压路机压实作业时除按规范要求外，在遇桥头、伸缩缝、横缝、摊铺停机处时要在施工技术人员的指导下横向或斜向交叉碾压。

运料车辆对路面平整度的影响，在摊铺过程中应严禁料车撞击摊铺机或将料洒到下承层上，倒料前运料车空挡在摊铺机前 10 ~ 20cm 处停稳，等待摊铺机慢慢推动料车同步前进，推行过程中禁止司机随意对料车刹车，待卸料完毕后在技术人员的指挥下及时驶离摊铺机。为确保摊铺机匀速、连续工作，既能保证压实度又提高平整度，要根据拌和机的拌制能力、运距长短、摊铺机的行进速度等合理安排运料车的数量，避免出现摊铺机摊铺中途为等料车而停机的现象。

9. 下承层压实度低导致的路面平整度在使用过程中逐步降低

根据路面维修工程的特点，路面维修主要是对局部病害进行挖除后重新补强处理，如果重新补强处理的路面压实达不到要求，罩面开放交通后，在车辆的长期追密作用下，下承层与老路面会产生不均匀的沉降，导致路面的平整度逐步降低，所以在施工中一定要保证补强路面的压实度。

10. 沥青混合料质量不合格导致路面在使用过程中产生车辙、推移、拥包，使平整度逐步降低

车辙、推移、拥包等病害是路面不平整的主要现象，而沥青混合料路面产生车辙、推移、拥包病害的主要原因就是由沥青混合料的质量所引起的，造成混合料质量低的主要原因可大体分为：沥青混合料的级配不合理；沥青的质量达不到要求；集料的棱角性和黏附性差。针对以上原因采取的主要措施是在施工中加强原材料和成品混合料的自检与抽检力度，从源头控制混合料的质量，根据每天的试验数据及时对沥青混合料的级配进行调整。

工程完工后初步检测结果均满足小于交通部规定的 IRI <2 的要求，合格率达到 100%。

三、保证路面平整度的关键环节

综上所述，要提高维修路面的平整度，应确保铣刨后下承层的施工质量、并从下承层的平整度、原材料及混合料的质量控制、施工工艺和机械配置以及施工人员素质入手，重点抓好摊铺、碾压、接缝处理三方面的施工质量，尽可能采用先进的机械设备和合理的配置，充分发挥施工人员的主动性、积极性。

为提高路面平整度，还应追踪世界先进技术，学习和借鉴外国一系列先进的施工方法和施工工艺，从而达到提高维修路面平整度的目的。

第九节　高速公路收费站拓宽改造工程施工组织的探讨

济青高速公路昌乐互通立交位于 K168 + 932 处，为对角苜蓿叶形互通立交，被交路（大沂路）上跨，设收费站两处，均为两进两出。1993 年建成通车，通车 15 年来，该立交发挥了极其重要的交通枢纽作用，有力地促进了昌乐县的对外开放和经济发展。随着昌乐县经济的飞速发展，通过济青高速公路进出昌乐的车流量日益增长，收费站的通行压力越来越大，车辆长时间排队的现象时有发生，当前的收费设施难以满足车辆通行要求。为提高高速公路的服务水平，发挥该互通立交及收费站口的作用，根据地方要求及公司长远发展需要，该互通立交收费口按照三进五出，并提前预留主线八车道新建收费匝道进行了设计。

一、工 程 概 况

昌乐互通改造工程是济青高速公路收费口改扩建中第一个按照预留八车道设计的，工程占地范围广，涉及拆迁量大，沿路管线多，错综复杂；工程内容涉及路基、路面、桥涵、绿化、附属设施、收费、信息工程等，内容杂、交叉工序多；工程开工时间晚，本工程开工时间为 9 月 20 日，工程总工期为 4 个月，新收费站要求 2009 年 3 月 20 日启用，然后再拆除原有收费站及原有收费匝道，2009 年 4 月 15 日必须全部完工，这期间降水及降温时间占了近 4 个月，施工时间不连贯，工序衔接差，影响施工大；改造过程中不允许封闭收费站，必须保持收费口车辆的正常通行要求，如图 9-26 所示，新建匝道与原有匝道交叉点较多，若按正常施工工序，势必要封闭原有匝道，影响车辆正常通行。

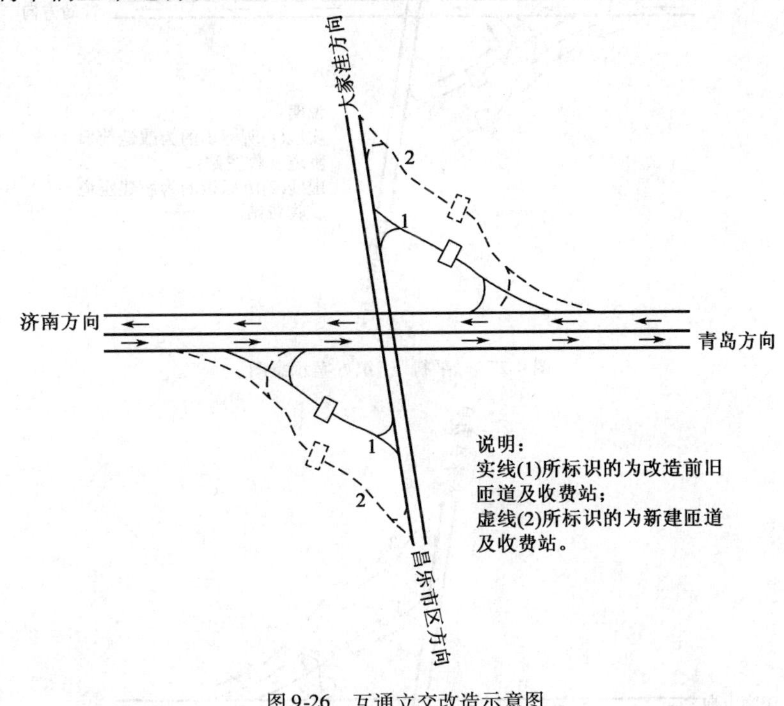

图 9-26　互通立交改造示意图

二、施工组织介绍

根据不封闭收费站的施工要求，项目办、施工单位及监理单位相关人员多方面考虑，集思广益，提出了两种施工组织模式，现介绍如下。

施工组织 1："平行"组织（图 9-27）。

所谓"平行"组织就是要避开新建匝道和原有匝道的交叉点，通过新建下匝道、新建下站口让车辆从新收费站口下，从老收费站口上，该组织方式完全可以避开交叉施工。

施工组织 2："交叉"组织（图 9-28）。

所谓"交叉"组织就是通过建立新的交叉点避开原有交叉点，通过增加临时便道使车辆从新建下匝道顺利进入旧收费站口，该组织方式将原交叉点进行了转移，顺利实现对原交叉点处的施工。

三、施工组织比较

这两种施工组织优缺点如下：

施工组织 1"平行"组织的优点是：该施工组织能够完全避开交叉点，施工一方实施较容易；缺点是：该工程涉及土建、雨棚、信息、监控等多家施工单位，并且要在有限的作业区内进行无数次的交叉施工，必须要求各方单位齐心联动，任何一方拖后都会造成总工期的延误，而且整个工期内各方都是“条”形施工。根据该工程的特点，施工期内天气对土建工程的影响较大，而且土建工程是其他所有工程的基础，该工程未按期完成，其他工程都要滞后，并且涉及多家单位施工，交叉协调难度大，该组织方式实施的难度较大。

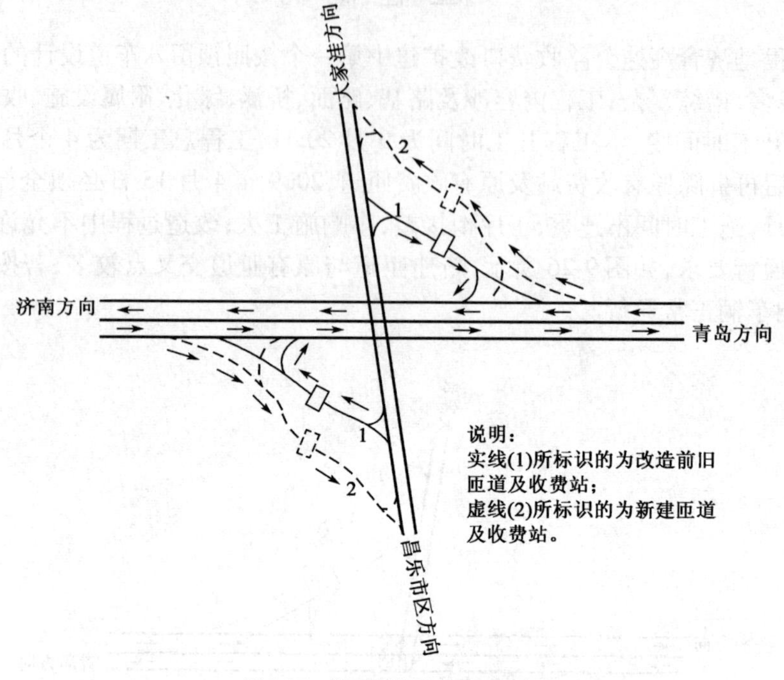

图 9-27 “平行”组织方案示意图

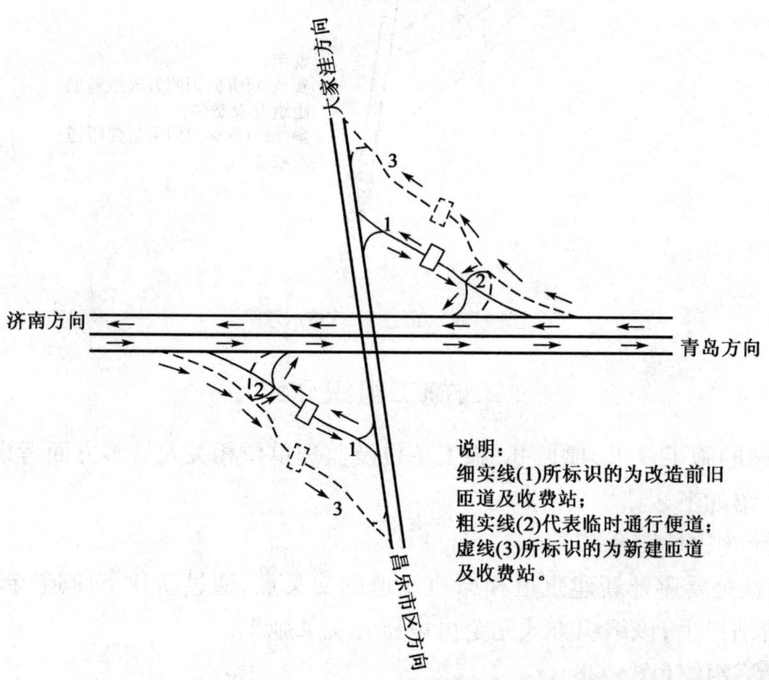

图 9-28 交叉组织示意图

施工组织 2“交叉”组织的优点是：通过转移交叉点使土建工程能够连续施工，各方施工单位总体上按照“块”形施工，各方的施工工期比较集中，影响因素较小，有利于各方的施工组织设计；缺点是需要选择合适位置通过修建临时匝道转移原有交叉点，工程费用相对增加。

通过上述施工组织方式的比较，本着争取主动，减少各施工内容的交叉影响，选择了“交叉”组织方式。根据工程工期安排，按照施工图并结合本工程的特点，在施工组织方面综合考虑土建、雨棚、收费、信息工程等工程的进场顺序和工期要求，抓住该工程施工的关键点及关键线路，首先进行B-B、C-C匝道的结构物、路基及收费广场的路基路面施工，三处同步进行，有效地减少了对收费站的影响，并能够为后一步雨棚施工及其他施工单位尽早提供工作面。根据工序及工期要求编制了施工网络图(图9-29)。

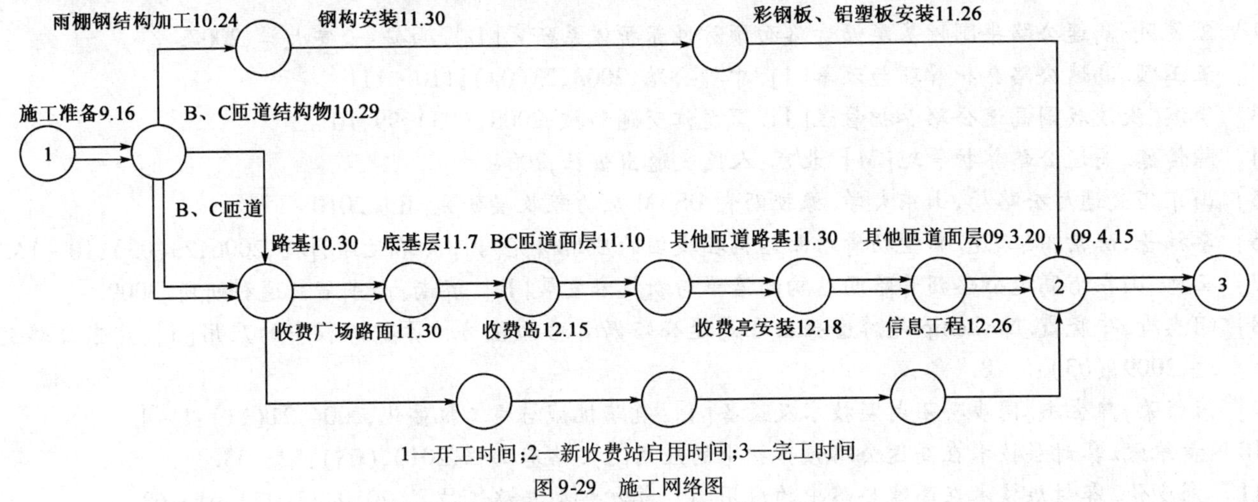

1—开工时间；2—新收费站启用时间；3—完工时间

图9-29 施工网络图

四、施工组织实施

根据“交叉”施工组织，工程关键点及关键线路完成后，通过修建临时通行便道将B-B、C-C匝道连接到原下路匝道上形成新的交叉点，通过设置临时便道提示、限速、转弯、线性诱导等标志，使车辆从新建B-B、C-C匝道通过临时通行便道顺利进入旧下匝道，保证车辆顺利通过收费口。

五、“交叉”组织施工模式的工程意义

(1)该“交叉”组织施工模式，有力地克服了受天气影响土建工程无法实施的困难，遵循了先急后缓原则，抓住了工程中的关键线路和关键点，使土建工程在可利用的工期内尽可能地进行实施，为确保施工工期要求提供了保障。

(2)该“交叉”组织施工模式，使多方施工单位在有限施工区域内尽量减少了施工交叉，提高各方施工效率，为工程的顺利实施提供了保障。

(3)昌乐互通改造施工组织模式的成功实施，实现了不封闭收费站进行收费站拓宽改造，是高速公路收费站拓宽改造的成功探索，不仅保持了正常的收费秩序，避免了对过往车辆的影响，而且提高了高速公路的综合服务能力。

参考文献

[1] 王笑风.高速公路半刚性基层沥青路面预防性养护体系研究[D].西安:长安大学,2007.
[2] 王玉顺.高速公路养护管理与改革[J].中外公路,2003,23(04):110~111.
[3] 李滨.浅谈我国高速公路养护管理[J].黑龙江交通科技,2008,(03):99,101.
[4] 陈传德.高速公路养护管理[M].北京:人民交通出版社,2004.
[5] 山东省交通厅公路局,山东大学.橡胶沥青DSAM应力吸收层研究[R].2010.
[6] 李福普,陈景,严二虎.新型沥青路面结构在我国的应用研究[J].公路交通科技,2006,23(03):10~14.
[7] 王林.山东省高速公路沥青路面结构的沿革与新技术发展[R].济南:山东省交通科研所,2009.
[8] 胡志涛,牛晓霞.Novachip超薄磨耗层在高速公路沥青路面预防性养护工程中的应用[J].广东公路交通,2009,(03):5~8.
[9] 张新荣,焦生杰.同步碎石封层技术及设备[J].筑路机械与施工机械化,2004,21(11):1~4.
[10] 黄维蓉.雾封层技术在高速公路预养护中的应用[J].路基工程,2010,(03):52~53.
[11] 刘少伦.雾封层技术在高速公路中的应用[J].养护机械与施工技术,2010,27(05):61~63.
[12] 李青芳.沥青路面微表处养护技术研究[D].西安:长安大学,2008.
[13] 中华人民共和国行业标准.JTJ 073.2—2001 公路沥青路面养护技术规范[S].北京:人民交通出版社,2001.
[14] 中华人民共和国行业标准.JTG H20—2007 公路技术状况评定标准[S].北京:人民交通出版社,2007.
[15] 中华人民共和国交通部.高速公路养护质量检评方法(试行)[M].北京:人民交通出版社,2003.
[16] 中华人民共和国行业标准.JTG F80/1—2004 公路工程质量检验评定标准[S].北京:人民交通出版社,2004.
[17] 中华人民共和国行业标准.JTG E60—2008 公路路基路面现场测试规程[S].北京:人民交通出版社,2008.
[18] 中华人民共和国行业标准.JTG D50—2006 公路沥青路面设计规范[S].北京:人民交通出版社,2006.
[19] 陈其学.高速公路路面预防性养护决策[J].公路交通科技,2007,(01):63~65.
[20] 赵明.高速公路沥青路面预防性养护对策研究[D].西安:长安大学,2007.
[21] 杨强.公路路面预防性养护技术研究[D].上海:同济大学,2008.
[22] 山东省交通厅公路局.预防性养护政策与关键技术研究报告[R].2007.
[23] 任勇.基于生命周期费用的沥青路面预防性养护时机研究[D].西安:长安大学,2006.
[24] 中华人民共和国行业标准.JTJ 034—2000 公路路面基层施工技术规范[S].北京:人民交通出版社,2000.
[25] 中华人民共和国行业标准.JTG F40—2004 公路沥青路面施工技术规范[S].北京:人民交通出版社,2004.
[26] 中华人民共和国行业标准.JTG H30—2004 公路养护安全作业规程[S].北京:人民交通出版社,2004.
[27] 中华人民共和国行业标准.JTG F30—2003 公路水泥混凝土路面施工技术规范[S].北京:人民交通出版社,2003.
[28] 杨杰.主线施工不封闭收费站及高接高互通立交的新方法[J].山西交通科技,2009,(03):43~45.
[29] 王卫国,房玉刚,许云飞.高速公路维修施工中交通阻塞的快速疏通[J].山东交通科技,2004,(04):62~65.
[30] 李强.公路养护设计新理念[J].养护与管理,2010,(03):32~34.
[31] 中华人民共和国行业标准.JTG H10—2009 公路养护技术规范[S].北京:人民交通出版社,2009.
[32] 中华人民共和国行业标准.JTG G10—2006 公路工程施工监理规范[S].北京:人民交通出版社,2006.

[33]《山东高速公路养护施工作业安全管理规定》(鲁交规划[2009]137 号).
[34] 中华人民共和国国家标准. GB 5768—2009 道路交通标志和标线[S]. 北京:中国计划出版社,2009.
[35] 沙庆林. 高速公路沥青路面早期破坏现象及预防[M]. 北京:人民交通出版社,2008.
[36] 高发亮. 高速公路半刚性路面裂缝分析及养护技术研究[D]. 济南:山东大学,2010.
[37] 闫翠香. 济青高速公路沥青路面维修后车辙变化规律研究[D]. 济南:山东大学,2010.
[38] 付丽琴. 京秦高速公路沥青路面病害及养护措施研究[D]. 天津:河北工业大学,2006.
[39] 山东省交通厅. 旧路等级改造设计控制指标与路面结构优化研究[R]. 2006.
[40] 任明艳,等. 高速公路沥青路面典型病害及分析[J]. 黑龙江交通科技,2006,(02):1 ~2.